Bordeaux, vignoble millénaire

Bordeaux
Vignoble millénaire

Textes
Gérard Aubin
Sandrine Lavaud
Philippe Roudié

Photographies
Alain Béguerie

L'Horizon Chimérique

Remerciements

Ce livre n'aurait pu exister sans les institutions ou les entreprises qui lui ont apporté un généreux soutien, sans les musées, les centres d'archives ou les châteaux viticoles qui ont ouvert leurs collections ou prêté leur concours, et sans les personnalités dont l'aide efficace a permis de mener à bien un projet complexe.

Aussi voudrions-nous exprimer notre plus chaleureuse reconnaissance au Conseil interprofessionnel du vin de Bordeaux, à la Chambre de Commerce de Bordeaux, au Crédit agricole de la Gironde, aux établissements Duclot, à la C.F.E.E., à Monsieur Jean-Michel Cazes, à la mairie de Bordeaux, à la revue *l'Amateur de Bordeaux*, à la mairie d'Eysines, au Crédit lyonnais de Bordeaux, à la société Aquiplast, au musée d'Aquitaine, aux Archives départementales de la Gironde, à la Bibliothèque municipale de Bordeaux, aux Archives municipales de Bordeaux, à la Direction régionale des affaires culturelles, à la société Barton et Guestier, à la société Domofrance, au château Ausone, au château Beychevelle, au château Carbonnieux, au château Cos-d'Estournel, au château Ducru-Beaucaillou, au château Haut-Brion, au château d'Issan, au château Lafite-Rothschild, au château La Louvière, au château le Tertre-Rotebœuf, au château Loudenne, au château de Malle, au château Margaux, au château Olivier, au château Pétrus, au château Pichon-Longueville, au château Plaisance, au château de Sales, au château d'Yquem, au domaine de l'île Margaux.

Que soient tout particulièrement remerciés ici Monsieur Jean-Paul Avisseau, Monsieur Alain Bédère, Monsieur Bertrand de Bentzmann, Monsieur Pierre Brana, Monsieur Dominique Babin, Monsieur Dany Barraud, Monsieur Dominique Bessineau, Madame Roselind de Baritault, Madame Hélène de Bellaigue, Monsieur Jean-Jacques de Bethmann, Monsieur Jean-Eugène Borie, Madame Nancy de Bournazel, Monsieur Jean-Yves Boscher, Madame Sylvie Cazes-Régimbeau, Monsieur Robert Coustet, Monsieur Jean-Bernard Delmas, Monsieur Charles Eve, Monsieur Roland Eymard, Monsieur Roland Feredj, Monsieur Stéphane Grimaldi, Monsieur Michel Guillard, Monsieur Philippe Journu, Monsieur Henri de Lambert, Monsieur Bernard de La Rivière, Monsieur Thibault de La Rivière, Monsieur Jean-François Lhérété, Monsieur Alexandre de Lur Saluces, Monsieur André Lurton, Monsieur Alain Mansencal, Madame Anne Marbot, Madame Josephine Matthews, Madame Christine Maupomé, Monsieur Christian Moueix, Monsieur Jean-François Moueix, Madame Délie Muller, Monsieur Louis Nègre, Madame Danielle Neirinck, Madame Chantal Orgogozo, Monsieur Anthony Perrin, Monsieur Pierre Perromat, Monsieur Paul Pontallier, Monsieur Bruno Prats, Monsieur Gérard Puechmorel, Monsieur Christophe Salin, Madame Régine Saux, Monsieur Alfred Tesseron, Madame Christine Valette, Monsieur Alain Vauthier.

Double page précédente :
Comme une trace de fossiles dans une roche, les barriques ont laissé leur empreinte dans l'un des vieux murs des chais de Luze, sur le quai des Chartrons.

Collection dirigée par Jacques Sargos

Conception graphique • Walid Salem

Légendes • Jean-Pierre Bériac et Jacques Sargos

Documentation • Geneviève Caillabet

Photogravure • Labogravure à Bordeaux

Impression et reliure • Fournié à Toulouse

17, rue Roger-Allo • 33000 Bordeaux

Le vignoble bordelais : terroirs et appellations

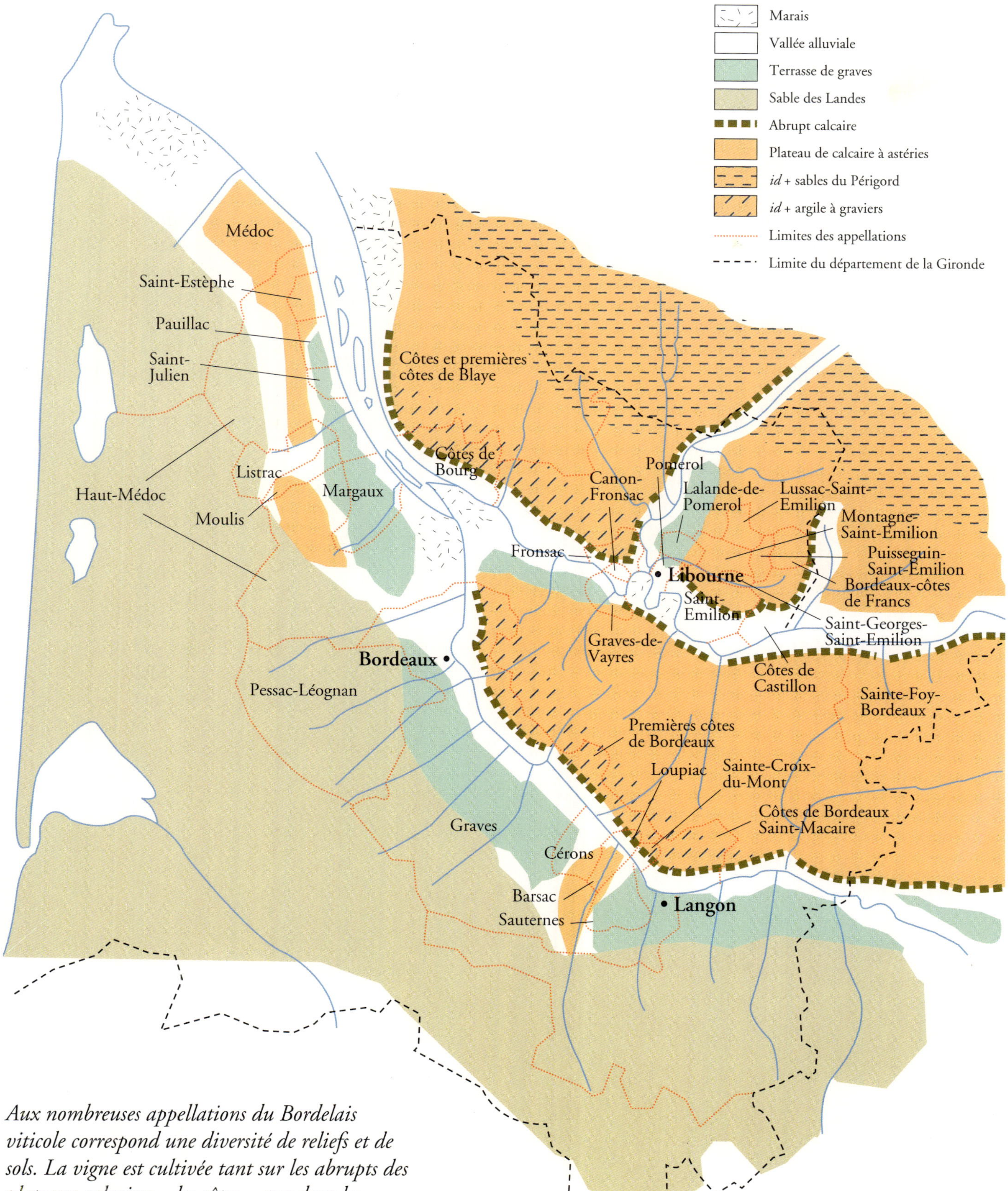

Aux nombreuses appellations du Bordelais viticole correspond une diversité de reliefs et de sols. La vigne est cultivée tant sur les abrupts des plateaux calcaires – les côtes – que dans les vallées ou sur les terrasses caillouteuses des graves.

Introduction

Le pays bordelais

Avec 115 000 hectares de vignes, presque toutes vouées à des productions de haute qualité, le vignoble bordelais est l'un des plus connus au monde, mais aussi l'un des plus étendus. Seuls les grands vignobles de masse – les Pouilles en Italie, la Manche en Espagne, le Languedoc français – offrent des superficies supérieures, quoique consacrées le plus souvent à des produits sans nom ni renom. Le Bordelais, en revanche, est largement supérieur en étendue aux autres zones viticoles françaises ou mondiales d'appellations prestigieuses, Bourgogne, Alsace, Champagne, pays de Loire, Haut-Douro portugais ou Jerez espagnol, ainsi qu'aux Charentes voisines, productrices du cognac.

Traversé en son milieu par le 45° parallèle et enraciné sur la façade océanique de l'Europe, le Bordelais viticole est lié à la ville qui lui a donné son nom. Il est tributaire d'un réseau hydrographique complexe. Le pays et son vignoble s'articulent en effet autour de trois axes fluviaux : les basses vallées de la Dordogne, de la Garonne, et l'estuaire que forment celles-ci à partir de leur confluent au bec d'Ambès (soit la Gironde, qui a permis de baptiser le département). Ces trois axes délimitent autant de « pays » bordiers. Au nord et à l'est de la Gironde et de la Dordogne se répartissent, d'amont en aval, le Libournais, le Cubzadais, le Bourgeais et le Blayais, toutes entités portant le nom des petites villes fluviales qui leur servent de capitale. Entre Dordogne et Garonne, et jusqu'aux frontières du département du Lot-et-Garonne, s'étend l'Entre-deux-Mers, le pays situé entre les deux fleuves où remonte la marée. Au sud de l'estuaire et de la Garonne se succèdent, de l'Océan vers l'intérieur, le Médoc, le pays des Graves de Bordeaux, le Sauternais et le Bazadais.

Ci-dessus : *Les « palus », ou terres humides des vallées, ont été des zones viticoles d'autant plus prisées qu'elles étaient en bordure des rivières par où voyageaient les vins. Ici, sur la rive gauche de la Dordogne, dans le méandre d'Arveyres d'où l'on voit le tertre de Fronsac situé de l'autre côté du fleuve, les palus, aujourd'hui artificiellement drainées, jadis couvertes de ceps, ne portent plus que de grasses prairies.*

Page précédente : *Les « graves » – ici à Saint-Julien-Beychevelle en Médoc –, sont par excellence les terres à vigne du Bordelais. Ces cailloux roulés, amenés des Pyrénées et du Massif central par les grandes crues de l'ère quaternaire, réfléchissent les rayons du soleil, chauffant les grappes de raisin que l'on a disposées pour cela le plus près possible du sol.*

L'estuaire de la Gironde, qu'autrefois l'on appelait aussi la « Rivière de Bordeaux », fut pendant des siècles la route des vins jusqu'à l'Océan. Des vignobles bordent chacune de ses rives. A Saint-Yzans-de-Médoc, au nord de Pauillac, la pelouse à l'anglaise et les vignes du château Loudenne offrent un point de vue magique sur la majestueuse coulée d'eau et de lumière qu'est l'estuaire, déjà considérablement élargi à l'approche de l'Atlantique.

Là s'arrête la symétrie de ces pays de part et d'autre des fleuves. D'une rive à l'autre, les ensembles s'opposent par leur topographie, la nature des sols et le matériel géologique. Sur la rive droite de l'axe Garonne-Gironde, le relief est fait d'une armature de calcaire relativement élevée, formant un plateau qui s'incline en pente douce vers l'ouest, mais dont l'altitude monte à près de 200 mètres aux confins des Charentes, du Périgord et de l'Agenais. Très fortement entaillés de petites rivières qui multiplient les fonds de vallons frais et gélifs (tant en Libournais, Bourgeais et Blayais qu'en Entre-deux-Mers surtout), ces plateaux calcaires retombent sur les grandes vallées par des abrupts tantôt très escarpés, tantôt assez doux, uniformément appelés « côtes ». Généralement orientées au sud-ouest, ces dernières constituent un emplacement privilégié pour la culture de la vigne.

Les fonds des vallées sont humides. Parfois couverts de marécage et de roseaux – comme sur les rives de l'estuaire ou à la confluence de la Dordogne et de la Garonne, – ces fonds sont couramment formés de terres profondes et grasses que l'on appelle ici « palus ». Sur la rive gauche de la Gironde et de la Garonne, les palus sont bordées d'étroites mais longues bandes de terres souvent très caillouteuses : ce sont les « graves », spectaculaires surtout en Médoc et au sud de Bordeaux. Sculptés en croupes par les petits affluents de la Garonne et de l'estuaire (les « jalles »), ces terroirs sont par excellence le site des vignobles les plus réputés du Bordelais.

Une production viticole de haut niveau doit aussi s'adapter à un climat. Ici règne l'Atlantique, tout en nuances, habituellement doux l'hiver et l'été, loin des excès des grands froids continentaux et des torrides chaleurs méditerranéennes. Mais ce climat tempéré entre tous, où jamais aucune année ne ressemble à une autre, est à la fois un atout et un inconvénient pour la quantité des vins – et principalement pour leur qualité. Le gel tardif, même modeste, est redouté des viticulteurs, tout autant que l'humidité de l'été qui oblige à de nombreux traitements contre les pourritures. Aujourd'hui rares, les grandes gelées d'hiver ont sans aucun doute été responsables de la variabilité des récoltes en des temps où l'on ne pouvait que subir les aléas de la nature. L'homme, cependant, a relevé le défi. Car en dépit des risques naturels, ou paradoxalement grâce à eux, c'est en dehors du berceau méditerranéen que se sont durablement épanouies des viticultures savantes donnant des vins de haut renom et de grand prix. La réussite du Bordelais en est un exemple probant. Quelle est la part de l'homme, quelle est la part du terroir dans la production des grands vins ? Les deux éléments appartiennent à un tout indissociable. Ce livre mettra l'éclairage sur le premier, tant il est vrai que la viticulture de qualité est éminemment née d'une volonté et non d'un déterminisme seulement tributaire des aptitudes du terroir.

Le vignoble antique

L'origine du vignoble de Bordeaux est encore obscure et sujette à polémiques ; les textes y faisant référence sont rares et seule l'archéologie peut aujourd'hui apporter de nouvelles données. Chacun sait, cependant, que les Bituriges Vivisques, ancêtres des Bordelais, sont, avant la conquête romaine, des buveurs de cervoise qu'ils fabriquent avec de l'orge. Ils appartiennent au monde qui regarde vers l'Océan, connu des anciens pour ses terres à blé, ses prairies et ses forêts ; un monde où la vigne est inconnue. Ainsi Strabon, dans sa description de la Celtique océanique au début du Ier siècle de notre ère, affirme qu'il n'y existe pas de vignes. C'est là une curiosité de la nature, si ce n'est une faiblesse, un critère de barbarie, pour ceux qui, tels que lui, viennent du monde méditerranéen où la vigne voisine avec l'olivier. Seule la partie sud de la Gaule, en particulier la Narbonnaise, est alors gagnée à la « civilisation ». Dès sa conquête (fin du IIe siècle-début du Ier siècle avant J.-C.), les Romains, qui y découvraient un paysage familier, y ont introduit et développé le vignoble. La crête des Cévennes marque la limite de cette région méridionale devenue productrice et zone de transit pour les vins italiens redistribués dans toute la Gaule. Car les Gaulois et, parmi eux, les habitants de Burdigala, sont devenus grands consommateurs de vin. Ils en achètent, à prix fort, aux *negotiatores* qui diffusent le précieux liquide dans tout l'empire et au-delà. Renforcé par la domination romaine, un vaste courant commercial né de ce désir du vin anime tout l'isthme gaulois.

C'est de Narbonne, via Toulouse, que Bordeaux est approvisionnée en vin. La cité est alors un *emporium*, une ville-marché à la vocation maritime et commerciale déjà affirmée. Lieu de consommation, elle est aussi un centre de réexpédition vers les Iles britanniques avec qui elle entretient des relations privilégiées. Des fouilles archéologiques, réalisées durant ces vingt dernières années dans différents points de la ville actuelle (le parking de la République, le centre Saint-Christoly, le marché des Grands-Hommes et, surtout, les allées de Tourny), ont mis au jour plus de cinq cents amphores qui sont autant de témoins du commerce du vin dans Bordeaux antique. Les plus anciennes sont des amphores vinaires, de la période républicaine, chargées de vins d'Italie provenant, principalement, d'Etrurie et de Campanie. Certaines d'entre elles sont marquées sur leur col du cachet du négociant Marcus Porcius ; il s'agit d'un riche colon, grand producteur de vin, vivant à Pompéi au Ier siècle avant notre ère. Dans la Burdigala pré-romaine, on buvait donc, comme à Toulouse, à Agen où des amphores de même estampille ont été retrouvées, du vin pompéien. A l'époque augustéenne (début du Ier siècle après J.-C.), les amphores d'origine espagnole et languedocienne prennent le relais, diffusant, sans doute, le vin des nouveaux vignobles de Catalogne et de Gaule méridionale. Importé, le vin est onéreux et réservé à une aristocratie locale attirée par ce produit de luxe encore exotique. Avec l'affirmation de la civilisation romaine, l'essor du commerce du vin se confirme et occasionne, pour mieux servir une clientèle croissante, la décentralisation des lieux de production. Ainsi, dans son ouvrage fondamental sur la vigne et le vin, R. Dion émet l'hypothèse de la création, dès le Ier siècle, d'un vignoble de Gaillac. Capable d'acclimater un cépage méditerranéen, il aurait été favorisé par l'axe navigable Tarn-Garonne permettant d'alimenter le marché atlantique. Une nouvelle étape est franchie avec la constitution d'un vignoble bordelais.

Double page suivante :
Les sites de « côte », ces escarpements raides en bordure de plateau au-dessus des grandes vallées de Garonne, de Dordogne ou de l'estuaire de la Gironde, ont été parmi les premiers qu'occupa la vigne en Bordelais. A Saint-Emilion, le talus de la côte donne des sols d'éboulis (faits d'éléments calcaires de la corniche, d'argiles et de sables des couches inférieures) où la pente permet un excellent drainage naturel de l'eau. Depuis 1956, le vignoble de qualité a également conquis la haute terrasse sableuse de la Dordogne, visible au premier plan.

Plusieurs facteurs ont suscité sa création : au premier chef, la réticence des Bordelais à payer aux marchands de Narbonnaise et de Toulouse des droits sur le vin qu'ils jugeaient prohibitifs. Conjointement, le contexte de paix dans l'empire a favorisé l'établissement d'un vignoble local. La conquête de la Bretagne par Claude en 43 après J.-C. a ouvert pour Bordeaux de nouveaux marchés ; en échange de l'étain armoricain, Burdigala peut exporter son vin. C'est bien la vocation portuaire et atlantique de la ville qui a décidé du sort du vignoble bordelais appelé à jouer, dès ses origines, un rôle commercial majeur. L'aventure a demandé persévérance et esprit d'invention pour adapter la vigne à un terroir et à un climat considérés a priori inaptes à sa culture. Alors que, dans la vallée du Rhône, les Allobroges découvrent et façonnent un cépage local, l'*allobrogica*, les Bordelais doivent importer des plants de régions lointaines. Leur acclimatation au milieu régional est rapportée par deux auteurs latins du Ier siècle de notre ère : Columelle qui mentionne la *biturica*, et Pline l'Ancien évoquant la *biturigiaca*, des noms directement issus de celui des autochtones. De quelles contrées hors du monde méditerranéen provient ce cépage ? Deux hypothèses s'affrontent. Celle de R. Dion plaide en faveur d'une origine espagnole cantabrique à partir du cépage *cocolubis*. R. Etienne attribue à la *biturica* une provenance plus lointaine : l'Epire, plus précisément la région de Dyrrachium (actuelle Dürres en Albanie) sur les rives de l'Adriatique où existait un plant ancien, la *balisca*, bien adapté au climat brumeux et pluvieux. Quoi qu'il en soit, on admet aujourd'hui que le vignoble de Bordeaux a été créé entre les règnes de Claude et de Néron. Lorsqu'en 71 après J.-C. Pline visite la région, il y trouve des vignes. C'est l'époque où l'on fabrique, à Bordeaux, des amphores dont de nombreux tessons ont été retrouvés dans les sites archéologiques de la ville et de la région. Ces récipients, de type gaulois, sont caractérisés par un fond plat et des parois minces. On se plaît à imaginer qu'ils ont servi au conditionnement du vin local, attestant ainsi de l'expansion du nouveau vignoble. La corrélation chronologique entre les deux phénomènes (fabrication d'amphores autochtones et essor de la viticulture) tendrait à le confirmer.

Page suivante, de haut en bas :
Cette stèle du début du IIIe siècle montre un tonnelier bordelais qui tient dans sa main droite une herminette et pose sa main gauche sur un tonneau. Vers la fin du Ier siècle, le tonneau, d'origine gauloise, se substitue progressivement à l'amphore d'origine gréco-romaine.
© musée d'Aquitaine, Bordeaux.

Sur ce fragment de stèle funéraire, contemporaine de la précédente, un homme tenant gobelet et pichet de vin semble prêt à boire. Ce geste apparemment banal a ici une signification religieuse : il est la promesse des libations que feront parents et amis sur la sépulture du défunt pour assurer son bonheur dans l'au-delà.
© musée d'Aquitaine, Bordeaux.

Cette partie de mosaïque a été découverte lors des fouilles d'une maison d'habitation du Ve ou VIe siècle, située non loin des rives de la Devèze à Bordeaux (rue du Père-Louis-de-Jabrun). En forme d'abside, elle représente un canthare d'où jaillissent des rinceaux de vigne. La mosaïque à décor végétal, très commune en Aquitaine, témoigne du luxe et de la richesse des villas.
© musée d'Aquitaine, Bordeaux.

Le vignoble de Bordeaux semble avoir gagné rapidement en renommée. A la fin du IVe siècle, le poète Ausone ne lance-t-il pas sa célèbre apostrophe à Bordeaux, « toi qu'illustrent tes vins et tes fleuves » ? « Touchés par la grâce » du divin breuvage, les Bordelais en ont imprégné leur culture et leurs techniques. Plusieurs découvertes archéologiques témoignent de l'épanouissement d'une civilisation du vin. En matière d'outillage, quatre serpettes à vendange de petite taille, datées du Ier ou IIe siècle après J.-C., ont été retrouvées dans la villa gallo-romaine de Barat à Lussac. A Cadillac, c'est un fouloir qui a été mis au jour ; à Loupiac, à Mérignas et à Loubens, des bassins de batterie avec cuvette de décantation – sans doute des cuves – ont été exhumés. Popularisé, le vin a pénétré l'ensemble de la société ; en témoignent les stèles funéraires représentant des vignerons, des marchands, des tonneliers... Pour eux tous, le vin est la boisson qui assure l'éternité. Bien développé en Bordelais, le culte de Bacchus atteste de cette sacralisation du vin. Protecteur de la vigne et de ses fruits, le dieu est un thème majeur du décor des villas de l'aristocratie locale.

Ce sont ces *villae*, à la fois résidences et unités agricoles, qui dessinent la géographie, encore incertaine, du vignoble antique. Comme ces grandes exploitations, la vigne recherche les sites de pente ensoleillés ; les « côtes » de la rive droite de la Gironde et de la Garonne constituent, de ce fait, un terroir privilégié et sont frangées de domaines révélés par l'archéologie et la toponymie. Située dans le Bourgeais, occupée du Ier au VIe siècle, la villa de Plassac en fournit un exemple remarquable et bien connu. C'est face au majestueux panorama de l'estuaire que s'élève, dans les décennies 20-40 de notre ère, le premier palais julio-claudien qui semble avoir duré trois quarts de siècle environ. Conjointement, la vigne est implantée à Plassac assurant, sans nul doute, la prospérité de ses propriétaires. Au tournant des Ier et IIe siècles, la villa est transformée en un nouveau palais de marbre et d'eau, expression d'une exploitation florissante et ouverte aux échanges.

Page précédente : *Vue de la villa gallo-romaine de Plassac. En arrière-plan, l'estuaire de la Gironde.* *© Conseil général de la Gironde.*

Construit sous le Bas-Empire aux portes de Bordeaux, dans l'actuel quartier Saint-Seurin, le palais Gallien était l'un des plus vastes amphithéâtres d'Aquitaine. Les vignes entourent ses ruines dès le Moyen Age, comme le montre ce bois gravé datant du XVIe siècle.

Il n'est pas interdit d'imaginer que la vigne a gagné d'autres terroirs. Quelques essais ont pu être tentés dans le Médoc, dans les Graves et, à l'évidence, dans les faubourgs de Burdigala. Ausone n'avait-il pas une propriété à Naujac, dans la paroisse Saint-Seurin, aux portes de la ville ? Le grand rhéteur bordelais possédait, par ailleurs, six autres domaines en Aquitaine et en Novempopulanie dont une *villula*, « petit » domaine de 265 hectares situé à Bazas, où la vigne couvrait 9 % des terres.

Les désastres causés par les grandes invasions du Ve siècle, les vicissitudes politiques des époques franque et gasconne ne semblent avoir frappé que ponctuellement le vignoble bordelais. Malgré le déclin du commerce d'exportation, la vigne perdure dans les grands domaines aristocratiques tel celui des Paulin à Bourg. De plus, la propagation du christianisme a assuré sa permanence. Pour l'exercice du culte, l'Eglise a besoin de vin ; c'est donc à ses dignitaires, en particulier aux évêques, que revient le devoir de diffuser la viticulture. Aux VIe et VIIe siècles, les évêques bordelais jettent les premières assises d'un vignoble ecclésiastique : Léonce le Jeune possède ainsi un grand domaine à Preignac dans la plaine des Graves ; Bertechramnus, son successeur, a une villa à Floirac. A la même époque, la diffusion régionale du culte de saint Vincent, futur patron des vignerons, confirme la continuité et la résistance du vignoble antique. Néanmoins, les campagnes du Bordelais durant le haut Moyen Age restent marquées par le contraste entre de vastes espaces forestiers, encore fermés à l'occupation humaine, et les terres riches des vallées consacrées aux céréales et au vignoble. Ces paysages diversifiés séduisent par leur variété, leur équilibre et leur prospérité déjà évoquée par Ausone. Ainsi, au VIIe siècle, le chroniqueur arabe Al Himyari rapporte que « dans le pays de Gillikiya [la Gascogne], le district de Bordeaux est l'un des plus favorisés de cette région : on y trouve un grand nombre de vignobles, d'arbres fruitiers et de cultures de céréales ».

La rareté des archives empêche d'apprécier le devenir des campagnes bordelaises à l'époque carolingienne (VIIIe-Xe siècles). Connaissent-elles, à l'égal d'autres régions, une renaissance agricole ou, à l'inverse, une stagnation ? On peut du moins être certain de la persistance de noyaux viticoles d'origine aristocratique et surtout ecclésiastique. En effet, l'œuvre des premiers évêques a été prolongée par leurs successeurs et amplifiée par les communautés canoniales et monastiques érigées durant le haut Moyen Age. Solidement implantés, ces noyaux constitueront le support de l'extension du vignoble lors du renouveau économique du XIIe siècle.

Le vignoble médiéval

Le premier âge d'or

Comme l'ensemble du royaume, le Bordelais connaît, aux XIe et XIIe siècles, des mutations profondes. Ce que d'aucuns ont qualifié de renaissance, après les siècles « noirs » du haut Moyen Age, a été essentiellement généré par l'essor démographique. Cependant, la mise en place de nouvelles formes de pouvoir, conduisant à ce que R. Fossier a appelé « l'encellulement » des hommes au sein de la paroisse et de la seigneurie, y a aussi contribué. La création de villages neufs, tels les castelnaux et les sauvetés, l'extension des terres cultivées grâce à de nombreux défrichements attestent du réveil et de la transformation des campagnes bordelaises. En tous lieux, des clairières nouvellement défrichées, appelées « artigues » en Bordelais, « essarts » dans les marges septentrionales du Blayais et de la Double, gagnent sur la forêt et sur la lande. Sous la pression démographique, ce mouvement de colonisation du sol a été en partie spontané mais il a aussi été encouragé et orchestré par l'Eglise. Ainsi, les grandes institutions ecclésiastiques locales : archevêché, chapitres de Saint-André, de Saint-Seurin, de Saint-Emilion, abbayes de la Sauve-Majeure et de Sainte-Croix... ont participé activement à la conquête de nouvelles terres. Leurs archives, principalement les cartulaires qui réunissent les actes les plus anciens, sont notre meilleur témoin du renouveau agricole des XIe et XIIe siècles ; on y voit ces seigneurs ecclésiastiques bailler des espaces incultes, à charge, pour les preneurs, exemptés provisoirement des redevances, de les défricher et de les complanter en blé ou en vigne.

Ci-dessus : *Ce modillon sur l'église romane de Saint-Pierre-de-Bat figure un moine avec un tonneau.*

Page précédente : *L'abbaye de la Sauve-Majeure, représentée en 1839 par Joseph Felon. Fondée par saint Gérard de Corbie en 1079, au cœur du plateau de l'Entre-deux-Mers, cette abbaye bénédictine a joué un rôle essentiel dans l'extension de la vigne en Bordelais. Ses ruines majestueuses témoignent encore aujourd'hui de son rayonnement tant spirituel qu'économique.*

Le vignoble bordelais ainsi que le vignoble urbain et suburbain de Bordeaux (en vignette) d'après les documents du XIIe siècle.

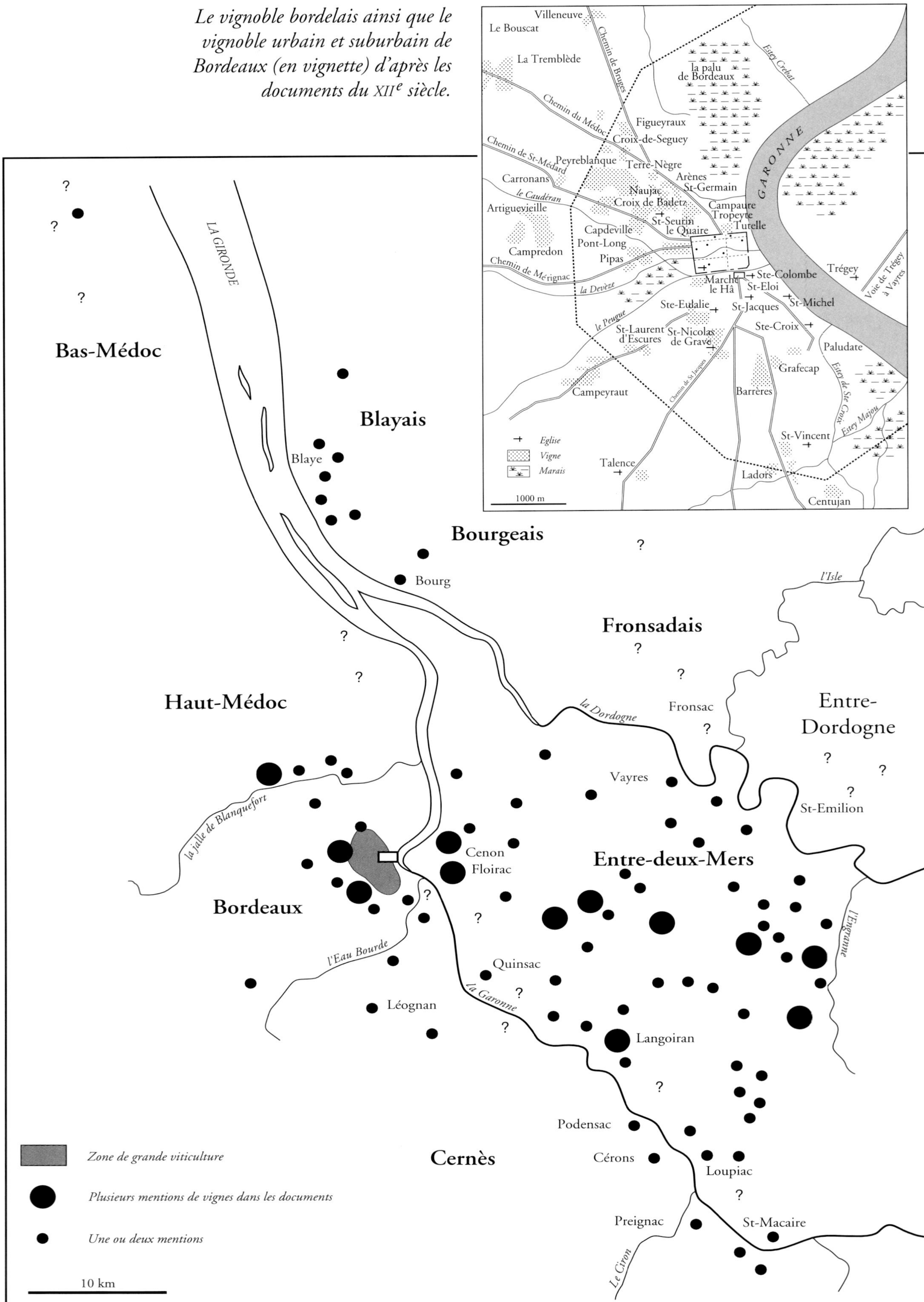

Le vignoble a, en effet, bénéficié de l'effort général de mise en valeur ; non seulement ses noyaux originels ont été vivifiés, mais il a aussi conquis de nouveaux terroirs. Au XIIe siècle, c'est dans la ville et surtout dans ses faubourgs qu'il connaît sa plus grande extension. Ainsi, les murs de la vieille cité abritent des petites parcelles de vigne cultivée en « rège » ou en treille. Hors les murs, le vignoble a gagné la croupe de grave et ne délaisse que les zones humides et marécageuses. Son avancée est manifeste au nord-ouest, dans le faubourg Saint-Seurin, ainsi qu'au sud, dans les quartiers de Saint-Laurent-d'Escures, de Saint-Nicolas-de-la-Grave et de Sainte-Croix. Bien que clairsemés, les ceps atteignent désormais une ligne correspondant aux boulevards actuels. Ce vignoble suburbain, en pleine croissance, constitue déjà le pôle viticole le plus important et le plus dynamique du Bordelais médiéval. Ailleurs, sur la rive gauche de la Garonne, le paysage viticole ne s'est pas encore imposé ; au sud, dans le Cernès, quelques îlots de vigne apparaissent vers Podensac et Preignac. Ils s'intensifient, aux approches de Bordeaux, à Léognan, à Martillac et à Bègles. Au nord, le Médoc s'ouvre lentement à la viticulture et seulement à ses extrémités méridionale et septentrionale. En Haut-Médoc, les premiers ceps ont été plantés au nord de la jalle de Blanquefort. Au XIIIe siècle, sous l'influence de la ville, ils s'étendront vers Macau et Ludon. En Bas-Médoc, ce sont les abbayes, celles de Vertheuil, de Sainte-Croix pour Soulac et Carcans, qui ont suscité l'implantation de la vigne ; mais ces premiers essais sont ponctuels. Le Médoc central, aujourd'hui si renommé pour ses crus, ne présente alors qu'un paysage austère de terres et de landes. Sur l'autre rive du fleuve, l'ancien vignoble de côtes a été régénéré par l'essor agricole. Dans le Blayais et le Bourgeais, les antiques pôles viticoles réapparaissent, dans les actes, dès le XIe siècle. De même, la vigne a progressé sur les coteaux d'Entre-deux-Mers et notamment, face à Bordeaux, à Lormont, à Cenon et à Floirac. A l'intérieur du plateau, l'abbaye de la Sauve-Majeure a introduit la vigne dans de nombreux lieux. A la lecture de son cartulaire, il apparaît qu'aux alentours de 1150, il n'est pratiquement pas de paroisses de l'Entre-deux-Mers qui n'aient leur vignoble.

Dans cette esquisse de géographie viticole du Bordelais au XIIe siècle, se dessine déjà le grand vignoble médiéval. Les « secteurs de pointe », notamment le vignoble suburbain des graves et celui des côtes, y apparaissent clairement. Les seuls points d'ombre en sont le Fronsadais, où l'implantation de la vigne semble plus tardive, et l'Entre-Dordogne à l'est de Libourne. Pour cette dernière région, la perte des archives de la collégiale de Saint-Emilion empêche toute reconstitution du paysage. Les vins de Saint-Emilion seront pourtant, au XIIIe siècle, les seuls du Bordelais à figurer en bonne place dans le célèbre poème de la « Bataille des vins ». Malgré les lacunes dues à la carence des sources, on peut raisonnablement estimer que le vignoble de Bordeaux atteint au XIIe siècle une certaine ampleur. Imaginons-le cependant sous forme d'îlots dans un paysage diversifié aux terres souvent pauvres. Les cultures vivrières y accordent à la vigne une place croissante mais encore restreinte. Prenant de l'importance, la production de vin répond d'abord à une demande locale et régionale, mais il est probable qu'elle connaît rapidement des difficultés d'écoulement. Alors que de nouveaux débouchés commerciaux s'imposent, la réalisation de l'union anglo-gasconne au cours du XIIe siècle offre aux Bordelais des possibilités inespérées. Un véritable âge d'or du vignoble vient de commencer.

Page suivante : *Petites églises paroissiales ou grandes institutions, les établissements religieux ont été des acteurs majeurs de la mise en valeur des campagnes bordelaises aux XIe et XIIe siècles. En tant que grands seigneurs fonciers, ils ont incité au défrichement et à l'implantation du vignoble.*
En pleine page : l'église de Saint-Gervais dans les côtes de Bourg, et de gauche à droite :
La façade ouest de la collégiale de Saint-Emilion ;
le portail d'entrée de l'église de Haux ;
le portail de l'église de Castelviel.

Du bordeaux pour l'Angleterre

A l'égal des campagnes, les villes bénéficient du contexte de croissance des XIe-XIIe siècles et connaissent un développement remarquable. Longtemps endormie comme nombre de vieilles cités antiques, Bordeaux s'ouvre à l'apport d'hommes neufs et aux nouveaux courants d'échanges. Attestant cette renaissance, les premiers faubourgs marchands apparaissent au pied des murailles romaines, particulièrement au sud dans le futur quartier de Sainte-Colombe. Pourtant, l'influence de l'ancienne Burdigala n'est encore que régionale et réduite au duché d'Aquitaine auquel le Bordelais est rattaché depuis 1036. Ce sont les événements politiques de la seconde moitié du XIIe siècle qui pèsent de façon décisive sur le devenir de la ville et de son arrière-pays.

L'appel du marché anglais

L'union personnelle de l'Aquitaine et de l'Angleterre

En 1152, l'héritière du duché d'Aquitaine – la célèbre Aliénor – est un parti magnifique, une aubaine pour celui de ses prétendants qui parviendra à s'en saisir. L'annulation de son mariage avec le roi de France Louis VII, pour cause de consanguinité, a été la grande affaire européenne de cette année-là. Ses nouvelles épousailles avec Henri Plantagenêt ne font qu'amplifier les rumeurs de scandale. Son second mari est alors comte d'Anjou et du Maine et duc de Normandie. Pour ces terres, ainsi que pour le duché d'Aquitaine que sa femme a apporté en dot, il doit rendre hommage au roi de France ; un hommage difficile, source de conflits futurs car, depuis 1154, Henri a accédé au trône d'Angleterre, devenant ainsi l'alter ego de son suzerain. Désormais, durant trois siècles, Angleterre et Aquitaine sont liées par ce qu'Yves Renouard a si justement appelé une « union personnelle ». Cette alliance, dont la portée est autant politique qu'économique, ouvre une grande période de l'histoire de Bordeaux et de son vignoble. Il est temps, pour les vins du Bordelais, de faire la conquête des tables anglaises en commençant par celles du roi et de sa cour.

Déjà forte sous le premier des rois-ducs, Henri II, l'union anglo-gasconne s'épanouit sous le règne de Richard Cœur de Lion. L'Aquitaine a été confiée au fils favori d'Aliénor lors du partage entre les fils Plantagenêt. Nanti de son duché, Richard tient sa cour à Bordeaux à deux reprises en 1174 et 1176. Il y demeure ponctuellement après son accession au trône d'Angleterre en 1189. Pour les

Bordelais, l'occasion s'offre enfin de placer leur vin sur une table royale. Richard est probablement le premier roi-duc à boire et à adopter le bordeaux comme breuvage quotidien. Cependant, comme son père, Richard ne porte qu'une attention limitée à Bordeaux dont l'intérêt stratégique est alors faible et le loyalisme assuré. De plus, dans la distribution de ses faveurs, le roi se montre soucieux de tenir la balance égale entre Bordeaux et La Rochelle. Bien que ville neuve, La Rochelle, grâce à son port et son arrière-pays viticole, a connu un ascension fulgurante. C'est par elle que transitent les vins du Poitou et de l'Aunis qui abreuvent déjà les consommateurs anglais. Bordeaux jalouse cette prospérité rochelaise qui attire les libéralités royales et n'a de cesse de renverser sa rivale.

Eliminer la concurrence de La Rochelle

La lutte de Bordeaux est menée conjointement sur deux fronts. Elle est d'abord politique : il s'agit de gagner la préférence du roi-duc afin d'obtenir une autonomie communale que d'autres villes du duché, dont La Rochelle, ont déjà. Ses aspirations sont aussi économiques : assurer la prééminence du bordeaux en Angleterre. Une première satisfaction est obtenue à la mort de Richard en 1199, à l'occasion de la visite d'Aliénor à Bordeaux. La reine recueille aisément l'adhésion populaire à la succession de son fils, Jean sans Terre, au duché d'Aquitaine. En revanche, à la requête des Bordelais, elle doit consentir à l'abolition de « certaines impositions mauvaises, inouïes et injustes ». Les franchises accordées et confirmées par le nouveau roi vingt jours plus tard restent modestes. Cependant, elles sont un premier pas vers la reconnaissance d'une organisation municipale et exemptent de certaines taxes pesant sur la libre exploitation des vignes. Le durcissement des relations entre Jean sans Terre et son suzerain, Philippe Auguste, fournit aux Bordelais une nouvelle occasion de prouver leur loyalisme envers leur seigneur et d'en solliciter d'autres privilèges.

En moins de quatre décennies, Bordeaux mène en ce sens une action opiniâtre qui lui assure une suprématie incontestée dans tout le duché. En 1202, la confiscation par le roi de France du Maine, de l'Anjou, de la Normandie et du Poitou oblige Jean sans Terre à concentrer ses efforts sur le seul de ses fiefs continentaux encore épargné, le duché d'Aquitaine. Bordeaux profite de cette situation et obtient du roi-duc, en 1203, une protection spéciale pour les marchands de Gascogne se rendant en Angleterre pour vendre leur vin. Néanmoins, des facilités semblables sont accordées, un an plus tard, aux Poitevins qui conservent la primauté sur le marché anglais. En 1205-1206, la farouche résistance des Bordelais à l'expédition du roi de Castille en Guyenne leur permet de gagner la reconnaissance de leur souverain. Les répercussions sont immédiates et importantes ; le roi-duc reconnaît l'existence d'une organisation municipale, la Jurade. Il accentue, par ailleurs, les marques d'estime pour les vins de Bordeaux. Ainsi, à partir de 1206, les bordeaux figurent fréquemment sur les listes de vins achetés pour la cour ou offerts en présent par le roi. En 1215, Jean sans Terre fait acheter à Bristol, pour son usage personnel, cent vingt tonneaux de vin de Gascogne qu'avaient amenés des marchands bordelais. Un an auparavant, Rouen et les ports de la Seine sont redevenus français, privant, de ce fait, les consommateurs britanniques des vins d'Anjou et d'Ile-de-France. Dès lors, les bordeaux peuvent s'imposer comme la boisson de luxe de l'Angleterre. Il reste, toutefois, à éliminer la concurrence rochelaise ; la reprise des hostilités franco-anglaises offre aux Bordelais une solution inespérée. A l'été 1224, le roi de France, Louis VIII, mène une campagne victorieuse en Poitou et reçoit la reddition de La Rochelle qui se livre, sans résistance, le 3 août. Il est alors facile pour Bordeaux, qui a dû assurer seule sa défense face à la menace française, d'opposer l'infidélité des Poitevins à son loyalisme et à son courage. La chute providentielle de sa rivale lui permet de s'affirmer comme l'alliée privilégiée du roi-duc et d'en réclamer récompense. Les conséquences politiques sont considérables ; confirmée par le traité de Paris de 1259 qui la légalise, la symbiose de l'Angleterre et de l'Aquitaine peut atteindre sa pleine maturité.

Bordeaux, capitale du duché

La ville gagne alors en prestige et en importance. C'est dans ses murs que le roi-duc a son principal château, le palais de l'Ombrière, où réside son représentant, le sénéchal de Gascogne, entouré du conseil royal et de l'administration. C'est dans son port qu'abordent les troupes venues d'Angleterre lorsque la menace française se fait trop pressante. Chargée de nouvelles responsabilités, la ville réclame plus d'autonomie et de moyens financiers. Dès la fin août 1224, en récompense de leurs bons et fidèles services, les Bordelais obtiennent du roi-duc, Henri III, une confirmation de leur commune et l'élection d'un maire concédée à titre perpétuel en 1235. Durant tout le XIIIe siècle, la pression exercée sur leur seigneur par les jurats en quête d'indépendance est récurrente ; elle est en partie justifiée par le rôle croissant de Bordeaux en matière d'administration et de défense de l'arrière-pays. Ce dernier récolte aussi les fruits de l'union anglo-gasconne. A l'initiative du roi-duc et de ses agents, des villes neuves, les bastides, sont créées en Bordelais. Libourne, fondée par Roger de Leyburn vers 1269-1270, en est l'exemple le plus réussi. Carrefour de voies terrestres et fluviales, cette bastide a, dès sa fondation, une vocation clairement commerciale. Avec elle, le vignoble du Libournais s'épanouit alors que celui du Fronsadais, tout proche, est en plein essor. La manifestation la plus éclatante de l'alliance entre l'Aquitaine et l'Angleterre est, en effet, d'ordre économique. Dès la reddition de La Rochelle, les vins du Bordelais ont pris d'emblée, sur le marché anglais, la position dominante de leurs anciens rivaux poitevins. Ils alimentent un courant commercial grandissant entre les deux pays alliés qui ne sont distants que de huit ou dix jours de mer. L'essentiel de la cargaison passe par Bordeaux, le grand port atlantique, qui cumule les avantages d'un centre de production et d'une ville d'étape. En Angleterre, la demande, particulièrement celle du roi et de sa cour, est croissante ; dès le milieu du XIIIe siècle, les trois quarts de l'approvisionnement vinicole royal viennent de Bordeaux. A Bristol, à Southampton où abordent les navires en provenance de Gascogne, le roi fait guetter par ses agents les arrivages de vins de Bordeaux pour y prélever un impôt en nature, appelé droit de prise, mais aussi pour y faire ses achats personnels. Ses besoins sont importants et destinés à divers offices ; ainsi, en 1282, lors de la préparation de sa campagne contre les Gallois, Edouard Ier commande six cents tonneaux de bordeaux. En 1307, Edouard II ordonne d'en expédier mille tonneaux à Londres pour les fêtes de son couronnement. De courtisé, le roi est devenu quémandeur. Ne le voit-on pas, en 1312, restituer aux bourgeois de Saint-Emilion l'élection de leur maire contre la promesse d'une livraison annuelle de cinquante tonneaux ?

Les coutumes

Pour le roi-duc, le vin de Bordeaux ne se limite pas aux plaisirs de la bouche ; il est aussi une source considérable de profits grâce aux impôts dont il est chargé. En plus des taxes perçues dans les ports anglais, le souverain prélève des droits de douane sur les marchandises à destination ou en provenance de Bordeaux. Ces droits, appelés « coutumes », ont pris, avec le renforcement de l'union anglo-gasconne et le développement du commerce du vin, une importance croissante. Sans cesse plus rémunératrices, les coutumes permettent au roi-duc de financer ses opérations d'autorité et de prestige en Aquitaine. Elles ont aussi contribué au paiement de la croisade de 1270 à laquelle Henri III participe aux côtés de Saint Louis. Leur perception est généralement affermée à des créanciers du roi : des Cahorsins ou des Italiens tels les Riccardi de Lucques, banquiers d'Edouard Ier. Depuis 1214, les bourgeois de Bordeaux sont exemptés du paiement des coutumes. Cette franchise est un des éléments de ce que l'on appelle au Moyen Age le « privilège des vins de Bordeaux », la « police des vins » à l'époque moderne. Ce privilège assure aux bourgeois une commercialisation, hors concurrence, de leur production.

Le monopole du marché

A partir du XIIIe siècle, les Bordelais se dotent d'un arsenal juridique et financier pour se prémunir de la concurrence et vendre leur vin dans les meilleures conditions. La Jurade de Bordeaux mène, de pair, la lutte pour son autonomie politique et une guerre économique pour s'assurer le monopole du marché du vin. Il en va de la prospérité de ses bourgeois et, par voie de conséquence, de leur dévouement à la cause anglo-gasconne que défend la ville. L'exemption fiscale accordée par Jean sans Terre en 1214 est une première étape ; elle exonère les bourgeois de Bordeaux du paiement des coutumes. Celles-ci sont de deux types. La grande coutume frappe les vins exportés sortant du port. Les bourgeois en

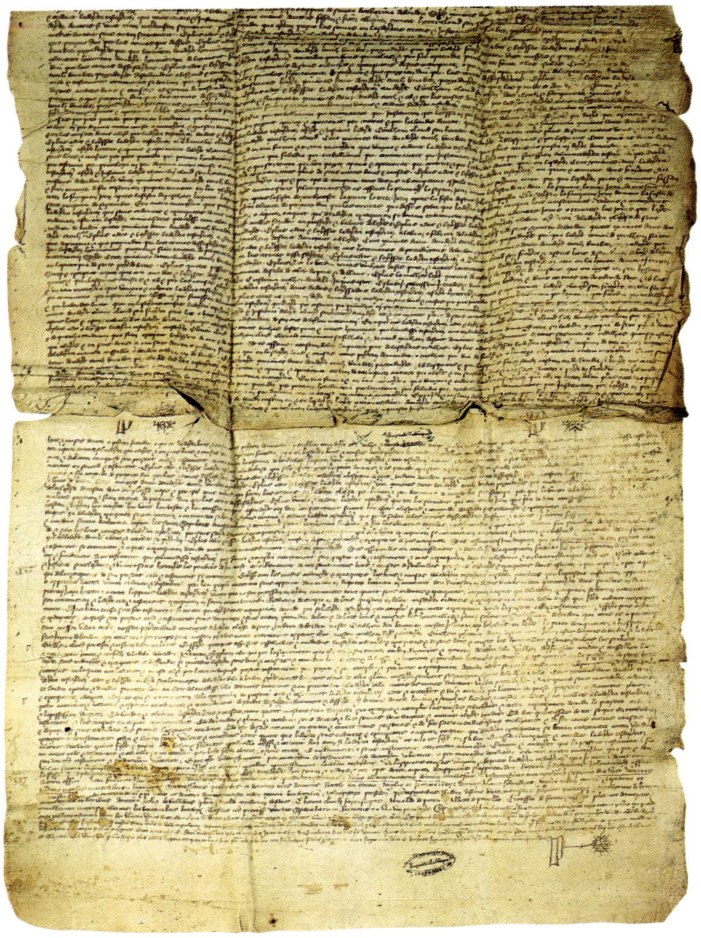

« Moi, Helena Elaud, anglaise, veuve de Guilhem Watsfeld, marchand anglais de la paroisse Saint-Pierre et bourgeois de Bordeaux... »

Ce testament, rédigé en 1397 par une riche veuve, témoigne du milieu de marchands anglais qui avaient choisi de faire carrière sur les bords de la Garonne. La plupart de ces vintners *sont installés, avec leur famille, à Bordeaux. A l'image d'Helena et de son époux, ils demeurent dans la paroisse Saint-Pierre. Les plus favorisés sont bourgeois de Bordeaux et bénéficient des mêmes privilèges économiques que leurs confrères gascons. Comme eux, ils font un commerce actif avec l'Angleterre. Cette communauté paraît solidaire, mais manifeste des attaches profondes pour son pays d'accueil. Helena Elaud, comme son mari, a voulu reposer en terre gasconne. C'est à des établissements religieux de Bordeaux qu'elle lègue l'essentiel de sa fortune. Sa famille élargie, sa maisonnée comptent nombre de Gascons. Elle possède des maisons dans Bordeaux et des biens fonciers dans l'arrière-pays, notamment à Ambarès. Tant que dure l'union anglo-gasconne, les Anglais ne sont pas vraiment des étrangers dans la capitale de Guyenne. (Archives départementales de la Gironde)*

sont exemptés pour leur production vinicole récoltée dans le diocèse de Bordeaux ainsi que pour toute autre marchandise. La petite coutume, appelée aussi droit d'Issac, est prélevée sur les vins entrant dans Bordeaux pour y être négociés. Affranchis de ces taxes, les bourgeois qui sont propriétaires de vignes peuvent écouler avantageusement leur production. C'est là le seul privilège dont ils jouissent officiellement et légalement. Mais, bien qu'appréciable, cette exonération ne règle pas le problème majeur des Bordelais : la concurrence des vins du haut pays.

Eliminer la concurrence du haut pays

L'importance croissante de la demande a nécessité le recours aux vins du haut pays qui occupent une part non négligeable du marché. Dès 1207, ils sont connus des consommateurs britanniques. Ce sont encore eux qui abreuvent les armées d'Henri III et d'Edouard Ier lors des guerres menées en pays de Galles et en Ecosse. Le haut pays dont ils proviennent correspond, en gros, au Bassin aquitain. Il recouvre toutes les régions situées en amont du diocèse de Bordeaux, du rocher de Saint-Macaire surplombant la Garonne au château de Castillon sur la Dordogne. Comme le Bordelais, il est riche en vignobles, principalement dans les vallées de la Garonne et de ses affluents. C'est par la voie d'eau, seule promesse d'un débouché outre-Atlantique, que descendent les vins gascons, ceux de Gaillac, de Cahors, d'Agen et, plus près de Bordeaux, ceux de La Réole, de Langon et de Barsac. A leur arrivée dans la capitale du duché ou à leur exportation vers l'Angleterre, ils sont taxés des coutumes. Cette imposition pèse lourdement sur les négociants du haut pays qui se plaignent des répercussions inévitables sur le prix du vin. Leur handicap s'accroît particulièrement les années de mauvaise récolte, comme en 1274. Pour y remédier, les marchands de Toulouse, de Rabastens et de Montauban négocient, en 1284, avec le sénéchal du roi-duc, Jean de Grailly. Ils obtiennent la fixation du tarif de la grande coutume à cinq sous quatre deniers par tonneau ; celui de la petite coutume est limité à deux sous huit deniers par tonneau. Encouragées par cet accord, plusieurs villes productrices, telles Gaillac, L'Isle-de-Villemur, puis Agen, Villeneuve-sur-Lot, Nérac, Condom et Valence-d'Agen traitent avec le sénéchal pour des avantages similaires. Ainsi, à la fin du XIIIe siècle, les vins du haut pays ayant « tarifs privilégiés » recommencent à affluer à Bordeaux. Cependant, depuis le traité de Paris de 1259, une grande partie du haut pays et de ses vignobles (Languedoc intérieur, Toulousain, Albigeois, Agenais) est passée sous domination française. Les bourgeois de Bordeaux exploitent cette situation pour s'arroger des privilèges au détriment des sujets du roi de France, mais également aux dépens de leurs proches voisins dépendant, comme eux, du roi-duc. Profitant des hostilités, ils assujettissent les vins du haut pays à des conditions de transport et de vente de plus en plus sévères. En plus du paiement des coutumes et des taxes temporaires, les vins gascons sont astreints à un conditionnement dans des fûts différents de la barrique bordelaise afin de clairement les différencier. A l'époque médiévale, ils sont principalement déchargés dans le port de la Grave à Saint-Michel mais, au XVIe siècle, la Jurade impose qu'ils soient entreposés, hors les murs, dans le quartier des Chartrons. C'est, toutefois, la fixation d'une date butoir pour leur arrivée à Bordeaux qui les pénalise le plus. En effet, la méconnaissance des techniques de conservation et de vieillissement fait que les vins doivent être écoulés rapidement après leur fabrication. Ainsi, un vin jeune vaut toujours plus cher qu'un vin vieux. Pour la vente de leur récolte, les bourgeois de Bordeaux se sont réservé la meilleure période : entre la fin des vendanges et les premières tempêtes d'hiver. Dès 1241, à l'occasion de la guerre qui oppose les deux rois, ils prétendent interdire aux vins d'Agenais de descendre à Bordeaux avant la Saint-Martin (11 novembre). Cette mesure de circonstance tend à devenir, par la suite, une institution établie. Jusqu'à la guerre de Cent Ans, les rois-ducs ne donnent à cette prétention bordelaise aucune approbation. Ils ne souhaitent pas barrer la route aux vins du haut pays et ont besoin des blés et du pastel de la moyenne Garonne. Ils sont partisans d'un commerce actif qui ne peut que favoriser une bonne rentrée des taxes et, à plusieurs reprises, ils confirment la libre circulation des hommes et des marchandises à des villes de leur mouvance. Cependant, l'obstination des Bordelais à défendre leurs privilèges a raison de la volonté ducale. L'accroissement de la pression militaire au XIVe siècle, avec la guerre de Cent Ans, favorise leur entreprise car, en échange de leur loyauté et de leur action de défense en Guyenne, le roi-duc prend en considération leurs requêtes. A l'inverse, la résistance des villes de moyenne Garonne à leur occupation par les troupes anglaises après le traité de Calais et leur participation à la reconquête française les font considérer comme foncièrement rebelles. Pour les punir, Edouard III appuie et renforce les mesures de prohibition bordelaises à l'encontre des vins de cette partie du haut pays. En 1373, il présente ces mesures comme une émanation de sa volonté et prescrit que les pays en amont de Saint-Macaire ne pourront faire descendre leurs vins qu'après Noël. Les privilèges de Bordeaux se trouvent ainsi légitimés et deviennent officiels. Désormais, les vins du haut pays ne gagnent Bordeaux qu'après le 25 décembre ; une arrivée tardive qui laisse aux Bordelais tout le temps nécessaire à un bon écoulement de leur production. L'échéance de Noël est conservée même après la reconquête française, à l'exception de la brève période d'abolition (1453-1461) des privilèges de Bordeaux prononcée par Charles VII. Seul le Languedoc obtient, en 1500, un aménagement qui lui permet de faire parvenir ses vins à Bordeaux après la Saint-Martin. Une fois dans la ville, les vins du haut pays ne peuvent pas rester au-delà du 8 septembre. Ils sont donc soumis à des conditions de vente pénalisantes fortement dénoncées par leurs producteurs.

Empêcher l'essor du Médoc

Débarrassés de la menace du haut pays, les Bordelais veulent se prémunir d'une concurrence potentielle des pays en aval. Ils craignent l'essor du vignoble médocain et le succès consécutif de petits ports comme ceux de Macau, de Margaux ou de Lamarque. En 1401, ils obtiennent d'Henri IV un statut interdisant de charger des vins pour l'étranger en un lieu quelconque, depuis l'estey Crebat (ruisseau se trouvant au niveau du quartier des Chartrons à Bordeaux) jusqu'au château de Castillon situé dans la commune actuelle de Saint-Christoly-du-Médoc. Défense est donc faite au Médoc d'exporter directement ses vins. C'est sans doute là une des raisons majeures du développement tardif de son vignoble.

Assurer le monopole des bourgeois

Le dispositif mis en place par les Bordelais pour contrer la concurrence des pays d'amont et d'aval s'accompagne de privilèges propres aux bourgeois pour assurer, à tout prix, la vente de leurs vins. Ainsi, le vin bourgeois est prioritaire sur le marché urbain; on doit attendre qu'il soit vendu pour que les autres vins puissent être débités dans la ville. C'est lui qui est écoulé en premier dans les tavernes où il est aussi exempté d'une taxe prélevée par la Jurade, appelée droit du petit Issac. Qu'un bourgeois veuille vendre directement sa production, il peut tenir taverne de la Saint-Michel à Pentecôte. La Jurade de Bordeaux, qui a œuvré activement pour l'obtention de ces franchises, garantit le statut privilégié des bourgeois. En échange, elle leur réclame un civisme en matière commerciale. Elle entend conserver le contrôle de la vente des vins et impose des règlements et des prescriptions que les bourgeois doivent respecter. Ainsi, en 1414 et en 1420, années de récoltes trop abondantes, elle leur interdit d'acheter du vin du haut pays. Tout contrevenant, pris par la police des fraudes, est privé de son droit de bourgeoisie.

Les bourgeois de Bordeaux n'ont pas défendu, avec le même succès, leur monopole contre les revendications de leurs concitoyens. Des gentilshommes et des ecclésiastiques obtiennent les mêmes franchises pour leurs vins. De même, les conflits d'intérêts sont âpres avec les villes voisines. Certains ports, principalement ceux situés sur la Dordogne, tels Bourg ou Libourne, ont une activité intense qui échappe au contrôle des Bordelais. Ces villes secondaires utilisent une stratégie identique à celle de la Jurade de Bordeaux pour gagner leur autonomie politique et pour s'approprier une part du marché du vin. A l'égal de leur grande rivale, elles réclament des franchises et mettent en place des règlements pour assurer le débouché des produits de leurs crus. Ainsi, en 1341, la Jurade de Libourne décrète que les vins des régions de l'Isle et de la moyenne Dordogne ne peuvent, désormais, descendre les rivières et passer dans son port qu'à partir de la Saint-Martin. Le gouvernement anglais, qui a besoin de l'appui de ces cités, soutient leur émancipation contre la tutelle bordelaise et affranchit les vins de leurs bourgeois de la plupart des péages. Bordeaux dénie à ses filleules la légitimité de leurs privilèges. Elle prétend, en revanche, que tous les habitants du diocèse doivent s'acquitter, auprès d'elle, du paiement des coutumes pour le transit de leurs marchandises ; une revendication fortement contestée par les petits centres urbains. Mais la désunion et la compétition qui règnent entre eux servent les intérêts de Bordeaux qui parvient, sans mal, à maintenir ses privilèges.

Ces mesures protectionnistes ne sont pas spécifiques à Bordeaux. Néanmoins, au regard de l'importance du vignoble bordelais, elles ont eu des conséquences exceptionnelles, d'autant qu'elles ont duré plus de cinq siècles, jusqu'en 1776, date de leur abolition. A la fin du Moyen Age, le Bordelais y a gagné en prospérité. Dans tout l'archidiocèse, la vigne a progressé, souvent au détriment d'autres cultures comme les céréales. L'exportation totale de la production viticole, assurée par un quasi-monopole de vente, donne aux bourgeois de Bordeaux une richesse inouïe. Tant que règne la paix et que dure l'union anglo-gasconne, la Fortune leur sourit.

Le Bordelais médiéval, une « mer de vigne » ?

Le vignoble bordelais est le grand gagnant de l'union anglo-gasconne. Stimulé par une demande croissante, il a développé ses assises et conquis de nouvelles terres. Lorsque la guerre de Cent Ans débute en 1337, il est à son apogée et semble, dans un premier temps, peu affecté par le conflit. Pour l'heure, les opérations militaires se déroulent au loin, dans le nord de la France, et les Anglais y remportent la victoire. La peste de 1348 et ses nombreuses récurrences laissent des traces plus durables. Partout, les villages désertés, les terres abandonnées à la friche portent l'empreinte de la mort noire. La période glorieuse de la principauté de Guyenne, dans la seconde moitié du XIVe siècle, fait oublier les tourments du passé et amène une nouvelle prospérité. Lorsqu'en septembre 1355, Edouard de Woodstock, plus connu sous le surnom légendaire de Prince Noir, arrive à Bordeaux, la destinée politique de la ville prend un tour fulgurant. De 1356 à 1362, la capitale girondine participe aux triomphales chevauchées du prince et se trouve auréolée de son prestige. C'est dans ses murs que sont emprisonnés, après la bataille de Poitiers, le roi de France, Jean le Bon, et ses principaux barons. Avec la création de la principauté d'Aquitaine (1362-1372), Bordeaux, capitale d'une véritable vice-royauté, est au faîte de la gloire. Siège d'un gouvernement, elle est une des animatrices politiques de l'Europe médiévale à l'égal de Londres, Paris ou Avignon. Son commerce, en baisse lors des crises du début du XIVe siècle, prend un nouvel élan. Chaque automne, les flottes de vin, lourdement chargées, gagnent le large. Le bordeaux arrive en maître en Angleterre.

La fortune tourne dès la première décennie du XVe siècle. Avec le mauvais hiver de 1405 qui, selon la *Chronique bourdeloise*, fut « si fort et aspres que la Garonne glassa au devant Bordeaux avec grande perte de navires », reviennent la peste et son cortège de deuils. Surtout, à partir de 1403, les trêves franco-anglaises qui s'étaient succédé depuis 1377 ne sont plus renouvelées et le conflit reprend. Profitant de la faiblesse des Lancastre difficilement promus, depuis 1399, au trône d'Angleterre, les forces françaises entament, à partir de 1405, la conquête du Bordelais. La pression militaire devient alors constante ; partielle et ponctuelle à ses débuts, elle n'accorde aucun répit aux Bordelais, de 1438, après le sacre de Charles VII, à la fin des hostilités en 1453. Alors que les opérations guerrières mobilisent toutes les énergies, le pays bordelais subit de multiples dévastations, œuvre des soldats mais aussi des routiers dont les méfaits s'étendent jusqu'aux abords des villes. C'est toute l'économie de la région qui est mise en péril ; les échanges sont perturbés par la guerre, les hommes fuient, abandonnant maisons et cultures. Pourtant, lors de chaque trêve, tous s'empressent de reconstruire, de patiemment remettre en valeur les terres en « désert ». Ces efforts permanents ont permis d'éviter des dévastations irréversibles du vignoble et ont rendu possible une remise en état rapide après la fin du conflit. Seul fait exception le plateau de l'Entre-deux-Mers, contrée dépeuplée, durablement touchée par la guerre, qui ne parvient à se relever qu'avec l'arrivée, à la fin du XVe siècle, de nouveaux habitants venus des régions avoisinantes. En revanche, la reconstruction du vignoble commercial, celui des bourgeois, est achevée dès 1460, aux lendemains de la paix.

Le vignoble des bourgeois

Favorisés par les privilèges obtenus par les cités, les vignobles péri-urbains se développent. Ils ont désormais une vocation commerciale affirmée et leur production, vendue aux meilleures conditions, est destinée, en priorité, à l'exportation. Ils représentent les secteurs de pointe du vignoble régional car ils sont les seuls à être, directement et sans entraves, intégrés au grand commerce. Ce sont les villes qui les génèrent et alimentent leur dynamisme. Pourvoyeuses de main-d'œuvre, de marchés et de capitaux, elles sont, à la fin du Moyen Age, le véritable moteur de la viticulture en Bordelais. Aussi demeurent-elles des villes « terriennes » car la source de leur richesse est dans les fruits de la vigne. Celle-ci fait partie intégrante de leur paysage. Elle cerne l'habitat et entoure la ville d'un rempart de verdure.

Le vignoble de Bordeaux

Le plus étendu des vignobles suburbains est celui de Bordeaux. C'est aussi le mieux connu grâce aux récents travaux qui ont restitué le paysage des paroisses de la banlieue aux XIVe et XVe siècles. Ce vignoble forme un vaste anneau autour de la ville. Il couvre, presque en totalité, la zone graveleuse des paliers supérieurs de la terrasse alluviale qui porte le nom générique de « Gravas de Bordeu ». Il débute dès les murs de la troisième enceinte et s'étend au-delà de la ligne des boulevards actuels. Ses limites avec l'arrière-pays bordelais sont en partie géographiques ; dans certains lieux comme au Bouscat, c'est le plateau sableux des landes qui arrête sa progression. Mais il est contenu davantage par le halo de villages entourant Bordeaux et inclus dans sa banlieue. Bien qu'adaptés à la vigne, les terroirs de Caudéran, de Mérignac, de Pessac, de Talence et de Bègles sont consacrés principalement aux céréales. Autour des noyaux d'habitat, les jardins et les champs dominent. La vigne, ponctuellement présente, ne peut y progresser sans mettre en péril les ressources nécessaires à ces communautés rurales, son avancée se faisant au détriment des terres et des espaces de pacage. Dans la paroisse Saint-Seurin, au nord-ouest de Bordeaux, à hauteur des villages de Caudéran et du Bouscat, son essor est aussi restreint par le statut juridique spécifique à cette zone réputée questale, c'est-à-dire frappée de servitude. En revanche, le fleuve n'est pas une limite pour ce vignoble qui a gagné, sur la rive droite face à Bordeaux, les terres basses des Queyries. Des bords de la Garonne aux coteaux de Cenon, les ceps ont conquis le paysage. Ils ont aussi pénétré les paroisses voisines, en particulier celle de Lormont où se trouve l'un des vignobles de l'archevêque de Bordeaux.

Dans la ceinture viticole suburbaine, la vigne est en quasi-monoculture ; les espaces qu'elle épargne sont rares. Elle néglige, cependant, les rivages humides des ruisseaux. Dans les dépressions formées par les cours d'eau, elle cède la place aux saules et aux aubiers. Les aubarèdes, les « vims » selon le vocabulaire gascon, fournissent l'œuvre de la vigne et lui sont complémentaires. Nombreuses dans les cuvettes telle celle des marais de l'archevê-

Page suivante :
Façade sud de l'église Saint-Seurin de Bordeaux. A la fin du Moyen Age, la collégiale, qui est un haut lieu de pèlerinage sur la route de Compostelle, se trouve à la tête d'un vaste temporel foncier. Ses possessions, principalement en vigne, couvrent l'ensemble des faubourgs nord-ouest de Bordeaux et s'étendent de façon plus disséminée dans le reste du diocèse.

ché où coulent le Peugue et la Devèze (actuel quartier Saint-Bruno), ces cultures d'eau forment une végétation-galerie le long des ruisseaux ou font taches dans le paysage viticole. Dès qu'un bon drainage du sol le permet, les ceps les supplantent. Il arrive ainsi qu'ils jouxtent le cours d'eau comme à la Font d'Audège (actuelle place Charles-Gruet). De même, la vigne a entrepris la conquête progressive des zones de palu qui s'étirent, au nord et au sud de la ville, en lisière de la Garonne. Couverts une grande partie de l'année par les eaux, ces marais ne sont, à la fin du Moyen Age, que localement mis en valeur. Les parties proches de la ville ainsi que le bourrelet alluvial qui longe la « mar », sont les mieux drainés et les plus cultivés. La vigne s'y est imposée grâce à un réseau de fossés qui la protège des eaux. Ainsi, les palus ne forment pas de rupture dans le vignoble suburbain qui se perpétue jusqu'au fleuve. Mais au-delà, les prés et les marécages l'emportent. Ils représentent encore un front pionnier que la poussée viticole atteindra au début de l'époque moderne. Enfin, dans l'espace qui lui est imparti, le vignoble rejette l'habitat. Celui-ci est rare et fait figure d'accident. Tel est le cas du bourg Saint-Seurin, situé dans le faubourg nord-ouest de la ville, seule enclave d'importance dans l'espace viticole. Il s'agit d'un noyau d'habitat ecclésiastique concentré autour de la collégiale Saint-Seurin. La vigne le cerne, le pénètre, avoisine les murs de la basilique et accompagne chaque maison canoniale. Ailleurs, quelques bâtisses isolées rompent la monotonie des ceps. Les plus remarquables sont des maisons nobles, comme celle de Haut-Brion.

Ce vaste vignoble de Bordeaux est sillonné par un réseau dense de chemins. Le schéma d'organisation, mis au jour par les récentes études, montre la coexistence de grands axes, reliant Bordeaux à son arrière-pays, et de chemins secondaires placés perpendiculairement aux premiers. Les plus importantes des voies secondaires assurent la jonction entre les grands chemins et entre les villages. Les autres, appelées *ruetas* ou *sendeys* dans les actes médiévaux, forment un chevelu dense dans le vignoble et permettent l'accès aux parcelles et aux différents quartiers. L'espace viticole est, en effet, découpé en plusieurs sections indiquées généralement par le terme évocateur de «plantiers». Ces plantiers sont nombreux ; dans la seule paroisse Saint-Seurin, cinquante-cinq ont été recensés pour le XVe siècle. Leurs noms perdurent parfois dans la titulature des rues actuelles, telle la rue Naujac située à l'emplacement de l'ancien plantier de Nauyac dans la sauveté de Saint-Seurin. Ces plantiers s'interpénètrent et leurs limites sont plus coutumières que clairement marquées dans le paysage. Elles ne se fixent qu'à l'époque moderne alors que la toponymie change et se simplifie partiellement. Les plantiers sont eux-mêmes partagés en plusieurs lieux-dits qui individualisent autant de micro-espaces. Car le vignoble apparaît très morcelé et découpé en une mosaïque de parcelles aux dimensions généralement réduites : de dix-sept à vingt ares de superficie moyenne pour le vignoble de Saint-Seurin. La dimension des parcelles, exprimée généralement en règes (une rège = 0,99 are), peut varier entre des plantiers pourtant voisins ; de même, à l'intérieur d'un plantier, de grandes parcelles coexistent avec des petites.

A qui appartient ce vignoble de Bordeaux ?

Une partie dépend de seigneurs qui tiennent leurs biens en fief. Il existe, cependant, des terres libres de tout hommage ; ce sont les alleux. R. Boutruche a montré combien l'allodialité est encore courante dans le Bordelais médiéval où la féodalité reste inachevée. Ainsi, les institutions ecclésiastiques du diocèse sont dispensées, pour leurs biens, de tout hommage depuis le diplôme d'immunité de Louis le Pieux de 814. Celles de Bordeaux sont les seigneurs les plus importants du vignoble suburbain qui, de ce fait, est en grande partie allodial. Les établissements religieux les plus prestigieux de la ville sont les mieux possessionnés. Ils sont à la tête de vastes temporels constitués grâce aux nombreux dons des fidèles en quête de prières pour le repos de leur âme. Chacun de ces seigneurs domine un ou plusieurs secteurs du vignoble ; l'archevêque a l'essentiel de ses vignes au sud-ouest, à Saint-Genès et à Saint-Laurent-d'Escures, ainsi qu'à la Motte de Pessac, à l'emplacement du futur château Pape-Clément. Rappelons qu'il détient, par ailleurs, un important vignoble à Lormont. Le chapitre cathédral de Saint-André est bien implanté dans la paroisse Sainte-Eulalie et dans celles de Saint-Genès et de Talence. Son rival, le chapitre Saint-Seurin, se veut l'unique seigneur de sa paroisse qu'il possède presque en totalité. Son temporel s'étend aussi dans les paroisses voisines de Mérignac et d'Eysines et dans la palu de Bordeaux. La partie méridionale du vignoble dépend majoritairement de l'abbaye Sainte-Croix qui exerce ses droits jusqu'aux Graves du sud vers Léognan. Aux côtés de ces grands établissements, existent de nombreux petits seigneurs ecclésiastiques : couvents mendiants, hôpitaux, prieurés, églises paroissiales, confréries..., dont les biens sont souvent dispersés. Certains ont, cependant, développé une bonne assise foncière, tel l'hôpital Saint-Jacques qui est le plus important seigneur de Talence. Si l'Eglise de Bordeaux a assuré son emprise sur le vignoble suburbain, les seigneurs laïcs n'en sont pas absents mais leur implantation est relativement faible. Le plus remarquable est sans doute la rareté des seigneuries nobles. Seules quelques grandes familles comme celle des Grailly et Foix-Candale, captal de Buch et seigneur de Puy-Paulin, ou celle des La Lande, seigneur de Labrède, ont des vignes dans la banlieue de Bordeaux. En revanche, la haute bourgeoisie bordelaise y détient, en alleu, de nombreuses parcelles. Toutes ces seigneuries sont enchevêtrées les unes dans les autres et fortement morcelées ; au XVe siècle, la plus compacte et la plus étendue à l'intérieur du vignoble est probablement celle du chapitre Saint-Seurin, seigneur, dans sa seule paroisse, de 1603 parcelles. Ces maîtres du sol n'exploitent pas directement leurs biens ; ils les ont concédés, à bail perpétuel, à des tenanciers. Cependant, ils conservent sur les tenures un droit qualifié d'éminent qui leur permet de garder le contrôle de leur temporel. Ils veillent à sa mise en valeur et interviennent pour remettre en état les vignes à l'abandon. A ce titre, ils jouent un rôle prédominant, durant la guerre de Cent Ans et lors de la reconstruction, pour la sauvegarde du vignoble suburbain. Leurs efforts sont animés par la volonté d'assurer une bonne rentrée des redevances foncières. Pour chaque tenure accensée, le seigneur réclame, en effet, un cens en argent ou en nature ou une part de la récolte dont l'appellation locale est l'agrière. Cette dernière est la plus commune des redevances dans le vignoble de Bordeaux. Son taux est généralement au tiers ou au quart de la vendange que le tenancier doit porter à la résidence du seigneur qui se charge de sa transformation. Ainsi, au XIVe siècle, les agrières, avec les dîmes, procurent à l'archevêque, après vinification dans ses chais, des quantités de vin s'élevant, en moyenne, à 76 tonneaux par an, soit entre 608 et 687 hectolitres. Le prélèvement de la récolte permet au seigneur d'avoir un intérêt dans l'exploitation, sans être directement producteur, et d'en retirer des quantités de vin, parfois considérables, qu'il commercialise. C'est un rentier qui tire de ses revenus en nature, principalement du vin, l'essentiel de ses ressources.

Les tenanciers sont, en revanche, les véritables acteurs du vignoble. Le droit utile qu'ils ont sur leurs tenures équivaut à une quasi-propriété. Ils peuvent utiliser les biens à leur guise et en retirer les fruits à l'exception de la part qu'ils doivent au seigneur. Les tenures en vigne qu'ils possèdent dans le vignoble suburbain de Bordeaux sont l'objet de tous leurs soins. La grande majorité d'entre eux sont des citadins qui passent quotidiennement les murs de la ville pour aller cultiver leur petit lopin. Ils demeurent généralement dans les paroisses urbaines voisines. Ainsi, les paroissiens de Saint-Rémi, de Saint-Maixent, de Notre-Dame-de-Puy-Paulin, ont leurs vignes dans le proche faubourg de Saint-Seurin. Ceux des paroisses méridionales de la ville sont mieux implantés à Sainte-Eulalie, à Talence, à Bègles. Le vignoble péri-urbain est donc un vignoble de proximité. La plupart de ces citadins sont bourgeois de Bordeaux et bénéficient des privilèges économiques qui leur assurent la vente, hors concurrence, de leur production. Les bourgeois sont aussi dotés de droits civiques mais astreints à des devoirs, principalement militaires, envers la Jurade. Ils forment une sorte de classe moyenne qui doit au vin sa fortune. Les plus nombreux d'entre eux à avoir investi dans le vignoble sont des *laboradors de vinhas*, c'est-à-dire des vignerons qui forment l'un des groupes les plus importants de la population du Bordeaux médiéval. Ils sont suivis par les tonneliers, *carpenteys de pipas* ou *de tonetz*, installés majoritairement dans les quartiers portuaires et fortement possessionnés dans la ceinture viticole. A l'inverse, les plus fortunés des Bordelais, à l'exception des marchands, ont rarement des tenures en vigne aux portes de la ville. Le vignoble suburbain appartient de la sorte à ceux qui le cultivent ou vivent de ses fruits : vignerons, tonneliers..., de condition plutôt modeste, même s'ils sont bourgeois. Ils ne reconnaissent, généralement, de leur seigneur que deux ou trois tenures, souvent groupées et de petites dimensions. Leurs vignes ne semblent, pour tous, qu'un revenu d'appoint, un patrimoine mobile. Placement en période de prospérité, elles sont revendues en temps de crise.

Double page précédente : *Saint-Emilion et ses coteaux.*

Page de gauche : *Une des portes de la ville de Saint-Emilion. Au premier plan, une terrasse autrefois plantée de vignes.*

Vue de Saint-Martin-de-Mazerat, l'une des plus anciennes paroisses viticoles de la banlieue de Saint-Emilion.

En somme, le vignoble médiéval de Bordeaux est l'œuvre conjuguée des grands seigneurs ecclésiastiques et des citadins relativement modestes. C'est un vignoble que l'on peut qualifier de populaire, semblable à un vaste jardin animé quotidiennement par les allées et venues du commun des Bordelais occupé à travailler ses vignes. Ces caractéristiques ne lui sont pas spécifiques et peuvent s'appliquer aux vignobles des autres villes du diocèse, principalement ceux des villes portuaires. Malheureusement, les recherches les concernant sont encore partielles. Elles montrent que les agglomérations secondaires du Bordelais ont suivi l'exemple de sa capitale et ont étendu leur emprise foncière sur leur plat pays où elles ont développé le vignoble.

Les vignobles des petites villes

Les cités plus dynamiques sont celles qui ont obtenu des privilèges et des franchises garantissant un débouché à leur production vinicole. Elles ont suscité des vignobles spéculatifs, directement orientés vers le grand commerce. Tel est le cas des vieux vignobles suburbains de Bourg et de Blaye régénérés par l'union anglo-gasconne et avantagés par leur situation en bordure de l'estuaire de la Gironde. Ceux de Saint-Emilion et de Fronsac ont leur destin singulièrement lié à l'essor de Libourne. Bien qu'antérieurs à la création de la bastide, ces deux vignobles ont été progressivement « phagocytés » par la ville neuve, dont les alentours présentent des sols sablonneux plus propices aux céréales et aux prairies qu'à la vigne, seulement implantée au sud des remparts au lieu dit La Roquette. Favorisés par le développement portuaire et commercial de leur cité, les bourgeois de Libourne ont investi dans des terroirs plus lointains mais plus aptes à la viticulture, à Fronsac et à Saint-Emilion. Il semble que les noyaux originels de ces vignobles aient pris corps à la fin du Moyen Age. Ils établissent alors leurs assises presque définitives dont les appellations actuelles sont les héritières. A Saint-Emilion, la vigne épouse le relief en forme de « feuille de chêne », de direction est-ouest, qui entoure la bourgade. Comme aujourd'hui, ce sont ces terroirs biens drainés des coteaux et des plateaux qui fournissent les meilleurs crus. En revanche, les terres de palu sont délaissées et consacrées aux céréales ; leur vocation viticole ne s'affirme qu'à l'époque moderne avec la vogue des vins de palu. C'est à Saint-Laurent-des-Combes que les ceps sont les plus nombreux et couvrent les deux tiers des parcelles. Dans les autres paroisses de la banlieue de Saint-Emilion, la vigne appartient à un paysage mélangé et ne domine qu'à Saint-Christophe-des-Bardes et Saint-Martin-de-Mazerat. Ce vignoble est sous l'emprise foncière des établissements religieux de Saint-Emilion (chapitre collégial, frères mineurs et prêcheurs) qui en sont les principaux seigneurs. En revanche, les bourgeois de la ville investissent peu dans l'arrière-pays. La minuscule paroisse de Saint-Martin-de-Mazerat fait exception ; sorte « d'annexe rurale » de la ville, elle est cultivée intensivement en jardins, chènevières et vignes. Ce défaut d'esprit d'entreprise des bourgeois est un des témoins du déclin de Saint-Emilion à la fin du Moyen Age. La ville est déjà supplantée par Libourne qui a, sur elle, l'avantage d'être dotée d'un port. La bastide étend progressivement son aire d'influence au détriment de sa rivale. Les bourgeois de Libourne s'emparent du vignoble de Saint-Emilion et contribuent à son développement en lui offrant de plus amples débouchés commerciaux. Ils agissent de même à Fronsac. Comme à Saint-Emilion, c'est un vignoble de coteaux dont les deux principaux noyaux correspondent aux appellations actuelles de Canon-Fronsac et de Côtes-de-Fronsac, autour du bourg de Fronsac. Le toponyme, aujourd'hui si célèbre, de Canon-Fronsac apparaît dès la fin du XVe siècle. Sur ce terroir privilégié, la vigne, aux mains des bourgeois de Libourne, est en quasi-monoculture. Il est probable que Pomerol et Lalande qui appartiennent à l'arrière-pays libournais aient connu un sort identique à celui de leurs voisins. Mais ils sont encore un champ de recherche vierge pour le médiéviste.

Beaucoup de petites villes ont voulu suivre l'exemple des plus grandes. A l'égal de leurs aînées, elles ont développé des vignobles péri-urbains et acquis des franchises pour la vente de leur production. Ce sont les cités portuaires qui sont les plus favorisées ; sur la rive droite de la Garonne, Rions, Cadillac, Saint-Macaire ont leur ceinture de vignes cultivées par leurs bourgeois. Il en est de même de l'autre côté du fleuve, autour de Langon et des bourgs de Barsac et de Podensac. Dans l'intérieur des terres, les difficultés de communication et donc d'écoulement de la production vinicole empêchent le développement de vignobles étendus et spéculatifs. Seul celui de la Sauve-Majeure fait exception car il doit à l'abbaye son impulsion. Cependant, la moindre bourgade a ses règes de vignes mêlées à l'habitat et aux jardins. Mais les vins de Lesparre, de Guîtres... ne sont pas destinés, comme leurs augustes confrères, au grand commerce.

Le vignoble paysan

La vigne n'est pas, en Bordelais, l'apanage des villes. Elle est aussi, dès la fin du Moyen Age, un des traits familiers des campagnes.

Une géographie du vignoble paysan

La vigne ne délaisse que les «pays aux bois» de l'est de l'Entre-deux-Mers et les espaces landais de la frange occidentale du diocèse. Dans les autres contrées, elle est étroitement associée au système cultural. Elle a conquis toutes les paroisses rurales du centre et de l'ouest de l'Entre-deux-Mers. L'ancien vignoble de côtes y connaît un développement particulièrement important grâce à la proximité de Bordeaux et à l'appropriation d'une partie du sol par la bourgeoisie marchande. De Saint-Loubès jusqu'à Saint-Macaire, le vignoble, établi sur les éboulis et les terrasses formées au pied des falaises calcaires, jalonne le cours du fleuve. Sur l'autre rive, dans les Graves du sud, la poussée viticole est encore ponctuelle. La vigne y existe par plaques s'intensifiant à l'approche des villes de Bordeaux et de Langon. A Léognan, elle occupe déjà plus de 20 % des parcelles. Mais elle ne pénètre que difficilement la lande. Elle épargne encore le Sauternais où les céréales sont mentionnées plus souvent que les ceps. Au nord, le Médoc présente un paysage sensiblement identique. Le vignoble s'est maintenu autour des établissements religieux et s'est accru en Haut-Médoc sous l'influence de Bordeaux. Mais là encore, il n'est qu'une culture secondaire. C'est aux céréales que sont réservées les rares terres fertiles d'un milieu souvent ingrat où la lande prédomine. La paroisse d'Eysines, au nord-ouest de Bordeaux, offre un exemple remarquable de ces paysages semi-forestiers. A la fin du Moyen Age, de vastes espaces de bois et de landes y sont encore préservés. Ces zones incultes ne sont pas vierges ni hostiles car l'homme en fait de multiples usages: pacage, litière, bois de chauffage..., et a intégré la lande à son système d'exploitation du terroir. Sur l'arbre et la friche, il a conquis des clairières de cultures où s'est installé un habitat semi-dispersé en hameaux appelés *cornaus*. Dans ces clairières, les terres à emblavures forment de vastes îlots généralement repérables par une toponymie en *camp* ou *boria*. La vigne a une place mesurée et occupe, en moyenne, 20 % des parcelles. Elle est souvent associée à l'habitat auprès duquel elle est cultivée avec autant de soins que les jardins qui l'entourent. Elle peut être aussi dispersée au milieu des terres, principalement, sous la forme de parcelles de *terra e vinha*. On ne sait exactement ce que recouvre cette expression car on peut imaginer des cultures séparées mais aussi conjointes en joualle. Quoi qu'il en soit, la vigne est bien intégrée à l'exploitation paysanne dénommée *mayne* ou *estatge* en Bordelais.

L'exemple de la Tour-Saint-Maubert

Le mayne de la Tour-Saint-Maubert, célèbre pour être à l'origine du château Latour en Médoc, en est un cas bien connu. En 1456, il dépend du seigneur Charles II d'Albret et appartient au tenancier Guilhem de Saint-Maubert, paysan de son état. Il est alors composé de *hostau e mayne, terras, vinhas e boscz* (maison, exploitation, terres vignes et bois). L'ensemble est entouré de fossés. L'exploitation comprend des parcelles de vignes qui sont établies sur les croupes de graves mais ne représentent pas plus d'un cinquième de la superficie. L'essentiel des terres est consacré aux céréales et aux prairies. L'exemple de la Tour-Saint-Maubert est commun en Bordelais où le mayne représente l'exploitation paysanne type. Dans la majorité des cas, les biens fonciers semblent seulement plus dispersés. La polyculture qui y est pratiquée fournit aux familles paysannes les ressources nécessaires à leur subsistance. Le vin qu'elles récoltent dans leurs vignes suffit et parfois même dépasse la consommation familiale. En cas de surplus, la communauté familiale bénéficie d'un appoint de revenus non négligeable mais, pour autant, elle ne participe pas directement au grand commerce du vin. Elle n'y est intégrée que de façon détournée, comme par l'intermédiaire des redevances en nature que le seigneur perçoit et commercialise.

Le vin paysan dans le grand commerce

A Saint-Maubert, le tenancier doit verser, à son seigneur, un cinquième des grains, de la vendange ainsi que du vin qu'il doit porter à la tour de Saint-Maubert. A deux tenanciers du Pian, le chapitre Saint-Seurin réclame, comme cens pour un mayne, *una pipa de vin clar*. Les redevances en vin sont encore rares à la fin du Moyen Age car les seigneurs leur préfèrent les parts de vendange. Les deux exemples cités témoignent d'un intérêt particulier des seigneurs pour les vins de ces crus qu'ils destinent à leur table ou à l'exportation.

Le vin paysan entre aussi dans le grand commerce par l'intermédiaire du système de crédit mis en place dans le monde rural par les marchands bordelais. Dans le contexte troublé de la fin du Moyen Age, l'endettement frappe autant les seigneurs que les paysans ; tous ont besoin de numéraire qu'ils empruntent principalement aux négociants. Le remboursement s'effectue souvent en nature, c'est-à-dire, comme toujours en Bordelais, en vin. Prenons encore le cas de Saint-Maubert. En 1389, son seigneur, Amanieu de la Motte, pressé par des soucis financiers, constitue une rente perpétuelle, en faveur du marchand Jean de Treulon, de quatre tonneaux de vin assignée sur sept hommes questaux (serfs) et sur les redevances perçues sur le mayne de Saint-Maubert. Amanieu s'engage, pour lui et pour ses successeurs, à loger le vin dans des fûts neufs et à transporter les quatre tonneaux aux chais de Jean de Treulon. Nul doute que le vin qu'ils contiennent, apparemment apprécié du négociant, ne gagne ensuite l'Angleterre. Plus parlant encore, l'exemple de Fortaney Dupuy éclaire les relations économiques entre les marchands de Bordeaux et les paysans de l'arrière-pays. Grâce aux archives – particulièrement la comptabilité – préservées dans le fonds de l'église Saint-Michel son héritière universelle, Fortaney Dupuy est bien connu des médiévistes. Fils d'une lignée de marchands, marchand lui-même, il demeure, dans les premières décennies du XVIe siècle, près de la fontaine des Salinières (à hauteur des actuels cours Victor-Hugo et rue des Faures) dans la paroisse Saint-Michel. Comme tous ses compères de métier, Fortaney fait le commerce de multiples produits : grain, vin, pastel, drap, toile, vêtements..., et pratique le crédit. Son aire d'activité s'étend à la fois sur les campagnes du Bordelais et sur des horizons beaucoup plus lointains. Cependant, les ruraux sont les premiers de ses clients et ses premiers fournisseurs en vin. Ces ruraux proviennent de vingt-cinq paroisses dans un rayon de quarante kilomètres autour de Bordeaux. Ils procurent au marchand

Double page suivante :
Le château de la Benauge, siège d'une seigneurie noble qui a donné son nom au petit pays qui l'entoure.

Double page précédente : *Le château Olivier à Léognan est un bel exemple de seigneurie à l'origine d'un grand vignoble. Lorsque Fossier de Lestard, son propriétaire dans les années 1720, entreprit de moderniser le domaine, il se garda bien de transformer la vieille maison forte entourée de larges douves, symbole d'une noblesse immémoriale. Les nombreuses pièces d'eau, vaste vivier dans la garenne, bassins d'agrément dans le jardin, douves, canaux qui bordent l'accès à la demeure, s'inscrivent dans un système général de drainage des terres.*

trente à deux cents barriques selon les années, à raison de trois à quatre barriques chacun. En retour, ils prennent à crédit les biens nécessaires à leur vie quotidienne : céréales et semences au moment de la soudure de printemps, vaisseaux vinaires à la fin de l'été en prévision des vendanges, draps, vêtements et ustensiles à l'automne lorsque le surplus des récoltes a pu être vendu. Souvent, leur remboursement en vin ne suffit pas à éteindre leurs dettes et ils restent débiteurs du marchand. L'excédent commercialisable apparaît donc limité, preuve d'une faible production vinicole paysanne. Fortaney Dupuy est attentif à la qualité du vin. Tous les ans, il se déplace pour aller *tastey lo bin* de ses correspondants et fixe, en conséquence, la valeur marchande de la cuvée. Bien qu'on le mesure encore mal, le système de crédit instauré par ce marchand semble être répandu en Bordelais. Il contribue au renforcement de l'emprise urbaine sur la campagne environnante et permet de drainer, vers la ville, le vin paysan. L'endettement rural qu'il induit, qui va en s'accroissant aux XVIe et XVIIe siècles, concourt à la paupérisation de l'arrière-pays mais aussi, indirectement, à l'essor du vignoble. Les paysans sont tentés, en effet, d'accorder de plus en plus d'importance à la vigne, seule pourvoyeuse de revenus monétaires. Acculés par leurs soucis financiers, nombre d'entre eux deviennent, à l'époque moderne, des vignerons.

Cet ancien moulin à vent, qui paraît de nos jours si étranger au paysage viticole du Bourgeais, témoigne de l'importance passée des céréales, pivot de la polyculture paysanne traditionnelle.

Le vin claret, de la production à la distribution

En 1435, des paroissiens d'Eysines, Miqueu de Caseras et Peyrona de Neolet, son épouse, versent au chapitre Saint-Seurin, leur seigneur, en guise de cens pour dix tenures en vignes, une demi-pipe de *vin clar, bon, pur, noed e merchant* ; une formulation assez commune en Bordelais. On y retrouve le fameux terme gascon de *vin clar*, anglicisé en « claret » ou « clairet », qui caractérise, dans l'esprit des contemporains, la production vinicole locale. Les autres qualités exigées reflètent davantage des préoccupations commerciales : il faut un vin bon, nouveau et marchand ; en clair, un vin destiné à la vente et à l'exportation. Comment obtient-on un tel breuvage ? Les textes médiévaux sont peu éloquents tant sur la culture de la vigne que sur la vinification. Ils énumèrent, en général, les mêmes recommandations qui, toutes, se réfèrent aux *fors e costumas de Bordales*. Etudiés par nombre d'auteurs, notamment Barennes, les travaux viticoles sont globalement connus. Certaines zones d'ombre demeurent cependant ; ainsi, jusqu'alors, aucun acte n'a permis de préciser la nature des cépages utilisés ; il n'est jusqu'à la disposition des ceps – en rangs ou dispersés – qui ne reste encore incertaine.

Les façons de la vigne

Plante ingrate, la vigne nécessite du vigneron des soins sans relâche. Ces travaux délicats, parfois pénibles et toujours répétés, ont fondé une tradition fortement ancrée dans les habitudes des vignerons bordelais qui cultivent selon la coutume. Qui dit tradition, dit permanence ; c'est avec le même savoir-faire – et sans doute avec le même amour – qu'un *laborador de vinhas* du Moyen Age et un vigneron du début du XIXe siècle soignent leurs vignes. Les mutations décisives de la viticulture ne se produisent qu'après 1850, avec l'apparition des premières maladies cryptogamiques. Jusque-là, les travaux et les jours semblent immuables.

Le calendrier viticole

Lorsque Miqueu de Caseras et sa femme font reconnaissance à Saint-Seurin pour leurs tenures, ils s'engagent à *laborar e coytivar* (travailler et cultiver), c'est-à-dire, à *podar, levar, plegar, fudir, magestar, tersar, plantar e protbagar e far totas obras e fayssons que a vinhas de gravas se appertenen en bons temps e en bonas sadons segont los fors e costumas de Bordales*. Ces termes gascons se rapportent aux travaux viticoles qui s'étalent tout au long de l'année. Reprenons-les un à un.

Le repos du vigneron. Détail d'un chapiteau du XVe *siècle, provenant de l'église Saint-Michel à Bordeaux.*
© musée d'Aquitaine, Bordeaux.

Podar (tailler), *levar* (lever) et *plegar* (plier) font référence aux opérations de taille qui débutent l'année viticole. Effectuées après les gelées de l'hiver, essentiellement en février, ces opérations requièrent un geste sûr, un savoir-faire, car d'elles dépend la récolte à venir. La vigne est taillée à la serpe puis pliée, levée, liée sur les *carassons* (échalas) et les lattes pris sur les aubiers et les vimiers. Les sarments dont elle est dépouillée sont soigneusement ramassés, généralement par les femmes, et récupérés comme bois de cuisson. Immédiatement après la taille, le vigneron donne un premier labour afin d'aérer la terre et de déchausser les ceps enterrés à l'automne précédent. Ce labour en profondeur est effectué à la houe (la *marra*) qui est préférée à l'araire. Avant la fin du XVe siècle, celle-ci est peu utilisée ou réservée aux meilleurs terroirs. S'il le peut, le vigneron en profite pour fumer sa vigne avec des engrais animaux, la « crasse » des cuves ou la vase de la Garonne. Jusqu'à la vendange, il retravaille le sol à deux reprises afin d'en éliminer les mauvaises herbes ; en mai, il bine et sarcle (*fudir e magescar*) ; en juillet, il rebine ou « tierce » (*tersar*). Simultanément, les femmes épamprent la vigne pour favoriser la maturité du raisin. La dernière des quatre façons du sol, celle qui termine le calendrier viticole, est effectuée après la vendange, au mois de novembre, pour chausser les ceps en prévision du froid hivernal. C'est à la même période que sont faites les nouvelles plantations. Sur une terre préalablement travaillée, on plante (*plantar*) des boutures de *bon seme*, c'est-à-dire de bons cépages. L'encépagement semble majoritairement en rouge, les mentions de vignes blanches dans les textes étant rares et souvent tardives. Ce n'est qu'au bout de trois ans que les premiers raisins apparaissent, au bout de six que la vigne est en pleine production. La plantation nécessite un capital financier et humain important. Aussi préfère-t-on généralement le renouvellement des vignes existantes par provignage (*probatgar*). Cette opération a lieu à la fin de l'hiver (fin février-début mars). Elle consiste à coucher le sarment dans la terre en prenant soin de laisser sortir deux ou trois tiges qui donneront les souches nouvelles. La vigne, régulièrement provignée, est pratiquement éternelle mais le provignage a pour conséquence de faire disparaître la régularité des rangs. A cause de ce provignage, mais aussi parce qu'elles sont travaillées à bras, les vignes du Bordelais médiéval ne sont pas alignées et sont, pour la plupart, « en foule ». Il faut donc imaginer un paysage moins rectiligne que le vignoble actuel.

Bien qu'apparemment protégé des maladies qui l'ont frappé à l'époque contemporaine, le vignoble médiéval est soumis aux calamités climatiques, particulièrement les hivers froids qui gèlent les ceps. Par exemple, en 1445, les vignes des Graves de Bordeaux sont fortement endommagées par les gelées ; les tenanciers de Saint-Seurin demandent alors à leur seigneur des exemptions temporaires de redevances pour pouvoir replanter leurs tenures. La vigne est aussi attaquée par les insectes, les escargots et les limaces que les vignerons s'emploient à détruire. De même, il faut la protéger des incursions du bétail ; lorsqu'elle se trouve à proximité d'un terrain de pacage, on prend soin de l'enclore de haies ou de barrières temporaires.

Relativement chargé, le calendrier agricole du vigneron réclame une présence constante et un savoir-faire certain. Il semble que, pour les opérations les plus délicates ou les plus pénibles, nombre de bien-tenants ont recours à des vignerons « professionnels » : les *laboradors de vinhas*. L'utilisation de ces salariés est attestée, souvent de façon indirecte, par les sources ; ainsi, dans la décennie 1430-1440, les tenanciers de Saint-Seurin se plaignent de la hausse des salaires des ouvriers de vigne, hausse due à la raréfaction de la main-d'œuvre causée par la guerre. Néanmoins, on mesure encore mal l'importance de ce salariat ; était-il employé seulement par les plus fortunés des bien-tenants ou généralisé à l'ensemble du vignoble ?

L'époque des vendanges

Elles représentent le moment fort de l'année viticole. Dès le mois d'août, une fièvre de travail s'empare de tout le Bordelais. Le vigneron abandonne provisoirement sa vigne pour le cellier où il s'assure du bon état des vaisseaux vinaires : cuves, fûts... et des ustensiles nécessaires à la vendange : paniers, récipients de toutes sortes comme les « comportes » qui reçoivent le raisin cueilli. Parallèlement, dans chaque vignoble péri-urbain, les officiers municipaux inspectent les vignes pour

Griffonné sur un registre anglais du XIVe siècle, ce dessin est l'une des seules représentations de viticulteur dans le Bordelais médiéval.

y mesurer la maturité de leurs fruits. Dans les seigneuries rurales, c'est aux agents du maître que revient ce rôle. Défense est faite à quiconque de pénétrer dans la vigne du voisin, d'y cueillir du raisin et d'y chasser. Bétail et animaux domestiques doivent être expressément tenus à l'écart. C'est au mois de septembre, en année normale, que les seigneurs prononcent enfin le « ban » ou « cri » des vendanges. Vendanger plus tôt entraîne amende et peine de pilori pour le fraudeur. Dès qu'est donné le signal de la récolte, toute la population s'affaire avec effervescence. Les femmes coupent le raisin pendant que les hommes portent et vident les paniers dans les comportes et les douils. Les gardes du seigneur surveillent et assurent la bonne rentrée des agrières. Les chemins sont encombrés du va-et-vient des charrettes alors que, sur le fleuve, les bateaux emportent les redevances dues aux seigneurs et les raisins de leurs domaines. Au soir, la vendange devient fête et réunit les travailleurs autour de tables plantureuses, garnies de pain, de viandes, de poissons, d'œufs et, bien sûr, de vin.

La vinification

Les techniques de fabrication du vin dans le Bordelais médiéval sont aujourd'hui élucidées grâce aux différentes études réalisées, notamment par J.-B. Marquette, sur la vinification dans les domaines de l'archevêché au XVe siècle. On sait désormais que la vinification se déroule dans un local spécifique, parfois le chai, plus généralement le « treuil » ou *trulh* en gascon. Ce dernier terme recouvre plusieurs sens : celui de bâtiment ou de cuvier, celui de pressoir ou celui de maie à fouler. L'ambiguïté sémantique a alimenté nombre d'erreurs et d'incertitudes ; seul le sens de pressoir a longtemps été retenu. Or, il semble qu'un tel instrument soit rare dans le Bordelais médiéval où il reste l'apanage des grands seigneurs. Sa généralisation est tardive et ne débute vraiment qu'à la fin du XVe siècle et au début du XVIe siècle.

Fouler et écouler

Jusqu'à la fin du Moyen Age, la vendange, composée majoritairement de raisins rouges, est foulée au pied sur des maies. En 1404, dans les domaines de l'archevêché, le foulage occupe quatre hommes pendant quatre jours. L'achat, pour l'occasion, de chandelles témoigne d'un travail sans relâche. Le moût s'écoulant de la maie est recueilli dans des cuves où il fermente. Bien qu'encore indéterminée, la durée de fermentation du claret semble courte, de quelques jours, à l'égal de celle des rosés actuels. Pour lui conserver sa transparence, ce vin est le premier écoulé, à flot, dans les fûts où il continue sa fermentation. De la cuve, on retire aussi un second vin appelé vin *vermelh* ou *pinpin* à partir de la seconde moitié du XVe siècle. Plus coloré en raison de son contact prolongé avec le marc, ce vin rouge s'écoule plus lentement. Il représente en moyenne 15 % de la production vinicole majoritairement composée de claret. Le marc restant sert enfin à la fabrication de la piquette. Cette boisson du pauvre est dénommée *breuvaige* dans les textes. Il faut, pour l'obtenir, se procurer de l'eau qui ne se trouve pas toujours à proximité. Son transvasement dans la cuve nécessite un personnel nombreux et, occasionnellement, des âniers. La fermentation paraît courte. Le premier écoulage réalisé, on renouvelle l'opération deux fois et parfois même trois ; gageons qu'avec cette dernière cuvée, l'ivresse n'était pas au rendez-vous. Plus rare, la vinification du vin blanc ne porte que sur de faibles quantités de vendange. Comme le pressoir qu'elle implique, elle est réservée aux plus fortunés. On peut supposer qu'au Moyen Age, elle ne diffère guère de celle évoquée, au XVIe siècle, par Olivier de Serres dans son *Théâtre d'Agriculture*. Les raisins blancs sont foulés, pressés et le moût qui en est extrait est mis directement à fermenter dans les fûts.

Les futailles

Entreposées dans le chai ou le cellier, les futailles utilisées pour loger les vins sont généralement faites de merrain. Ce bois de chêne, venu par la voie d'eau de Corrèze et de Dordogne, forme le corps du tonneau alors que les cercles sont faits de frêne et de coudriers. Les plus pauvres des vignerons se contentent cependant de fûts en bois de saule. En apparence, l'entretien de ces récipients vinaires est plutôt sommaire ; le lavage des fûts n'est par exemple jamais mentionné. Mais cette négligence est compensée par un renouvellement continuel du parc de futailles car les vins sont, en principe, vendus logés. Les fûts sont généralement de dimensions encombrantes et peu commodes pour le transport terrestre. Les vaisseaux de plus grandes capacités sont la barrique, la pipe (deux barriques) et le tonneau (deux pipes, 4 barriques). Leur contenance à l'époque médiévale semble quelque peu approximative : les comptes de l'archevêché de 1356 mentionnent des pipes « qu'elles soient grosses ou petites ». On considère, de ce fait, que la capacité moyenne de la barrique est de 200 à 225 litres, celle de la pipe de 400 à 500 litres et celle du tonneau de 800 à 900 litres. Il existe, par ailleurs, d'autres récipients vinaires, tels le carral (590 litres) ou le barril (entre 56 et 67,5 litres), mais leur emploi reste très accessoire.

Conserver le vin

Dès que la fermentation est achevée dans les fûts, on procède périodiquement à l'ouillage en choisissant un vin de qualité souvent médiocre. On profite parfois de cette opération pour foncer un claret, jugé trop transparent, avec un vin rouge ; un procédé encore utilisé pour les grands crus du Bordelais aux XVIIIe et XIXe siècles. La pratique du soutirage, principalement par transvasement, est attestée dès le XIVe siècle. Cependant, elle semble très épisodique et nullement généralisée. De plus, on ne relève point de collage, alors que le procédé est connu dès l'époque romaine, et, hormis le soutirage, aucune des manipulations qui enlèvent au vin ses impuretés. Ces imperfections expliquent la mauvaise conservation du vin et, par voie de conséquence, le goût pour le vin jeune. Car les vins aigrissent et ne peuvent vieillir, au mieux, que quatorze à seize mois. Dès le mois d'août, les vins de l'année précédente sont qualifiés d'« antiques » et leurs prix baissent.

Les types de vin

Relativement sommaires au regard des procédés actuels, les techniques de vinification médiévales produisent quatre types de boisson. Le plus apprécié des consommateurs, le claret, est produit en masse. Il est le seul à être exporté et commercialisé sur les marchés du Nord. Ses qualités naturelles (goût, degré...) nous sont inconnues. Des témoignages le décrivent comme « doux, fumeux, altérant ». C'est sa couleur, probablement assez proche de l'œil-de-perdrix bourguignon, qui le distingue des autres vins. Ces derniers sont moins prisés et produits en petites quantités en vue d'une consommation locale. Seul le vin blanc est estimé ; ainsi, en 1354, l'archevêque en offre trois tonneaux au connétable, au sénéchal et au maire de Bordeaux. A l'inverse, le vin « vermeil » (rouge) est souvent réservé à des usages domestiques ou bien à l'ouillage et au coupage. Son contact prolongé avec le marc lors de la cuvaison doit le rendre plus âpre que le claret. Quant à la piquette, elle est, par excellence, le breuvage du peuple. Plus encore que le vin, elle est menacée d'acidification et de putréfaction, surtout pour les dernières eaux. Ne voit-on pas, en 1356, dans les comptes de l'archevêque, trois pipes de piquette abîmée être, pour une partie, données aux pauvres, pour l'autre, jetées à terre ? Malgré sa qualité déficiente, il existe néanmoins un marché local pour la piquette. A partir de la fin du XVe siècle et surtout au XVIe siècle, avec la généralisation des pressoirs, un nouveau type de vin est produit : le vin treuillis ou vin de presse, obtenu en pressant la râpe après écoulage. Plus rouge, d'un meilleur rendement, ce nouveau vin prend progressivement le relais du vin vermeil. Il annonce la tendance future vers la coloration du vin qui aboutira au *New French Claret.* Jusqu'alors, la préférence pour le vin clair est révélatrice d'un certain état du goût chez les consommateurs. Cependant, en l'absence d'une documentation suffisante et exhaustive, on ne saurait dire si les contemporains attachaient une importance réelle à la provenance du vin et à la notion moderne de cru. On peut, tout au plus, remarquer chez des seigneurs ou chez certains marchands une préférence pour la production de certains terroirs ; l'exemple de Saint-Maubert nous l'a montré.

A peine fait et encore trouble, le claret nouveau est embarqué sur les bateaux à destination de l'Angleterre et des marchés du Nord. La grande flotte d'automne, qui gagne la Guyenne dès septembre pour charger le vin, a impressionné nombre de contemporains, tel Froissart qui évoque « deux cents nefs d'une voile marchant d'Angleterre, de Galles et d'Ecosse vers Bordeaux pour aller aux vins ». Comment imaginer l'agitation du port à l'arrivée des navires, les entrelacs des mâts et des voiles, les cris et l'affairement des hommes de peine, des rouleurs de tonneaux et des charretiers ? Comment donner la pleine mesure de cet extraordinaire courant d'échange que le vin suscite et qui unit, plus sûrement encore que les liens politiques, le Bordelais aux Iles britanniques ? Bénéficiaire et garant de l'alliance anglo-gasconne, le vin de Bordeaux est, à la fin du Moyen Age, un des maîtres produits du commerce international.

Différents pichets utilisés à la fin du Moyen Age pour servir le vin. Retrouvés lors des fouilles de la place Camille-Jullian, ils proviennent pour la plupart de l'atelier de potiers de Sadirac.
© musée d'Aquitaine, Bordeaux.

Le plus grand commerce médiéval

Tous ceux qui s'intéressent à l'économie du vin dans l'histoire médiévale de Bordeaux et de la Gascogne connaissent l'importance des archives conservées à Londres, particulièrement les comptes de la grande coutume de Bordeaux. Ces registres fort détaillés donnent, pour les deux derniers siècles de la domination anglaise, de 1305 à 1453, quantité de renseignements ; y sont notés tous les bateaux au départ de Bordeaux avec leurs noms, leurs ports d'attache, le détail de leurs cargaisons, l'identité de leurs patrons et des propriétaires des fûts ainsi que les sommes acquittées pour la coutume. Le premier enseignement de ces comptes est que les vins ne sont chargés qu'à deux époques de l'année.

Les flottes du vin

Après la vendange, la flotte d'automne enlève le *vintage*, vin à peine mis en tonneau et jamais soutiré. C'est le vin du bas pays et surtout celui des bourgeois de Bordeaux qui ont, par leurs privilèges, la primauté de la vente. Durant la même période se tient la foire de Bordeaux créée, en 1341, par Edouard III. Du 3 au 18 novembre, les transactions entre marchands et producteurs de vin vont bon train. Cependant, beaucoup de bateaux n'attendent pas novembre pour mettre à la voile. Il faut, avant tout, éviter les premières tempêtes de l'hiver et apporter les vins, le plus rapidement possible, aux consommateurs anglais impatients. Même les plus attardés des navires veulent débarquer leur cargaison avant les fêtes de Noël. Seuls certains capitaines téméraires osent poursuivre leur course au cœur de l'hiver. Mais, dès février, lorsque la mer devient plus clémente, les bateaux cinglent, de nouveau, vers la Gironde : c'est la flotte des vins de printemps. Elle enlève ce qui reste des vins du bas pays et, surtout, ceux du haut pays arrivés à Bordeaux depuis la Saint-Martin ou Noël. Ces vins, déjà soutirés, sont appelés vins de rack ou encore de Pâques car les patrons des navires s'efforcent de les porter à destination avant la grande fête chrétienne. Les chargements se poursuivent, néanmoins, jusqu'en mai ou juin.

Les navires qui composent les flottes du vin sont de toutes dimensions. Une foule de petits bâtiments, d'une dizaine de tonneaux, se presse autour de quelques énormes vaisseaux. Ces derniers sont des nefs dénommées aussi *cogas*. Ce sont des voiliers de haut bord, courts, pansus et d'une capacité supérieure à cent tonneaux. Bien que peu maniables, ces nefs sont assez rapides et font le trajet en une dizaine de jours. Dès le début du XIVe siècle, nombre d'entre elles sont anglaises. La guerre ne fait qu'accentuer cette tendance et assure aux Anglais une prépondérance dans l'armement des navires aux dépens des Bretons, des Normands et des Bayonnais progressivement éliminés. Quant aux Bordelais, on connaît leur aversion, souvent jugée paradoxale, pour les choses de la mer. Le conflit franco-anglais a aussi transformé les conditions de navigation. Face à la menace des bateaux ennemis, pirates ou français, les nefs vinetières hésitent à s'aventurer librement, comme autrefois, sur les flots. Beaucoup renforcent leur équipage d'archers et s'attardent dans l'estuaire pour former des convois. Portées par les mêmes vents, les nefs naviguent de conserve.

La cargaison

Autre enseignement des registres de la grande coutume, la cargaison en vin de ces bateaux n'en finit pas de surprendre par son importance. Avant le début de la guerre de Cent Ans, le volume moyen de vin exporté par la Gironde est de 82 000 tonneaux par an, dont 73 000 chargés à Bordeaux, 9000 à Libourne. 1308-1309 (il faut compter d'une vendange à l'autre) est une année record : 102 724 tonneaux ont été embarqués, soit 850 000 hectolitres environ ; un volume considérable, qui n'est de nouveau atteint qu'à la fin de l'Ancien Régime. Les vins du haut pays représentent alors plus de la moitié de cette cargaison. Ils disparaissent presque totalement après le déclenchement des hostilités. A partir de 1337, les exportations chutent brutalement et se

Page suivante : *Albâtre du retable de l'autel de l'église Saint-Seurin de Bordeaux, XVe siècle. De facture anglaise, ce panneau représente l'accueil fait par l'évêque saint Amand à saint Seurin lors de son arrivée à Bordeaux. On remarquera le navire qui a conduit le saint à bon port : une nef semblable à celles qui apportaient le vin gascon sur les rivages d'outre-Manche.*

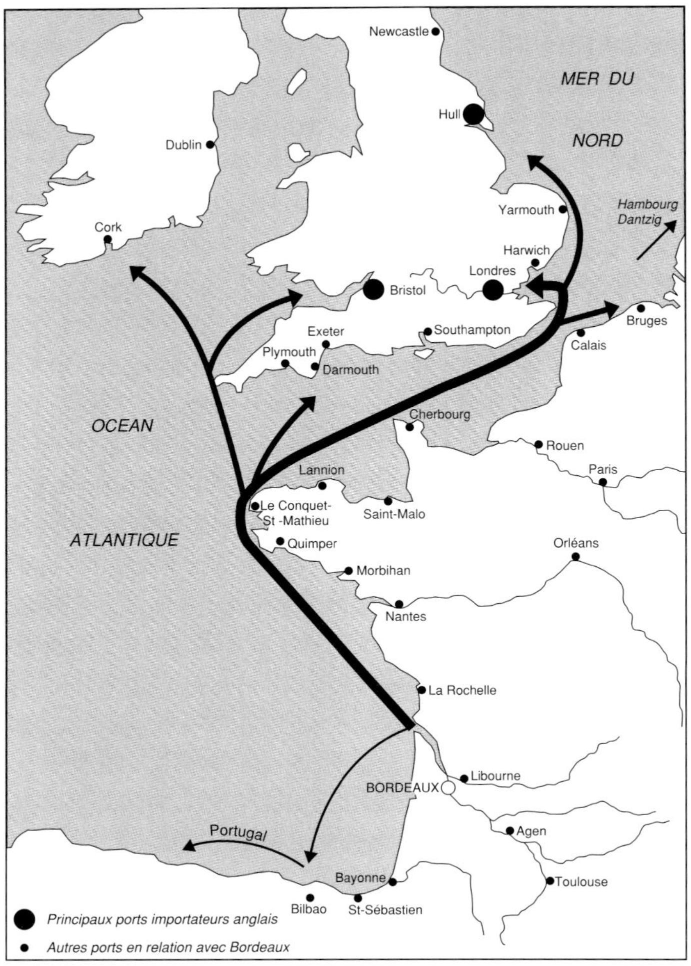

Le commerce des vins gascons au XIVe *siècle (d'après l'*Histoire de Bordeaux *dirigée par Charles Higounet).*

trouvent amputées de la moitié, parfois des deux tiers, du volume moyen de la période précédente. La cause première en est la contraction de la production de vin en Gascogne consécutive à la rupture avec le haut pays sous allégeance française. Aux effets de la guerre s'ajoutent les irrégularités climatiques, les épidémies et les famines. Pour la terrible année 1348-1349, alors que la peste noire ravage le Bordelais, l'exportation totale de vin tombe à 5928 tonneaux. Dans les années qui suivent, les oscillations sont très fortes et varient parfois du simple au triple. L'établissement de la principauté de Guyenne (1362-1372) amène un nouvel essor qui perdure jusqu'aux premières décennies du XVe siècle. La moyenne des exportations se situe alors entre 12 000 et 14 000 tonneaux par an. La conquête française met fin à ce fructueux commerce anglo-gascon. A partir de 1438, l'offensive française est lancée en Guyenne. Les opérations militaires perturbent fortement les activités commerciales et maritimes. Après la victoire de Castillon, en 1453, le roi de France, Charles VII, veut punir Bordeaux, la rebelle ; il retient pour lui tous les privilèges de la ville et impose, à son profit, une taxe de 25 sous par tonneau exporté. Les marchands anglais, désormais ennemis, doivent obtenir un sauf-conduit des autorités françaises pour venir chercher les vins. En 1456-1457, ils n'emportent que 2427 tonneaux. Ecrasée par sa défaite, Bordeaux souffre de la ruine de son commerce et des lourdes charges fiscales imposées par Charles VII. Malgré des allégements sous Louis XI, il faut attendre le traité de Picquigny, signé le 29 août 1475, pour que les mesures de contrôle soient relâchées. Mais les Bordelais retrouvent difficilement leur ancienne prospérité.

Marchés et prix

Revenons à la période d'apogée du trafic. Chargé sur les flottes, le claret bordelais gagne les pays du Nord. Une petite partie est destinée aux Pays-Bas mais la grande majorité va en Angleterre où elle suffit à peine aux besoins des consommateurs. Face à la demande pressante de ses sujets, le roi-duc entend réserver à l'Angleterre la fourniture exclusive des vins de Gascogne et fait pression, en ce sens, sur les marchands bordelais. Une fois sur le marché britannique, le vin est un produit de valeur. Les prix de gros sont libres et fluctuent davantage que ceux au détail qui sont assujettis au contrôle du gouvernement royal et des municipalités. Jusqu'en 1340, ils oscillent de trois à cinq livres par tonneau pour les prix de gros, de trois à quatre deniers par gallon pour les prix de détail. Les hostilités et leurs conséquences néfastes sur les exportations entraînent une hausse importante des prix qui perdure tout au long du XVe siècle. Les consommateurs anglais en sont fort mécontents et s'en prennent aux marchands vinetiers, les *vintners*, qu'ils jugent responsables de la cherté du vin. Ce sont surtout les marchands anglais qui sont accusés de monopole et d'accaparement. Favorisés par la prédominance de leur marine, ils se sont emparés, à la fin du Moyen Age, de la plus grosse part du commerce du vin et fixent les conditions du marché. Jusqu'alors, ils se sont heurtés à la concurrence des négociants étrangers, particulièrement des marchands gascons. Ces derniers ont été des rivaux redoutables aux XIIIe et XIVe siècles.

Les marchands gascons

Dès la chute de La Rochelle (1224), alors que l'essor du vignoble bordelais est enfin assuré, les marchands gascons ont entrepris de contrôler le commerce d'importation du vin en Angleterre. Dès lors, plusieurs centaines d'entre eux font, chaque année, le voyage et accompagnent leurs vins. Certains s'établissent dans les ports anglais, principalement à Londres où ils possèdent hôtels et caves dans le quartier de la Vintry, le long de la Tamise. Ces caves, où le vin est directement déchargé des bateaux, sont plus que des locaux d'affaires car les Gascons y mangent, y couchent et y reçoivent leurs amis et concitoyens. D'autres *vintners* sont plus itinérants et parcourent les contrées éloignées du royaume ; on les rencontre en Cornouaille, au pays de Galles, dans les Midlands... ; mais c'est surtout aux grandes foires qu'ils se réunissent pour effectuer les importantes ventes du début de la campagne. Celle de Boston, plus qu'aucune autre en Angleterre, est aux mains des Gascons. Leur clientèle y est vaste et parfois prestigieuse : le bouteiller du roi envoie ainsi un délégué pour faire les achats de la maison royale ; marchands et taverniers des cités de York, de Lincoln, de Cumberland... viennent y faire leurs provisions annuelles.

Pour leur conquête du marché anglais, les Gascons ont bénéficié de la protection des autorités. Celle de la Couronne a été décisive, particulièrement sous Edouard Ier. En 1280, le roi-duc étend la durée du permis de séjour pour les marchands gascons de quarante jours à trois mois. En 1302, il leur accorde la Grande Charte qui établit des conditions commerciales très favorables et consolide les intérêts des *vintners* gascons.

La Grande Charte

Elle exempte, en premier lieu, les Gascons de toute taxe, notamment du droit de prise du roi sur les vins (taxe prélevée par le roi d'Angleterre sur les cargaisons en vin des marchands). En échange de cette franchise qui les place dans une situation plus avantageuse encore que les insulaires, les négociants gascons sont tenus au paiement de deux shillings par tonneau de vin importé ; une somme modique en regard des autres impositions. De même, ils bénéficient d'une grande liberté de mouvement et de commerce ; ils sont autorisés à se rendre et à séjourner où ils le désirent, n'ont pas l'obligation de demeurer chez les gens du pays et peuvent tenir hôtels et caves. Ils ont le droit de vendre du vin en gros à tout citoyen ou à tout marchand étranger partout dans le royaume. Leur assentiment est nécessaire pour la fixation des prix du vin sur le marché. Enfin, leurs contrats jouissent de la protection légale avec garantie de justice rapide et équitable en cas de besoin. Edouard Ier et ses successeurs ont confirmé, avec constance, les termes de la charte et ont châtié les contrevenants ; ainsi, en 1309, le roi-duc va jusqu'à ordonner l'arrestation de dix-sept réfractaires notoires de la cité de Londres, *vintners* pour la plupart, en raison des préjudices qu'ils ont causés à leurs confrères gascons. La bienveillance royale est imitée par nombre de villes et bourgs marchands qui confèrent la qualité de citoyen à certains négociants de Guyenne. Imaginons un bourgeois de Bordeaux, établi pour son commerce à Londres, qui est honoré du titre de citoyen de cette ville. Sa double appartenance en fait un commerçant hautement privilégié ; à Bordeaux, il exporte ses vins sans payer la grande coutume ; à l'importation, il est exempt de la *New Custom* que tout marchand étranger à la cité doit acquitter. De plus, en vertu de la charte de 1302, il échappe aux tailles qui peuvent frapper tous les citoyens de Londres. Une situation si avantageuse, tant de privilèges fiscaux, n'ont pas manqué de susciter l'envie et la réprobation des concurrents, principalement des marchands anglais qui lancent, au début du XIVe siècle, une guerre commerciale. Pétitions et plaintes sont adressées au roi pour dénoncer les avantages des Gascons jugés contraires aux nombreux droits établis. Harcelés, soumis à des vexations continuelles et à des mesures restrictives, les Gascons voient progressivement se dissoudre l'atmosphère de confiance et de sécurité nécessaire à leur commerce. Pour la première fois, en 1327, les marchands londoniens, exemptés du droit de prise du roi, se trouvent dans une situation plus favorable que leurs rivaux du continent dans le commerce d'importation du vin et sont déjà prédominants sur le marché. Commence alors, trente ans à peine après la charte marchande, le déclin des entreprises commerciales des marchands gascons en Angleterre. La lutte opiniâtre de leurs concurrents anglais n'est pas la seule raison de leur chute. L'absence d'une marine propre en est une autre, d'autant que, dans cette première moitié du XIVe siècle, la marine anglaise gagne déjà en importance et amène à Bordeaux de plus en plus de marchands britanniques venus acheter directement leurs vins. Ajoutons que, depuis le déclenchement des hostilités et la conquête du haut pays par les Français, le nombre de négociants gascons impliqués dans le commerce du vin a fortement diminué ; seuls les marchands bordelais du bas pays ont accès au marché anglais où ils n'occupent désormais qu'une place secondaire. Ils demeurent pourtant présents en Angleterre jusqu'à la fin de l'union anglo-gasconne.

Des marchands médiévaux sans singularité

Qu'ils soient gascons ou anglais, les marchands sont les principaux acteurs du commerce du vin. Ils sont des intermédiaires presque incontournables entre le producteur et le consommateur. Seuls le roi et les magnats laïcs et ecclésiastiques se passent de leurs services et envoient directement, en Bordelais, leurs bouteillers ou leurs facteurs pour y acheter du vin. Pour la plupart, ce sont des marchands d'importance moyenne. Le vin est le principal objet de leur commerce mais ils vendent aussi de nombreux autres produits. Entreprenants, volontiers itinérants, ils dirigent personnellement leurs affaires et accompagnent, une ou deux fois par an, les vins de Gascogne en Angleterre. Ils délèguent, cependant, une partie de leur commerce à des facteurs ou à des courtiers qui voyagent et effectuent les transactions à leur place. De même, il est courant que marchands anglais et gascons s'associent pour faire entreprise commune. Ainsi, en 1343, deux marchands de Bordeaux, Bernard Guilhem de Bruges et Pierre Dirak, s'accordent avec deux *vintners* de Londres. Les quatre associés envoient à Bordeaux leur facteur avec des fonds pour y faire un achat de vins à exporter en Angleterre. Une communauté d'intérêts, des relations suivies expliquent tout naturellement ces alliances entre négociants bordelais et britanniques ; les Anglais veillent aux affaires de leurs associés gascons pendant leurs absences alors que les Gascons surveillent les biens des Anglais à Bordeaux et leur servent de mandataires. Seule la méconnaissance de leur langue réciproque met un frein à ces relations d'affaires et oblige au service d'un courtier interprète lors des transactions. Ces négociants en vin utilisent largement le crédit. Ils accordent à leurs acheteurs des termes variables et n'hésitent pas à recourir, pour les mauvais payeurs, à la pratique de la saisie. Quelquefois, au contraire, ils reçoivent une avance en espèces sur une commande de vin à livrer à la prochaine flotte vinetière. Mais, en général, ils vendent une partie de leur vin pour argent comptant, une autre à crédit, et le reste est échangé contre d'autres denrées. Ainsi, en 1478, deux négociants bordelais concluent, à Salisbury, une affaire avec un marchand de tissus et lui échangent seize tonneaux de vin de Gascogne contre des draps d'or et diverses étoffes. D'autres Gascons cèdent leur vin contre du poisson, du grain... ou se livrent à un trafic triangulaire entre l'Angleterre, la Flandre et Bordeaux.

La conquête finale de Bordeaux par les Français en 1453 met fin à ce fructueux commerce. A cette date, nombre de négociants gascons, pour échapper à la répression, émigrent et s'installent dans leurs comptoirs de Londres ou de Bristol. Certains y font souche mais d'autres reviennent ensuite à Bordeaux. Ce courant de retour des émigrés a principalement lieu après le traité de Picquigny, en 1475, qui ratifie la paix entre l'Angleterre et la France. Malgré la reprise consécutive des relations commerciales entre les deux royaumes, les Gascons ont perdu le statut privilégié qu'ils avaient outre-Manche. Ils y sont désormais traités comme des étrangers et ne parviennent pas à jouer un rôle important dans le commerce de gros. De nombreux concurrents, appuyés sur une forte marine marchande, tels les Bretons et les Espagnols, se sont imposés dans le transport des vins et affaiblissent ainsi la part des Gascons. Conjointement, le marché anglais est conquis par d'autres vins, venus principalement de Grèce et de la Péninsule ibérique. Le premier âge d'or du vin de Bordeaux est bien terminé.

Les prémices d'un nouveau vignoble

Durant deux décennies, la reconquête française exerce un effet paralysant sur le trafic de Bordeaux et de son port. Cependant, dès la fin du règne de Louis XI, la ville connaît une restauration de sa richesse passée. Certes, l'exportation annuelle des vins gascons vers l'Angleterre ne se relève pas à plus de huit mille à dix mille tonneaux à la fin du XVe siècle. Elle conserve, néanmoins, un rythme honorable et soutenu, particulièrement, après la restauration des privilèges de Bordeaux et l'ouverture de nouveaux pôles de commerce tels la Flandre, les Pays-Bas et les villes de la Hanse. Par ailleurs, les Bordelais ne négligent pas une relance des relations avec le haut pays gascon. Les vins qui en proviennent et, surtout, le pastel languedocien, nouvel objet du grand commerce, nourrissent l'expansion du port.

Le vignoble profite du contexte général de paix et de renouveau. Dès 1480-1490, la remise en valeur des vignes que la guerre avait mises en friche est terminée dans tout le Bordelais. La reconstruction a favorisé l'emprise foncière des villes sur leur arrière-pays viticole. Profitant des cours faibles du marché foncier ainsi que des mesures incitatives prises par les seigneurs (exemption ou modération des redevances), les bourgeois les plus fortunés achètent des terres abandonnées qu'ils replantent ou transforment en vigne. On le voit, par exemple, à Floirac où des marchands de Bordeaux s'emparent de parcelles appartenant autrefois à des paysans, et y fondent des exploitations viticoles. C'est principalement sous l'impulsion de cette classe aisée que le vieux vignoble médiéval gagne en modernité. Les mutations qu'il subit tant dans son aire géographique que dans ses structures foncières et son mode d'exploitation sont décisives pour son devenir. Si le changement n'est encore que faiblement perceptible à l'aube du XVIe siècle, il s'affirme progressivement et pose les assises de la « révolution » viticole des XVIIe et XVIIIe siècles.

L'âge des bourdieux

L'essor d'un nouveau type d'exploitation, le bourdieu, est sans doute l'élément le plus remarquable des transformations du vignoble bordelais à la fin du Moyen Age. Ce terme de bourdieu – *bordiu* en gascon – apparaît, dans les actes, dès le XIIIe siècle. Il ne se généralise, cependant, qu'à partir de la fin du XIVe siècle et, surtout, à la faveur de la reconstruction qui suit la guerre de Cent Ans. Bien implanté dans le paysage bordelais, le bourdieu devient dès lors un phénomène durable et croissant jusqu'à la fin de l'Ancien Régime. Nombre de châteaux viticoles actuels en sont les héritiers.

Le bourdieu : définitions

Dans les actes médiévaux, le mot *bordiu* semble recouvrir deux réalités. Son sens originel est probablement celui de bâtiment. C'est en tout cas l'usage le plus courant aux XIIIe et XIVe siècles ; en témoignent les nombreuses références aux matériaux utilisés dans la construction : *bordiu de peyra* (bourdieu en pierre) ou *cubert de teule* (couvert de tuile). La fonction de ce bâtiment n'est jamais clairement énoncée. Cependant, dans la plupart des textes, le bourdieu est décrit au sein d'une exploitation où la vigne occupe toujours une place prédominante. Aussi lui attribue-t-on une vocation viticole – si ce n'est vinicole –, ce que confirment les nombreuses mentions de bourdieux avec *trulh* (fouloir). C'est cette fonction singulière du bâtiment qui explique, sans doute, qu'au XVe siècle le terme de bourdieu change de sens pour désigner une unité d'exploitation à vocation viticole. Au XVIe siècle, le glissement de vocabulaire s'affirme nettement ; la formulation la plus courante est alors « bourdieu consistant en... » suivie d'une énumération des composantes de l'exploitation. Quelles sont-elles ? Plutôt qu'un inventaire général, retenons deux exemples. Citons, en premier lieu, celui du bourdieu de Galhard de Junqueyras, appelé le bourdieu de la Begueyressa. Il est situé dans la zone de palu de la paroisse de Quinsac dans l'Entre-deux-Mers. Edifié au bord de la Garonne, il avoisine les prés de Quinsac. Personnage atypique de la noblesse locale – il est un des rares nobles à avoir la qualité de bourgeois de Bordeaux –, Galhard de Junqueyras en a hérité, par sa mère Maria Dayrissan, de Ramon Dayrissan. Le 2 janvier 1385, il fait reconnaissance pour ce bien à son seigneur, le chapitre Saint-Seurin de Bordeaux, à qui il doit verser, annuellement, trois livres de cens. Le domaine qui lui est légué consiste en *bordiu, mayson, mota, plantey de vinha apperat a la petita artiga e lo plantauh qui es de part devant ab las aubaredas e vimeneys environnatz de fossatz* (bourdieu, maison, levée de terre, plantier de vigne appelé à la Petite Artigue et le nouveau plantier qui est devant, avec les aubiers et vimiers, environnés de fossés). De plus, le bourdieu dispose d'un cellier, de fouloirs, de cabanes pour les vignerons, d'un *portau de las vinhas* (peut-être une entrée monumentale) et d'un port. Au total, le domaine de la Begueyressa apparaît comme une structure nouvellement créée qui a été gagnée sur la palu. Sa mise en valeur a dû nécessiter de gros travaux de drainage ; des fossés ont été creusés et la levée de terre évite l'inondation du bâti. Ce dernier se trouve au cœur d'une exploitation compacte, à vocation nettement viticole et, grâce à son port, ouverte directement sur le fleuve.

Le second exemple retenu est plus tardif (1525) mais il apporte davantage de précisions que le précédent. Il s'agit du bourdieu de Morens dans la palu de Bouliac. Il appartient à Jehan de Bouscaut, paroissien de Saint-Michel, marchand et bourgeois de Bordeaux. Comme celui de la Begueyressa, le bourdieu de Morens se singularise au sein d'un paysage où dominent les prés. Entouré de fossés, il comprend une maison avec un colombier dont la présence atteste du prestige du propriétaire. C'est une maison-bloc qui comprend plusieurs pièces ; certaines sont à but résidentiel telles la cuisine et deux chambres dont une à l'étage. En apparence, la demeure fait office de maison de campagne où l'on ne réside que ponctuellement. Les deux pièces restantes sont consacrées à l'exploitation agricole : un cellier et un chai comprenant quatre cuves et une maie à fouler. Outre l'habitat, le bourdieu comprend un jardin et six parcelles cultivées. L'exploitation est polyculturale mais la vigne et les cultures qui en fournissent l'œuvre y sont majoritaires. Cette structure du bourdieu, avec bâtiments résidentiels et agricoles et exploitation à dominante viticole, perdure jusqu'à la fin de l'Ancien Régime et même au-delà. Le domaine compact, ceint de haies ou de fossés, représente le modèle idéal. A l'époque moderne, certains traits se confirment telles la vocation viticole et l'attention portée au bâti avec un souci architectural qui accroît le prestige de la demeure.

Un domaine de notables

Le rang social élevé du propriétaire est une autre caractéristique du bourdieu qui s'est perpétuée depuis le Moyen Age. A cette époque, le maître du domaine est, généralement, un citadin qui a la qualité de bourgeois et qui peut donc commercialiser avantageusement sa production vinicole. Mais, à l'inverse des tenanciers du vignoble suburbain de condition souvent modeste, il appartient aux classes fortunées de la société bordelaise. La plupart des bourdieux sont l'œuvre de grands marchands, de patriciens ou, à partir du XVIe siècle, de parlementaires. Le nouveau vignoble est donc celui des notables. L'édification d'un tel domaine nécessite, en effet, un esprit d'entreprise et, surtout, un important capital. Dans les zones de palu comme celle de Quinsac, les investissements pour le drainage du sol sont lourds. De même, dans les vignobles suburbains et leur périphérie, la création de domaines vastes, d'un tenant, réclame un achat massif de parcelles. Le morcellement du terroir y entrave longtemps cette démarche et retarde l'implantation des bourdieux qui ne devient effective qu'à la fin du XVIe siècle. A Saint-Seurin, pour la construction de leurs bourdieux, les notables bordelais ont choisi de s'emparer des terres des serfs du chapitre. Ces terres, encore en emblavures, sont situées à Caudéran et au Bouscat, à la périphérie de la zone viticole. A partir de 1580, elles sont achetées, une à une, par des citadins aisés et entreprenants qui les regroupent et édifient des

Un petit bourdieu de la palu de Bordeaux : le bourdieu de Pech

A la fin du XVIe siècle, Simon Dominzac, charpentier de barriques, bourgeois de Bordeaux, détient, dans le vignoble suburbain, une tenure en vigne mouvante de l'hôpital Saint-James. Elle est située près de la Font d'Audège, dans le plantier de Pradetz (à hauteur de l'actuelle rue Fondaudège) en limite de la palu de Bordeaux. En l'an 1588, la vigne aurait été « couppée et arrachée comme furent pareillement les autres aux environs de la ville de quoy ledit Domezac auroit reçu grand domage parce quelle ne pouvoit servir à autre usage qu'en vigne à cause de l'abondance des eaux qui la couvrent annuellement ». La terre, demeurée en friche depuis cette date, revient, à la mort de Simon, à son fils Dominge Dominzac, sergent royal de son état. Celui-ci « fait transporter grand nombre de terre pour la hausser et empêcher le débordement des eaux » ; il y édifie un bourdieu avec une maison couverte de tuiles creuses. En 1625, on y recueille déjà dix barriques de vin « quoyqu'une bonne partie soit en jardin ». Le bourdieu reste propriété des Dominzac jusqu'en 1686, date à laquelle il est vendu à un marchand, Pierre Pech. C'est sous ce nom que le domaine apparaît sur le plan de 1701 ; on observe clairement, sur cette figure, les contours de l'exploitation, apparemment petite, et la maison construite par Dominzac. Un acte de 1714 en fait la description : « petit bourdieu consistant en maison composée de plusieurs chambres hautes et basses, cuvier ou chay, jardin, vignes et vimenières, à un tenant, entouré de fossés ».

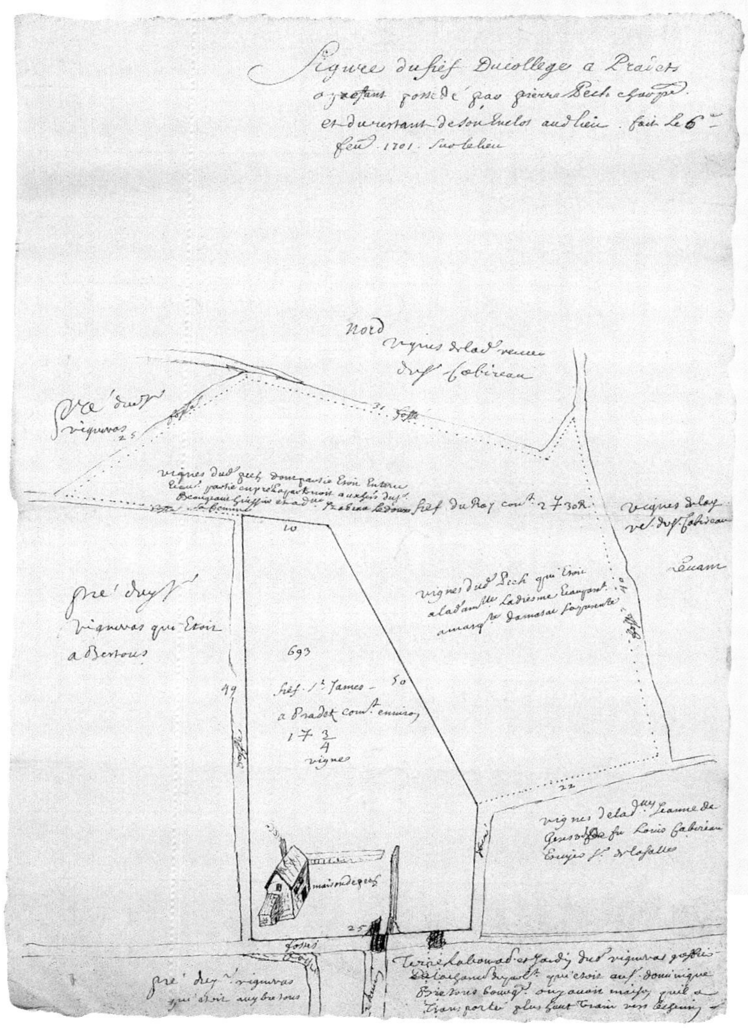

Le plan du bourdieu de Pech.
© Archives départementales de la Gironde.

Double page précédente : *Vue de la palu de Quinsac. Au XVe siècle encore, une grande partie de ces palus était en friche ou exploitée en prairies artificielles.*

domaines d'un seul tenant. C'est ce qu'a réalisé maître Antoine Balot, docteur en médecine, pour son bourdieu de Caudéran. Entre 1585 et 1601, Balot achète quinze parcelles de terres à plusieurs habitants de Caudéran. Il y bâtit une maison et plante de la vigne sur toute l'étendue de son exploitation. Devenue veuve, son épouse Léonarde Pénicault continue à grossir le domaine de nouvelles acquisitions foncières.

Ces Bordelais fortunés font de leur bourdieu à la fois un élément de prestige et un domaine de rapport. Posséder une maison de campagne loin des bruits et des pestilences de la ville est un signe d'aisance et de réussite sociale. Ce caractère ostentatoire est toutefois secondaire car le bourdieu a, avant tout, un but productif. Il permet de satisfaire les besoins alimentaires de son détenteur qui y récolte céréales et même légumes du jardin. Plus encore, c'est une exploitation lucrative qui permet de réaliser des profits grâce à la commercialisation du vin produit.

L'essor de l'exploitation indirecte

Le souci de rentabilité est conforté par l'adoption de nouveaux modes de faire-valoir. Les maîtres des bourdieux, s'ils ne participent pas eux-mêmes à la mise en valeur de leur domaine, en sont des gestionnaires attentifs et avisés. Si leur bourdieu est en alleu, ils le confient à des tenanciers et y prélèvent des agrières. Si leur domaine est en tenure, ils recourent à l'emploi de domestiques et de salariés. Cependant, le coût élevé de la main-d'œuvre dans le courant du XVe siècle conduit les bien-tenants à utiliser le faire-valoir indirect. Certains ont recours à la pratique du sous-accensement avec l'assentiment nécessaire de leur seigneur. Ils cèdent leur tenure à des sous-tenanciers qui leur versent des redevances. Tel est le cas de Galhard de Junqueyras qui, en accord avec le chapitre Saint-Seurin son seigneur, a partagé son bourdieu de Quinsac en trente-huit lots attribués à vingt-huit sous-tenanciers. Galhard exige de ses exploitants des devoirs très précis : couper les sarments, tailler les aubarèdes, récurer les fossés, clore les vignes pour empêcher que le bétail des prés voisins y pénètre... Il réclame à chacun, soit le cinquième de la récolte annuelle en vin et échalas, soit un cens de quelques sous. Grâce à ce sous-accensement, Galhard de Junqueyras réalise des profits non négligeables dont la valeur est bien supérieure au cens de trois livres qu'il doit payer au chapitre Saint-Seurin. En contrepartie, il a assumé seul l'effort de mise en valeur.

D'autres maîtres de bourdieu choisissent l'exploitation indirecte dans le cadre d'un bail de courte durée. Aussi voit-on se multiplier, dans la seconde moitié du XVe siècle, des types de baux, inusités jusqu'alors, comme le bail à *fazendure.* C'est de cette façon qu'en 1488 Johana de Bordeu, dame de la Louvière, cède, pour cinq ans, à Minjon de la Riu un bourdieu avec maison, terres, vignes, jardin et aubarèdes à Léognan. Le preneur doit verser un droit d'entrée de quatre barriques de vin *bon, net, vendable e merchant deu cru de lasdeytas vinhas deudeyt bordiu.* De plus, il doit porter, annuellement, un cinquième des fruits à la Louvière. L'usage du bail à *fazendure* devient courant dans la première moitié du XVIe siècle ; il annonce alors la venue du métayage. Ces nouveaux modes de faire-valoir sont clairement à but spéculatif. Ils font du maître du bourdieu un rentier.

Créés par la bourgeoisie entreprenante qui accroît ainsi son emprise foncière sur l'arrière-pays, les bourdieux représentent le « secteur de pointe » du vignoble bordelais à la fin du Moyen Age. Ce sont alors des exploitations modèles et originales, bien différenciées dans le paysage des vignobles traditionnels, suburbains et paysans. La concentration foncière qu'ils impliquent, leur vocation spéculative font des bourdieux les précurseurs du vignoble moderne. Il en est de même de leur localisation.

Géographie des bourdieux

A la fin du Moyen Age, leur répartition apparaît déterminée par deux facteurs essentiels : la proximité de Bordeaux et la présence du fleuve. Les riches citadins investissent à une distance « raisonnable » de la ville, à moins d'une journée de marche. Le fleuve constitue l'accès majeur ; par lui, transitent les hommes et surtout les denrées produites. Ainsi, les bourdieux sont particulièrement nombreux dans les paroisses de l'Entre-deux-Mers qui bordent la Garonne et font face à la ville. De Lormont jusqu'à Cambes, ils se multiplient à la faveur de la reconstruction. Au début du XVIe siècle, ils gagnent la presqu'île d'Ambès. Sur la rive gauche, en Haut-Médoc, les investissements fonciers des citadins se font moins timides et les bourdieux sont désormais intégrés au paysage de Macau et de Ludon. En revanche, le vignoble suburbain de Bordeaux est épargné. Les bourdieux n'ont pas encore leur place dans ce vignoble populaire et trop morcelé. Rappelons qu'ils n'y apparaissent qu'à la fin du XVIe siècle.

Ce sont les palus qui constituent des lieux de prédilection pour qui veut édifier un bourdieu. Bien que saturés d'eau et d'un terroir souvent médiocre, les palus sont, en effet, des espaces encore partiellement vierges où les initiatives peuvent s'épanouir sans entraves.

Les palus : un « front pionnier »

« On appelle palus, dans ce diocèse [de Bordeaux], certaines lisières de terre qui peuvent avoir un demi quart de lieue de profondeur et qui règnent sur presque toute la longueur des deux rivages formés par la Garonne et la Dordogne, depuis au dessous de Langon jusqu'au bec d'Ambez et depuis ce dernier lieu jusqu'à trois lieues au dessus de Libourne. » C'est ainsi qu'à la fin du XVIIIe siècle l'abbé Baurein décrit, dans ses *Variétés bordeloises*, ces zones alluvionnaires que sont les palus. Créées par la variation du niveau des eaux, elles en jalonnent le cours. En forme de cuvette, elles forment des dépressions qui se situent souvent à un niveau inférieur à celui des fleuves. Là est la raison majeure de la nature marécageuse des palus. Mais elles servent aussi de réceptacle aux eaux des pluies et des ruisseaux qui s'infiltrent mal dans le sous-sol tourbeux et imperméable. Seul le bourrelet alluvial, petite butte qui borde le fleuve, est épargné par le marais. Ce milieu ingrat, saturé d'humidité, est perçu comme hostile à l'homme. Ainsi Baurein fait allusion, dans sa description, « aux eaux qui y croupissoient dont les mauvaises exhalaisons occasionnoient des contagions et des pestes fréquentes ». Cette insalubrité a été à l'origine des grands travaux d'assèchement menés, à partir de 1599, en différents points des palus. Cette entreprise a été aussi commandée par la volonté de bonifier ces zones alluvionnaires qui apparaissaient riches de potentialités. Car la terre de palu est réputée pour sa fertilité et ses récoltes abondantes. Elle appelle la conquête mais nécessite des efforts massifs et renouvelés en drainage.

La palu de Bordeaux

La mise en valeur de ce « front pionnier » a été précoce dans les palus péri-urbaines où les investissements bourgeois cherchaient à s'investir. Dans la palu de Bordeaux, qui s'étend au nord de la cité, des murs de l'enceinte (au niveau de l'actuelle place des Quinconces) jusqu'à la jalle de Blanquefort, les premières mentions de culture datent du XIe siècle. Cette exploitation a commencé par la création de terres à emblavures dans les endroits les mieux drainés, principalement sur le bourrelet alluvial. Pourtant, malgré les bons rendements des premières années, ces champs deviennent rapidement incultes et supportent mal d'être inondés. Rapidement, on leur préfère des cultures mieux adaptées telles que la vigne ou les prairies. Une enquête réalisée, vers 1369, par l'abbaye Sainte-Croix de Bordeaux en Paludate (palu sud de Bordeaux) relate ce choix ; un tenancier de l'abbaye demande à complanter en vigne deux champs de blé que le reflux des eaux de la Garonne, à marée montante, rend infructueux et stériles. Après constat, l'abbaye donne son assentiment à la requête du tenancier car là où les terres seront complantées en vignes, le septième (agrière proposée par le tenancier) rapportera bien au seigneur de fief le vin d'un tonneau, ou environ, tandis qu'aujourd'hui le cinquième du blé (ancienne agrière) ne vaut pas plus d'un boisseau de blé par an. Il faut imaginer une mise en valeur progressive mais, dès la fin du Moyen Age, les palus qui s'étendent en amont et en aval de Bordeaux sont en grande partie cultivées. Au nord, les marais n'occupent plus, au XVe siècle, que les parties les plus basses de la cuvette, au niveau de l'actuelle réserve naturelle de Bruges. Ailleurs, grâce à un réseau déjà dense de fossés, les cultures ont remplacé les joncs et les roseaux. De Bacalan jusqu'à la jalle de Blanquefort, ce sont les prés qui dominent

Carte de Claude Masse (fin du XVIIe siècle). La palu de Bordeaux y est clairement discernable grâce à son parcellaire quadrillé, imposé par le drainage des eaux. Commencé en 1599 avec le Flamand Conrad Gaussen pour maître d'œuvre, l'assèchement des marais de Bordeaux-Nord ne sera que partiellement achevé à la fin de l'Ancien Régime.
© Bordeaux, bibliothèque municipale.

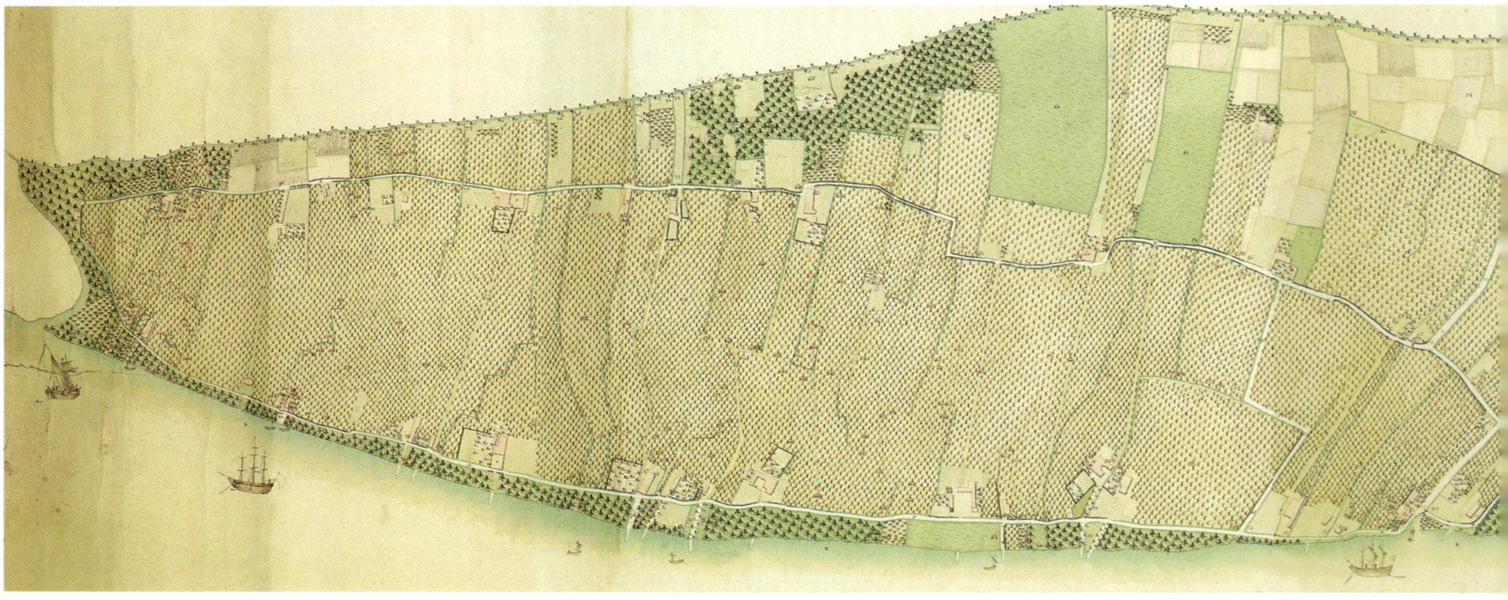

Indispensable aux vignerons était le « vim » ou osier utilisé pour attacher la vigne.

Plan de la palu de Macau, extrait d'un terrier de l'abbaye Sainte-Croix de Bordeaux (XVIIIe siècle). L'ordonnancement du paysage fait ici figure de modèle. L'ancienne île a été lotie en bourdieux qui ont dessiné ce parcellaire en lanières. L'organisation spatiale des domaines est uniforme : en bordure de Garonne, sur le bourrelet alluvial, croissent des aubarèdes ainsi que quelques vignes sur les sols les mieux drainés ; puis viennent la demeure et les bâtiments d'exploitation qui regardent autant le fleuve que le vignoble étiré en longueur. Le vin fort qui se produisait ici, très prisé dans les îles à sucre, était attendu des bateaux qui mouillaient dans les petits ports aménagés sur les rives. (Archives départementales de la Gironde)

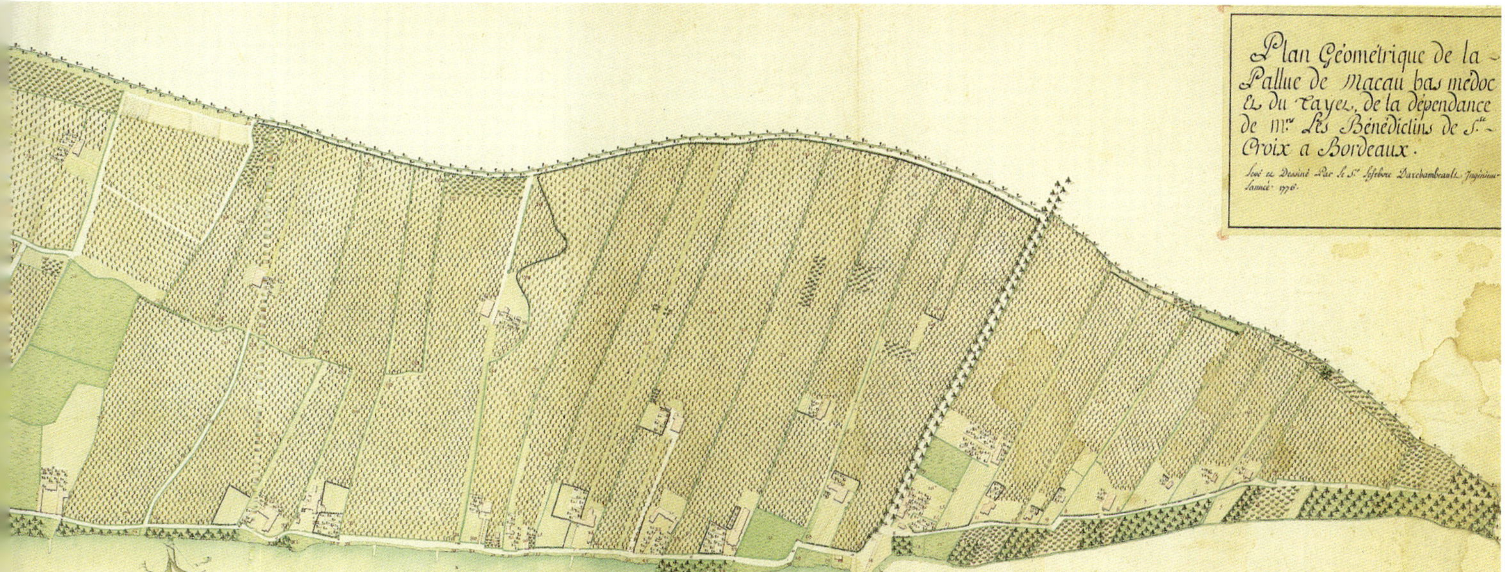

le paysage. Ces prairies artificielles, qui fournissent pacage et foin, sont très recherchées car elles sont rares dans la banlieue de Bordeaux. A proximité de la ville, jusqu'aux Chartrons, la vigne a conquis le bourrelet alluvial et les premiers abords de la dépression. L'extension de ce vignoble est due à l'essor du grand commerce avec l'Angleterre mais aussi aux qualités particulières du vin de palu. Les rendements y sont, en effet, bien supérieurs à ceux réalisés dans les graves et le vin produit est réputé pour sa bonne tenue en mer. Dans la palu de Bordeaux, la zone viticole voisine de la ville présente des caractères identiques à ceux du vignoble suburbain : extrême morcellement, emprise foncière des seigneurs ecclésiastiques et des tenanciers bourgeois. En revanche, à hauteur des Chartrons et au-delà vers le nord, la progression de la vigne s'effectue par l'intermédiaire des bourdieux. La chronologie de leur établissement peut être divisée en trois phases ; une première génération est mise en place dès la première moitié du XIIIe siècle. Ces bourdieux sont situés dans la partie la plus septentrionale de la palu de Bordeaux, près de la jalle de Blanquefort. Leur éloignement de la ville en fait des résidences d'appoint ou des entrepôts. Au cours du XVe siècle, de nouveaux bourdieux apparaissent vers Bacalan dans le prolongement du vignoble suburbain. Ainsi en 1435, Pey Gimel, un marchand de Saint-Michel, possède à Estey Crebat (au niveau de l'actuel cours du Médoc) un bourdieu couvert de tuiles avec des terres et des vignes autour. A proximité, un autre bourdieu, entouré de fossés et de haies, appartient à Galhard Ramon, marchand de Saint-Michel lui aussi. La troisième génération de bourdieux est plus tardive ; elle débute à la fin du XVIe siècle et prend, comme dans le vignoble suburbain de grave, une forte ampleur aux XVIIe et XVIIIe siècles. L'expansion des bourdieux est alors stimulée par la vogue pour le vin de palu mais aussi par l'urbanisation parallèle des Chartrons qui repousse plus au nord le vignoble de berge. Ces domaines constituent toujours des exploitations « de pointe » qui, par des investissements massifs en drainage, développent la vigne au-delà de ses anciennes limites.

La conquête des palus de l'arrière-pays

L'emprise foncière des bourgeois de Bordeaux ne s'est pas limitée aux palus suburbaines ; elle a aussi gagné les palus de l'arrière-pays, principalement celles de la rive droite de la Garonne et du Haut-Médoc. Jusqu'au XVe siècle, la mise en valeur de ces espaces marécageux reste partielle et ponctuelle. Certaines parties sont aménagées en prairies artificielles ou en vignes comme aux Queyries face à Bordeaux. Mais ces îlots de culture cèdent rapidement la place à la végétation des marais. Ces zones encore vierges présentent des atouts certains pour le bourgeois qui veut édifier un bourdieu. Peu éloignées de Bordeaux, elles sont facilement accessibles par le fleuve. En friche, elles ont peu de valeur et sont vendues à bas prix. Elles couvrent de vastes parcelles et facilitent la constitution de domaines compacts. Les bons rendements en vin des vignes de palu permettent de réaliser des profits bien supérieurs au capital investi. Dès les dernières décennies de la guerre de Cent Ans mais, et surtout, lors de la reconstruction dans la seconde moitié du XVe siècle, des citadins fortunés orientent leurs investissements sur les palus et y construisent des bourdieux. Ce sont des « capitalistes », animés d'une volonté de profit, qui créent des exploitations spéculatives et intégrées au grand commerce du vin. Les palus de la rive droite, dans les paroisses proches de Bordeaux, sont une zone de prédilection. Leur paysage en est transformé ; aux entrelacs des roseaux et des joncs succède l'ordonnance des vignes qui, du fleuve, s'étendent jusqu'aux coteaux. Il en est de même sur la rive gauche, particulièrement dans les palus du Haut-Médoc. Prenons l'exemple de l'île de Macau dont la mise en valeur précoce fait figure de modèle.

L'île de Macau

Cette bande de terre est une ancienne île de la Garonne fixée à la terre à une date inconnue, en tout cas antérieure à l'époque médiévale. Elle continue, cependant, à être modelée par les eaux. Au XVIe siècle, deux localités, Pissebernat et Pouyardeau, en ont été séparées par le fleuve en deux ou trois îlots. Alors que d'autres anciennes îles – comme celle de la Vache, qui la jouxte – sont laissées en friche ou mises en prairies, l'île de Macau a été très tôt aménagée, en raison d'un terroir propice à la vigne. Comme la plus grande partie de la paroisse de Macau dont elle dépend, elle est sous la mouvance de l'abbaye Sainte-Croix de Bordeaux. L'abbaye, qui a encouragé la mise en valeur de cette palu, réclame à tous ces tenanciers une agrière au cinquième des fruits. Cette redevance modérée a sans doute attiré les preneurs, en particulier les bourgeois de Bordeaux qui s'y implantent progressivement. Au XIVe siècle, le paysage de l'île se singularise déjà nettement du reste de la paroisse. Il est alors composé, dans des proportions à peu près équivalentes, de terres, de vignes et d'aubarèdes. Sur les terres, l'abbaye incite à la plantation d'aubarèdes et de vimiers. Ainsi, en 1376, Maria de Bernatanda, demeurant dans la paroisse Saint-Rémi à Bordeaux, reconnaît tenir de l'abbé de Sainte-Croix une terre *en la gran yla de Macau* et promet de la planter, dans les quatre ans, en vimes. La plupart des tenanciers sont de Macau mais les habitants de Bordeaux sont déjà présents dans l'île. Ce sont, en majorité, des marchands de Sainte-Colombe ou de Saint-Michel. Au XVe siècle, ils deviennent plus nombreux et participent activement à l'essor du vignoble de l'île. A partir de 1460, de nombreuses plantations sont effectuées en vignes blanches et rouges. De nouveaux cépages sont introduits comme le petit verdot, généralisé, à l'époque moderne, à l'ensemble du vignoble de palu. Conjointement, les premiers bourdieux apparaissent dans l'île tel celui pour lequel *lo honorable home* Jacques Carrathur, bourgeois de Saint-Michel, fait reconnaissance à Sainte-Croix en 1486 ; il s'agit d'un *bordiu e caban vinhas vimeneys aubaredas rausas* (bourdieu et cabane, vignes, vimiers, aubiers, roseaux). Ces mutations du vignoble de l'île de Macau, introduites à la faveur de la reconstruction, se confirment au XVIe siècle ; la vigne domine le paysage, les bourdieux se multiplient. Ils appartiennent à des notables de Bordeaux et même de Macau. La percée d'une élite locale est un phénomène nouveau ; elle se confirme avec l'établissement de gens d'office tels Jehan Frangeaud, paroissien de Macau, contrôleur et parent de messieurs les juges principaux de Guyenne, qui a deux bourdieux dans l'île. Un autre fait remarquable est l'extension de nouveaux modes de faire-valoir. Au début du XVIe siècle, le bail à *fazendure* se développe puis il laisse la place, dans la décennie 1530-1540, au métayage. Par rapport aux baux utilisés antérieurement, le bail à métayage comporte de nets avantages pour le bailleur ; sa part des récoltes est portée à moitié fruits et assure donc un revenu majoré. De plus, la durée relativement courte du bail (trois ou cinq ans) laisse au bailleur la possibilité de mieux contrôler la gestion de son domaine et de se défaire rapidement d'un mauvais métayer. Nombreux sont les bourgeois de Bordeaux qui ont recours au métayage pour leurs bourdieux. C'est parmi les habitants de Macau qu'ils recrutent les preneurs. Ces derniers, de condition plutôt modeste, s'endettent souvent auprès de leurs maîtres qui leur avancent de l'argent pour l'achat de la semence ou d'un animal de trait. Sur le vin produit, le métayer doit généralement fournir, en plus de la part à mi-fruit, une pipe ou une barrique de claret et, plus rarement, une part de la piquette. A partir de l'extrême fin du XVIe siècle, ils doivent aussi s'acquitter d'une part de vin de *trulhis*, c'est-à-dire de vin de presse.

A cette époque, les bourdieux sont, en effet, dotés de pressoirs qui permettent la fabrication de ce nouveau vin, obtenu en pressant la râpe après écoulage. C'est un vin noir et fort, typique du vignoble de palu, qui annonce le goût futur pour le vin foncé qui « tache ». Il témoigne de la diversification de la production et de l'amélioration des techniques de vinification effectuées dans le cadre des bourdieux. En choisissant une production de quantité et de qualité avec un nouveau produit, le vin rouge, les bourdieux apparaissent bien comme des lieux d'innovation, des exploitations « d'avant-garde ». Les palus, telle celle de l'île de Macau, leur ont fourni le milieu idéal pour s'épanouir loin des contraintes du vignoble traditionnel. Le XVIe siècle et le début du XVIIe siècle représentent l'âge d'or de ces zones pionnières ; c'est en leur sein qu'il faut sans doute déceler, selon les mots de H. Enjalbert, « l'ébauche du grand vignoble bordelais, le départ vers la qualité ».

Le nouveau bordeaux est arrivé !

Dans l'histoire du vignoble bordelais, la seconde moitié du XVIIe siècle apporte des changements d'une ampleur telle qu'il n'est pas excessif de parler de révolution. Deux traits contribuent à consommer la rupture avec l'époque antérieure : le passage, d'abord, de la production traditionnelle de claret, dont les Anglais étaient les principaux acheteurs, à une production diversifiée : vins rouges ordinaires et vins rouges de qualité, vins blancs secs et vins semi-liquoreux, vins de chaudière donnant des eaux-de-vie ; cette gamme élargie de boissons se négocie en Hollande et dans les pays du Nord en quantités singulièrement plus fortes que sur les places britanniques. Seconde innovation, de portée capitale : l'émergence des grands vins ; de sorte qu'à l'ancienne production uniforme se substitue une production qualitativement hiérarchisée, celle-là même qui caractérise la viticulture girondine d'aujourd'hui. En ce sens, on peut estimer que le milieu du règne de Louis XIV annonce la fin du vignoble médiéval et l'avènement du Bordelais viticole moderne.

Révolution : le terme peut prêter à équivoque. N'imaginons certes pas une mutation brutale. Mais il y a bien un changement de cap, des modifications décisives et irréversibles, clairement mis en relief par les travaux de Henri Enjalbert et de ses successeurs. A leur source, un bouleversement des marchés étrangers dont les sollicitations vont susciter la mise en place de nouvelles structures agraires et la diffusion de perfectionnements techniques dans la viticulture comme dans la vinification. Plus que jamais ville du vin, Bordeaux s'attache à promouvoir sa production et à la défendre contre la concurrence, non d'ailleurs sans dissensions internes. Dans l'Ancien Régime finissant, la vigne et le vin sont l'enjeu d'une lutte pour le pouvoir où s'affrontent représentants de la royauté et institutions locales, parlement en tête, tandis qu'au plan bordelais négoce et propriété s'attachent à faire prévaloir des intérêts antagonistes, quoique étroitement complémentaires.

Ci-dessus : *Le vignoble de Saint-Émilion à proximité de Château-Canon.*

Page précédente : *Au début du XVIIe siècle, le château de Beychevelle appartenait au duc d'Epernon, gouverneur de Guyenne. Son nom, d'après la tradition, vient de ce que les bateaux baissaient leurs voiles en passant devant la demeure de ce puissant seigneur. Reconstruit au siècle suivant, le château reprend la formule bordelaise de la chartreuse – c'est-à-dire d'un long bâtiment d'un seul niveau – mais enrichie ici par des pavillons latéraux et par un élégant décor rocaille.*

St Seuerin
Iacobins
Cha Trõpette
Palais Galienne
le Palmal
les Chartreu

Transformations du marché et naissance des grands vins

Dans la deuxième moitié du XVIIe siècle, le commerce des vins connaît une ampleur remarquable. En année de paix, on charge jusqu'à 100 000 tonneaux, soit environ 900 000 hectolitres, à Bordeaux et dans les petits ports de Blaye, Bourg et Libourne. Autant dire qu'en dépit d'inévitables fluctuations dues aux intempéries, les expéditions vinicoles approchent, atteignent même parfois, les records connus du début du XIVe siècle. La suppression, en 1675, de l'exemption des droits de coutumes accordée traditionnellement aux bourgeois bordelais ne semble pas avoir sensiblement affecté la rentabilité de ce trafic. Les archives de l'amirauté de Guyenne, minutieusement étudiées par Christian Huetz de Lemps, en témoignent : au tournant du XVIIIe siècle, les exportations de vins représentent couramment les deux tiers du tonnage total des navires au départ de Bordeaux. Pour l'essentiel, ces vins commercialisés sont des vins de l'année dont la principale qualité est d'être « marchands », entendons sans défaut rédhibitoire, ni trop acides, ni piqués. Ils ne supportent guère d'être gardés d'une année sur l'autre : propriétaires et négociants cherchent donc à s'en défaire au plus tôt pour éviter les mécomptes d'une conservation trop aléatoire. « Les vins qui se recueillent dans la province de Guyenne, observe à ce propos un mémoire de la chambre de commerce de 1710, sont d'une qualité à ne pouvoir se conserver plus de dix-huit mois ou deux ans ; encore y en a-t-il beaucoup qui se gâtent dès que les chaleurs de l'automne les ont travaillés. » L'expansion du volume du commerce des vins correspond en fait à une modification de la clientèle : de nouveaux venus, les Hollandais, s'y taillent une place de choix, assurant la promotion de ces « petits vins » qui n'avaient jusqu'alors guère joué de rôle dans les échanges.

Page précédente : *Sur cette gravure du tout début du XVIIe siècle, les vaisseaux ont jeté l'ancre devant un faubourg qui est celui des Chartreux et point encore des Chartrons. Sur la grève, devant les façades à pignon des premières constructions, des barriques attendent d'être conduites par des barques jusqu'à la cale des navires. En arrière de la ville apparaît une campagne largement plantée de vignes, répartie en parcelles bien délimitées. (Bordeaux, Archives municipales)*

L'essor d'une production de masse

Bordeaux à l'heure flamande

De nouveaux clients

L'Angleterre, qui avait fait si longtemps les beaux jours du vignoble, s'efface peu à peu de l'horizon marchand de Bordeaux. De nouveaux acheteurs désormais la supplantent, au premier rang desquels les Provinces-Unies. Cette prépondérance des Hollandais est le grand fait commercial et nautique du XVIIe siècle bordelais, un aspect de la maîtrise universelle unanimement reconnue à ces « rouliers des mers ». Plus soucieux de volume que de qualité, habiles à accroître, par des traitements choisis, la valeur des produits passant entre leurs mains, ces parfaits négociants, appuyés sur une organisation navale et financière remarquablement efficace, enlèvent à Bordeaux d'énormes chargements: 38 144 tonneaux en 1684, 33 217 en 1699-1700, soit 63,5 % des envois de vins hors du royaume et 38,6 % de l'ensemble des cargaisons. En 1700-1701, avec 43 733 tonneaux, un record il est vrai, les Provinces-Unies accaparent près des trois quarts des exportations des vins de Guyenne et 45 % du total général. Amsterdam et Rotterdam entrent respectivement dans ces chiffres pour 18 068 et 11 677 tonneaux en 1699-1700, 22 005 et 17 845 tonneaux en 1700-1701. Certains de ces vins sont consommés sur place, mais de grosses quantités sont réexpédiées vers la Scandinavie et la Baltique, où ils servent de monnaie d'échange contre les productions locales, après avoir été « travaillés » pour satisfaire le goût de cette clientèle nordique. A un degré certes inférieur, les ports du Nord-Ouest français accueillent une part appréciable des exportations bordelaises. En 1700-1701, le cabotage des vins porte sur 34 000 tonneaux, dont 26 170 à destination de la seule Bretagne. Même si les vins consommés ne sont, là encore, ni de haute qualité ni de grand prix, ce trafic côtier n'en représente pas moins un élément indispensable de la prospérité viticole de la région. Quant aux pays allemands, scandinaves et russes, ils importent globalement davantage que l'archipel britannique et guère plus que les îles françaises d'Amérique.

De nouveaux produits

Ces grands bouleversements du XVIIe siècle dans la répartition des destinations viticoles du port de Bordeaux, et de toutes ses exportations en général d'ailleurs, s'accompagnent de profondes mutations dans la nature des vins vendus à l'extérieur. Car les Hollandais développent des habitudes commerciales très différentes de celles de leurs prédécesseurs anglais. Ces nouveaux maîtres de la navigation mondiale ne cherchent pas seulement à alimenter en boissons leur propre pays, mais souhaitent plutôt se procurer un produit d'usage courant pour les équipages de leurs vaisseaux partant vers les tropiques: ils l'ont trouvé dans l'esprit-de-vin, connu jusqu'alors surtout comme substance médicinale. Prenant peu de place, beaucoup moins en tout cas que le vin qui d'ailleurs tourne au vinaigre, considérée même comme un tonique purificateur, l'eau-de-vie, inaltérable et gagnant même du bouquet en vieillissant, s'avère rapidement la cargaison idéale des gros navires hollandais. De grande valeur commerciale, cette « eau ardente » est aussi aisément revendue dans les ports d'escale ou de destination fréquentés par les marins bataves, non seulement sur tous les rivages de l'Europe du Nord, mais encore le long des côtes tropicales d'Amérique ou d'Asie. L'accroissement spectaculaire de la demande de « brandevin » dans les premières décennies du XVIIe siècle développe le brûlage sur place: dans les pays aquitains, l'usage de l'alambic, resté au Moyen Age besogne d'apothicaire, ne retenant qu'une infime partie des produits du vignoble, devient ainsi une occupation ordinaire, insérée dans le déroulement normal des travaux consécutifs aux vendanges. De là le prodigieux essor des pays charentais et le début du fabuleux succès du cognac; de là encore la reconversion partielle du vignoble bordelais en région productrice de vins destinés à la chaudière. Nouveau venu de la viticulture, l'Armagnac sera l'un des principaux bénéficiaires de cette expansion des marchés.

A cette prospérité générale, Bordeaux a sans doute pris une part active. Vers le milieu du siècle, « une année supportant l'autre », son port exporte quelque 60 000 tonneaux de vin auxquels s'ajoutent 3000 barriques d'eau-de-vie. Reste que la réussite hollandaise, les innovations introduites par les « étrangers » dans la conduite des affaires, font grincer bien des dents dans le monde du négoce, d'après le mémoire qu'un certain Canasilles présente en 1640 au parlement de Guyenne.

Cette miniature du XVIIIe siècle, inspirée d'une gravure d'Ozanne, montre des rangées de barriques soigneusement alignées sur les quais de Bordeaux. La capitale du vin offre depuis peu un nouveau visage : une somptueuse place Royale, qui se signale au fond par son esplanade fermée de grilles, s'ouvre sur le fleuve (aujourd'hui place de la Bourse) ; une façade uniforme s'est substituée aux remparts.

Ville médiévale enserrée par des murailles, Libourne fut aussi un grand port du vin, au confluent de l'Isle et de la Dordogne. Cette gravure de Garneray, datant des années 1820, décrit bien les chars à bœufs qui durant des siècles acheminèrent les barriques jusqu'à l'eau.

La « manière hollandaise »

Canasilles était un négociant bordelais doublé d'un polémiste. Son factum sur les *Pratiques du commerce des étrangers dans la ville de Bordeaux*, que le Nantais Jean Eon a reproduit en 1646 dans son *Commerce honorable*, dénonce les effets pernicieux de la pénétration économique hollandaise. Traditionnellement, explique Canasilles, « nos marchands négociants [...] baillaient le juste prix des denrées aux propriétaires puis les vendaient à un marchand étranger qui venait lui-même traiter avec eux ». Ainsi, « tout était dans l'ordre que la foi du commerce peut désirer ». Or voici que les marchands flamands se sont installés à Bordeaux, « apprenant notre langue et nos coutumes ». Ils se déplacent à « l'intérieur des terres », prospectent de nouvelles régions viticoles, remontant même jusqu'à Cahors pour s'y procurer des vins forts qui font prime sur le claret bordelais. Ainsi se trouve débordée la politique restrictive des bourgeois de Bordeaux qui, depuis le XIIIe siècle, avaient œuvré contre le haut pays. Non contents d'acheter « à bon marché » les vins « de moindre cru et paysans », les nouveaux venus s'entendent avec les propriétaires riches et puissants pour enlever leur production à des prix supérieurs « afin que ces personnes favorisent leurs courses et donnent loi aux autres achats qu'ils font dans la campagne ». Mais le pire est encore à venir : « Les Hollandais, déplore Canasilles, ont introduit en France un certain usage de tirer, soutirer, muter et frelater les vins, pour mieux les conserver dans le transport et les débiter dans les pays septentrionaux ». Voici le point central de la critique lancée par les Bordelais : les marchands flamands « travaillent » les vins. Ils leur ajoutent de l'alcool, effectuent des coupages, assainissent les barriques en les soufrant à la mèche (l'« allumette hollandaise »), pratiquent le soutirage au lieu d'expédier les vins « sur lie » comme on le faisait avant eux, introduisent dans les futailles des épices, des grains, des feuilles d'origine variée.

Cette « manière hollandaise » de « frelater » les vins se répand tandis que de véritables colonies de négociants flamands font souche à Bordeaux, à côté de leurs compatriotes et coreligionnaires appelés pour dessécher les marais. Les Hotman, les Kater, les Mooler... édifient leurs chais et entrepôts le long du fleuve, supplantant d'autant plus facilement les juifs portugais établis au XVe siècle qu'à partir de 1635, France et Provinces-Unies sont alliées contre l'Angleterre et le resteront jusqu'à la guerre de Hollande de 1672 prolongée, en 1688, par celle de la Ligue d'Augsbourg.

Transformations de la viticulture

L'influence hollandaise n'a pas seulement bousculé les habitudes commerciales. La viticulture elle-même se met au goût du jour. A côté des traditionnels clarets, les Bordelais produisent en quantités croissantes des vins blancs de faible degré destinés à la distillation ; s'y ajoutent les vins blancs doux, voire semi-liquoreux, de la région de Bergerac, de Clairac-d'Agenais, et surtout de Langon-Barsac. Dans le même temps, les Hollandais, comme d'ailleurs les ports et arsenaux de l'ouest de la France, se font excellents acquéreurs de vins rouges – on écrit même noirs – venus des palus et issus d'un cépage adapté à ces terres lourdes, le verdot. Se conservant bien, se bonifiant même par les voyages maritimes, ces vins vendus de plus en plus outre-mer remplacent progressivement dans la production locale les clarets d'ancienne manière livrés à l'Angleterre.

Sous l'impulsion du négoce hollandais, l'aire de la vigne progresse et le centre de gravité viticole du pays bordelais se déplace vers des régions plus rurales que l'ancien noyau suburbain des Graves. Le long des fleuves notamment, dans les Queyries, à Montferrand, Ambès ou Fronsac, de nouveaux vignobles de palus s'installent aux marges des anciens sis en côtes ou en graves, tandis qu'aux limites du Bordelais des cépages blancs assez gros producteurs s'immiscent dans des terroirs jusque-là essentiellement céréaliers.

Chacun veut profiter d'une conjoncture favorable : ruraux et citadins investissent dans les complants. Les premiers se contentent souvent de « joualles », système mixte associant la culture de la vigne à celle des céréales et des légumes. Le procédé a l'avantage de préserver les surfaces consacrées aux vivres tout en assurant une modeste production de vin ; si la récolte est de qualité médiocre, on fera appel au « brûleur ». Quant aux seconds, marchands et robins, ils s'attachent à regrouper au sein de domaines ou bourdieux, constitués par voie d'achats et d'échanges, des vignes « en plein » ou « à suite », entendons des plantations homogènes qui, dans les palus ou en Sauternais, donnent ces vins, rouges ou blancs, si appréciés des Hollandais. Cette politique de concentration foncière continue, certes, le passé : on en trouve amplement trace dès la fin du XVe siècle, et surtout au XVIe. Elle annonce également l'avenir : dans l'ancien secteur viticole des Graves et un peu plus tard dans ce pays pionnier de la vigne qu'est alors le Médoc, ce sont les domaines rassemblés par les capitalistes urbains sur des terroirs heureusement choisis qui produiront les premiers vins de qualité. Encore faudra-t-il attendre la fin du XVIIe siècle. Pour l'heure, rien n'éclipse le succès des palus viticoles, tel que nous le révèle la taxation de 1647.

La taxation de 1647

Les 26, 27 et 29 octobre 1647, c'est-à-dire aussitôt après les vendanges de l'année, la Jurade de Bordeaux tient assemblée à l'hôtel de ville ; la réunion se déroule en présence des magistrats des « villes filleules » de la vallée de la Garonne ; des « commissaires flamands et anglais » ont également été conviés. Le document qui relate l'événement ne dit mot de l'ordre du jour, mais le contexte suffit à l'éclairer : en 1647, la situation politique et économique de l'Europe est en pleine évolution. La guerre de Trente Ans est sur le point de s'achever. La reprise des relations directes entre les Provinces-Unies et l'Espagne risque fort de perturber les affaires bordelaises. Pour parer au danger, il a paru souhaitable d'offrir aux « étrangers » une fourchette de prix garantis pour les vins de chaque secteur de production. Ce qui nous vaut un bilan suggestif de la viticulture locale au milieu du XVIIe siècle.

En voici les résultats : les vins les plus chers sont ceux que prisent les Hollandais et dont ils ont encouragé la production depuis une quarantaine d'années ; en tête les vins rouges des palus, aptes à supporter les longs voyages en mer : ces « vins de cargaison » seront vendus de 95 à 105 livres le tonneau. Viennent ensuite les vins blancs, plus ou moins doux, de Langon, Bommes et Sauternes, eux aussi très appréciés des Hollandais : ils sont taxés 105 livres pour les meilleurs, mais peuvent tomber à 84 livres. A leur suite, ceux de Barsac, Preignac, Pujols et Fargues vont de 100 livres à 84. Ceux de Saint-Macaire et de Sainte-Croix-du-Mont valent nettement moins : de 90 à 72 livres. On descend encore avec les vins de Rions et de Cadillac : 84 à 72 livres. Ce sont aussi les prix qu'obtiennent les Côtes de Bordeaux.

Dans l'Entre-deux-Mers, qui produit surtout pour la chaudière, les vins sont peu prisés : de 75 à 60 livres ; en Benauge, ils tombent à 50 livres pour le moindre, 60 pour le meilleur. Bourg et Blaye sont à peine mieux lotis : 72 à 54 livres pour l'un, 78 à 66 pour l'autre. On n'arrive même pas à ces faibles taux dans la région de Libourne : les vins de Guîtres, Coutras, Fronsac et Libourne sont taxés de 66 à 56 livres. Quant à Pomerol, vraisemblablement rattaché à Libourne, il n'est même pas nommé en 1647. Seul Saint-Emilion se dégage quelque peu vers le haut en cotant de 78 à 60 livres, soit des chiffres voisins de ceux de Blaye et de Bourg.

La grande aire viticole des Graves de Bordeaux et du Médoc, où l'on produit encore du claret pour les Anglais, tient fort bien la cote ; néanmoins l'écart se creuse entre le moins bon, de 78 livres, et le meilleur, de 100 livres. Pour que le moindre vin de palus atteigne 95 livres, ce qui le met au niveau des bons vins de Graves, il a fallu que l'année 1647 ait été très favorable aux vignobles des Queyries et de Montferrand. Aussi bien cette réussite est le résultat des méthodes de plantations homogènes et de sélection des cépages mises en œuvre dans les bourdieux des basses terres alluviales. La leçon sera retenue par les plus actifs des viticulteurs de la région des Graves, au premier rang desquels M. de Pontac à Haut-Brion. Mais force est bien de constater qu'à la veille de la Fronde, le vignoble traditionnel des Graves, pas plus que celui pionnier du Médoc méridional, n'ont encore acquis la notoriété qui sera la leur au début du XVIIIe siècle.

Le redéploiement des marchés au XVIIIe siècle

Le grand destin colonial du port de Bordeaux au siècle des Lumières ne fera qu'accroître le commerce maritime des vins d'Aquitaine, une fois reconstitué un potentiel productif ravagé par les gelées de 1709. De 1728 à 1733, la moyenne annuelle des sorties de vins s'établit à 57 000 tonneaux ; elle atteint 89 000 tonneaux de 1784 à 1789, soit une augmentation de 56 %. Certaines années connaissent des volumes spectaculaires : 128 000 tonneaux en 1765, 96 000 en 1770, 113 000 en 1785. Encore ces chiffres ne concernent-ils que les expéditions en direction des colonies et de l'étranger. Aux exportations proprement dites s'ajoutent les chargements vers les autres ports français, ceux de Bretagne en particulier : 16 000 tonneaux en 1713-1715, près de 30 000 à la veille de la Révolution. La valeur du trafic au cabotage n'en reste pas moins secondaire, comparée à celle des deux autres grandes branches du commerce viticole bordelais : l'Europe et les Iles.

Hollande et Europe du Nord

Dans la configuration du marché « de masse » des vins gascons, des changements se font jour : le plus frappant réside dans l'effacement progressif des Provinces-Unies, destinataires pourtant du plus gros des exportations au XVIIe siècle et au début du XVIIIe. Les Hollandais, il est vrai, avaient surtout servi d'intermédiaires, redistribuant dans les pays nordiques une large part des vins qu'ils achetaient, souvent après les avoir mutés et frelatés. Ce trafic déclinant, des relations directes s'y substituent : les villes hanséates de Brême et surtout de Hambourg, voire de Dantzig, remplacent désormais Amsterdam ou Middelbourg comme ports importateurs.

Le recul du marché hollandais au cours du XVIIIe siècle s'est trouvé de ce fait amplement compensé par l'extension de l'horizon viticole bordelais à tous les rivages de la mer du Nord et de la Baltique, tandis que les pays scandinaves et la Russie deviennent des clients non négligeables. Ainsi, le « Nord » qui prenait 12 000 tonneaux vers 1730 a-t-il pratiquement doublé ses achats vingt ans plus tard, pour atteindre 35 000 tonneaux en 1787, soit presque la moitié des expéditions bordelaises ; en regard, la part des Pays-Bas, qui montait aux deux tiers au début du XVIIIe siècle, s'est réduite au dixième à la veille de la Révolution.

Les « Isles d'Amérique »

Cette simple redistribution n'aurait pas eu d'importance si les envois de vins aux colonies, entendons les « Isles d'Amérique », Saint-Domingue et les petites Antilles, auxquelles il faut adjoindre Cayenne et secondairement les possessions de l'océan Indien (Bourbon-la Réunion), n'avaient à eux seuls assuré la croissance des exportations viticoles. En 1717, l'outre-mer n'est encore qu'un marché modeste : 4000 tonneaux seulement lui sont destinés ; à la fin de l'Ancien Régime, sa part s'élève à 32 000 tonneaux, ce qui représente plus du tiers du total des expéditions. Dans l'intervalle, Bordeaux est devenue, devançant Nantes, le premier port colonial français. « La capitale de la Guyenne, explique en 1730 un inspecteur des manufactures en mission en Aquitaine, a l'avantage par dessus les autres villes maritimes du royaume de faire la majeure partie de son commerce des propres denrées de sa province. » Ces propos soulignent clairement la raison première de la prééminence bordelaise : l'existence sur place d'un vaste marché producteur de vivres consommés par les colons et constituant des frets lourds au départ de la France. Farines, vins, eaux-de-vie, prunes de l'Agenais et du Quercy sont embarqués sur tous les vaisseaux quittant Bordeaux pour y revenir chargés de sucre, de café ou d'indigo. Ainsi triomphe un nouveau courant commercial maritime dans lequel le vin, pour en être un élément essentiel, n'en est cependant plus le moteur.

Dès lors, les maîtres du jeu ne sont plus tant les marchands de vins de souche anglaise ou hollandaise, voire allemande, que les armateurs « aquitains », qu'il s'agisse de juifs ibériques implantés de longue date – Gradis, par exemple – ou de religionnaires de Haute-Guyenne, tels les Bonaffé, les Pellet ou les Nairac. Or ces hommes n'ont rien de commun avec la vieille classe des étrangers spécialisés dans le négoce du vin ; et même s'ils font du produit du terroir local l'essentiel de leurs cargaisons, ils s'intéressent bien davantage aux questions coloniales. Ce n'est à vrai dire que par goût du faste que certains ont édifié des « folies » suburbaines ; ils ont été, en revanche, à la tête d'un mouvement de formation de domaines viticoles, notamment dans les palus productrices de grandes quantités de ces vins rouges courants qui alimentent leur trafic. Voici donc le vieil héritage mercantile médiéval de la production massive de vin qu'avait inaugurée l'Angleterre, puis entretenue la Hollande, encore relancée par les îles à sucre américaines.

Comparé à ces gros débouchés, le marché britannique fait piètre figure. Bien plus, sa part dans le trafic au départ de Bordeaux décline au fil du XVIIIe siècle : 10 % des exportations vers 1730, 5 % seulement à l'aube de la Révolution. Mais ces volumes dérisoires se paient d'avantageuses contreparties. Car les Anglais sont acheteurs de vins de très grand prix dont ils ont amplement contribué à susciter l'élaboration sur place. Ils ont joué en cela un rôle capital dans l'évolution d'une partie de la viticulture bordelaise vers des productions de haute qualité.

L'avènement de la qualité

L'invention des grands vins est née de la nécessité. Il nous faut faire ici un retour en arrière, revenir à ces quatre décennies critiques qui s'étendent de 1672 à 1711. Rien ne va plus alors pour le claret gascon. De nouvelles boissons lui disputent les faveurs des consommateurs, cependant que des conflits politiques à rebondissements multiples perturbent gravement les données séculaires de son commerce. Le trait de génie des créateurs des grands crus a été de transformer en atouts ces obstacles, en lançant sur le marché un nouveau type de claret apte à reconquérir les débouchés perdus, au premier rang desquels celui de l'Angleterre.

La fermeture du marché anglais

La « révolution des boissons »

Tandis qu'ils contribuent à la fortune des vins bordelais, les Hollandais se font simultanément les artisans de leur ruine, en diffusant partout en Occident des boissons concurrentes qui auront tour à tour les faveurs de la mode.

Voici d'abord qu'en Angleterre, mais aussi en France comme dans toute l'Europe du Nord, se répand la consommation des « tisanes coloniales ». Le chocolat, cette boisson aristocratique des Aztèques, connu en Espagne dès 1504, passe en Hollande dans les années 1650, et de là se propage en Angleterre où s'ouvre en 1657 la première *chocolate house*. A la même époque, le négoce d'Amsterdam implante à Londres l'usage du café. Ce nouveau breuvage originaire d'Ethiopie y fait rapidement fureur. Sans doute est-ce dans ces *coffee houses* qui se multiplient dans la capitale anglaise pendant la seconde moitié du XVIIe siècle que l'on apprendra, un peu plus tard, à apprécier le thé. Là aussi, ce sont les Hollandais qui ont présidé à l'introduction en Occident de ce dernier en date des stimulants exotiques. Encore ne commence-t-il sa carrière européenne que comme produit de luxe. Ce n'est qu'au début du XVIIIe siècle que le prix du thé baissera sensiblement, lorsque la Compagnie des Indes anglaise se mettra à concurrencer les négociants flamands.

Entre-temps, ceux-ci ont proposé à leurs clients britanniques et européens d'autres boissons, alcooliques celles-ci. Ce sont les nouvelles bières fortes qu'ils sont parvenus à mettre au point, dans le dernier quart du XVIIe siècle, en industrialisant les meilleurs procédés de la brasserie allemande. A la même époque, les hommes d'affaires des Provinces-Unies améliorent la distillation des alcools de grains, et tout particulièrement, celle du gin : les Anglais s'en montrent très vite de grands amateurs, à tel point qu'on a pu qualifier la première moitié du XVIIIe siècle de *great gin drinking period.*

Voici enfin que les Hollandais encouragent, en Espagne comme au Portugal, la production massive de vins noirs et forts, qui vont rapidement détrôner le claret dans le goût des consommateurs d'outre-Manche. Cette diversification des sources d'approvisionnement, l'engouement aussi pour les *black wines*, vont frapper de plein fouet les exportations bordelaises, d'autant que cette concurrence exacerbée se développe dans un contexte de guerre économique entre puissances européennes.

Les années noires du règne de Louis XIV

Colbert, cet « adversaire passionné des Provinces-Unies », prend, dès 1664, l'initiative d'une législation protectionniste contre la Hollande. La guerre éclate en 1672. Cette escalade dans l'hostilité va entraîner, de la part de l'adversaire de la France, de sévères représailles, mais aussi une active politique de prospection : en quête de vin et d'eaux-de-vie, les Hollandais se tournent vers l'Espagne, le Portugal et l'Italie. Tandis que s'affrontent ses rivaux européens, l'Angleterre à son tour se fait protectionniste ; elle met à profit le conflit franco-hollandais pour supplanter les gens d'Amsterdam dans la Péninsule ibérique, s'assurant ainsi de nouvelles bases d'approvisionnement vinicole.

En 1679, nouvelle tension avec l'Angleterre cette fois : Colbert lui ayant refusé le bénéfice d'un traité de commerce, le gouvernement de Londres réplique en décrétant l'embargo sur les vins français. Jusqu'à la levée de la prohibition, en 1685, c'est alors au tour des Anglais d'aller charger au Portugal et en Espagne les vins destinés à remplacer le claret bordelais.

Ces escarmouches annoncent la rupture générale de 1688. Lorsque s'engage la guerre de la Ligue d'Augsbourg, les puissances maritimes alliées, Angleterre et Hollande, organisent un blocus visant à ruiner le commerce de la France.

Jusqu'au traité de Ryswick de 1697, c'est la grande crise de mévente des clarets gascons.

Le retour de la paix portait de grands espoirs. La déception n'en sera que plus vive. Car les vins de France se trouvent grevés, à leur entrée en Angleterre, de droits deux fois plus élevés que ceux payés par leurs rivaux d'Espagne et du Portugal. Cette politique douanière discriminatoire durera tout près d'un siècle, jusqu'au traité de commerce de 1786. On conçoit, dans ces conditions, que les produits bordelais ne puissent lutter à armes égales contre leurs concurrents ibériques. Reste une voie, mais combien étroite : offrir à des amateurs assez éclairés pour « faire la différence », et assez riches pour en payer le prix, des grands vins de haute qualité. La clientèle existe : dans l'Angleterre de la reine Anne et des premiers rois hanovriens, l'aristocratie comme la « haute société moyenne » des négociants et financiers londoniens comptent en leurs rangs nombre de *claret's lovers*. Encore convient-il de proposer à ces « amoureux du claret » une boisson répondant à leur goût et digne de leur rang. Faire du bordeaux un vin de luxe réservé à une élite de consommateurs fortunés, l'idée n'est pas nouvelle : c'est ce qu'avait tenté, avant même la crise de 1688-1697, M. de Pontac, propriétaire de Haut-Brion.

L'expérience des Pontac à Haut-Brion

Trois semaines après avoir, une nouvelle fois, juré de ne plus boire de vin, Samuel Pepys passe la soirée dans une taverne de Londres. Le lendemain 11 avril 1663, il consigne dans son Journal une note de dégustation que Hugh Johnson, rapportant l'anecdote, qualifie de capitale pour l'histoire du vin de Bordeaux : « J'ai bu un vin français appelé Ho-Bryan, qui avait un bon goût, le plus particulier que j'eusse jamais rencontré. » Pepys n'était certes pas un grand connaisseur, mais ce bourgeois londonien, cynique et bon vivant, aimait se tenir au courant des engouements de la mode, et il fut le premier à mentionner ce nouveau type de vin, quelques années seulement après sa création. Le vin qu'il avait bu était un haut-brion : prototype de tous les châteaux bordelais, c'était le premier bordeaux à être connu sous le nom de son domaine de production.

La chance de Haut-Brion a été d'appartenir depuis le XVIe siècle à une lignée particulièrement entreprenante qui a su s'élever de la marchandise à l'aristocratie parlementaire : les Pontac. Ceux-ci ont patiemment réuni, autour de leur maison noble de Haut-Brion, un vignoble d'une quarantaine d'hectares qui passe, en 1653, au mains du premier président du parlement de Bordeaux, Arnaud de Pontac. Cet important personnage, qui menait grand train dans son hôtel bordelais, la Maison Daurade, avait acquis une réputation dépassant les frontières du royaume. Quoique disposant de revenus considérables, M. de Pontac avait le goût des affaires. C'est dans les années 1660 que ce précurseur entreprend de commercialiser son vin et le vend plus cher que les autres. Au lieu d'orienter sa campagne de promotion vers les gros acheteurs du temps, les Hollandais, il prend délibérément pour cible le marché le plus ancien et le plus fidèle, Londres.

En quoi ce haut-brion, que Pepys trouvait si « particulier », se distinguait-il du bordeaux générique ? On peut seulement supposer que le niveau de qualité du vin de Pontac était aussi élevé que sa position sociale. Il ressort d'une documentation parcimonieuse, finement exploitée par René Pijassou, que les vins de Haut-Brion, qualifiés « grands vins » dès 1689-1690, faisaient l'objet de soins de conservation attentifs, grâce à des ouillages et des « tirages au fin », c'est-à-dire des soutirages répétés pour éliminer les lies. Rien n'atteste que Pontac se soit particulièrement soucié de sélection des cépages, ni qu'il ait discerné les vertus du vieillissement. Sa principale innovation concerne moins la production que la vente. Il a fait du haut-brion son « grand cru », puis, comme trois siècles plus tard un autre baron du vin, Philippe de Rothschild, il a donné son nom aux vins de ses autres propriétés, dont le domaine de Pez, implanté dans ce pays pionnier de la vigne qu'est alors le Médoc.

Peu après le grand incendie de Londres de 1666, M. de Pontac envoie un de ses fils dans la capitale anglaise ouvrir une maison de commerce d'un style original : la Pontack's Head, à la fois épicerie fine, taverne de haut rang et restaurant pour gourmets connaît, malgré des prix extrêmement élevés, un succès foudroyant ; le dîner y coûte deux guinées, et la bouteille de haut-brion sept shillings, soit trois à quatre fois le prix d'un bon vin d'Espagne ou du Portugal. Les Pontac ont ainsi trouvé le moyen de faire apprécier leur production à une clientèle fortunée d'aristocrates et d'hommes de lettres. Curieux d'examiner un vignoble donnant un vin d'une telle réputation, le philosophe anglais John Locke décide, en 1677, de se rendre sur place.

Ce qui nous vaut une description du domaine et aussi, pour la première fois, la mention d'un cru associé à un terroir particulier, celui des Graves. Locke s'en informe, et il est fort surpris d'apprendre que les sols voisins, « en apparence les mêmes », ne procurent pas, il s'en faut, de si bons vins.

Cette première promotion qualitative et commerciale des produits bordelais semblait promise à un bel avenir ; elle faillit pourtant sombrer corps et biens lors de la crise de 1688-1697. Ce n'est qu'avec la paix de Ryswick qu'on pourra, de nouveau, songer aux ventes en Angleterre. L'expérience antérieure s'est alors avérée précieuse : elle servira de modèle aux entreprises des puissants seigneurs qui vont bientôt créer les grands crus médocains.

La naissance des grands vins

Dans les premières années du XVIIIe siècle, des vins d'un type nouveau, les *New French Clarets*, font leur apparition sur le marché de Londres. Chose curieuse : cet événement de première importance semble être passé à peu près inaperçu des contemporains, aussi bien dans la capitale aquitaine que dans les cercles parisiens. Les chroniqueurs du temps ont en tout cas fait montre d'une discrétion surprenante. Tout au plus l'abbé Baurein signale-t-il, dans ses *Variétés bordeloises* de 1784, la promotion récente des vins médocains : « On ne prévoyait pas pour lors, écrit l'érudit local, la faveur et la réputation qu'ont acquis, depuis cette époque [entendons la fin du XVIIe siècle], les vins de Cantenac, et en général, les vins du Médoc. » Les archives anglaises sont heureusement plus éloquentes. René Pijassou, dont les travaux font autorité, nous servira de guide : suivons-le à Londres pour mettre en lumière l'émergence des grands vins.

Les New French Clarets

En 1703, la guerre a repris, motivée par la succession d'Espagne, et avec elle son cortège de prohibitions. Officiellement, on ne débarque plus de vins français dans les ports d'Angleterre. Il en arrive pourtant quelques-uns en contrebande, certains par Saint-Sébastien ou Lisbonne, d'autres par l'Irlande ou l'Ecosse. D'autres enfin parviennent sur le marché anglais sous forme de prises de guerre. Tandis que, sur le continent, les troupes du duc de Marlborough affrontent les armées de Louis XIV, les navires corsaires anglais arraisonnent sans merci les bâtiments étrangers navigant dans l'Atlantique ou la Manche. Ce sont ces prises, quand il s'agit de vins, qui font l'objet de ventes aux enchères dans les maisons de café de Londres, Bristol ou Plymouth ; et c'est par leur annonce, dans les avis de la *London Gazette* parus entre 1703 et 1711, que nous pouvons suivre les progrès des grands crus, leur accueil par les consommateurs anglais et les prix auxquels ils ont été vendus.

En 1703, au tout début des hostilités, la cargaison du *Prophète Daniel* représente une première prise excellente : à son bord, des vins blancs de Bordeaux et du haut pays, et des clarets sans indication d'origine ; les premiers atteignent 8 livres sterling le tonneau, les seconds 25. A la même date, les bordeaux rouges que transportait la *Perle Dorée de Stettin* sont répartis en trois catégories, respectivement adjugées 8, 40 et 60 livres le tonneau. Cet éventail de prix correspond, on le devine, à des qualités différentes comme aussi, sûrement, à un plus ou moins bon état de conservation. Ajoutons que la fraction restante des cargaisons saisies en mer comprenait des vins ibériques, ce qui ne saurait étonner, l'Espagne étant alors, comme la France, en guerre contre l'Angleterre.

Les deux années suivantes, les prises se multiplient, amenant vers les ports anglais, outre les barriques habituelles de vins de Bordeaux, du haut pays ou de diverses régions d'Espagne, des vins de Loire et des eaux-de-vie, notamment de Cognac. C'est à partir de mai 1705 que débute une série de ventes de bordeaux rouge « grand cru ». A la première, sont proposées 200 barriques de haut-brion et de pontac « d'origine authentique » ; un mois plus tard, c'est le tour de 230 barriques de haut-brion et de *Margose wine* (Margaux et Haut-Brion avaient alors le même propriétaire) ; quinze jours après, la cargaison du *Saint-Jean-Baptiste* est mise aux enchères : 228 barriques de pontac, margaux et haut-brion sont adjugées au prix unitaire de 60 livres, plus de trois fois la valeur du claret ordinaire.

L'importance des volumes saisis laisse planer un doute quant à leur origine : les 718 barriques de haut-brion et de margaux adjugées en mai et juin 1705 excédaient manifestement les capacités de production de ces deux châteaux ; elles incluaient sûrement des médocs, moins prestigieux, noblement baptisés pour les besoins de la vente. Quant à la régularité de ces prises, elle fait subodorer quelque entente entre producteur et corsaire : l'hypothèse formulée par Hugh Johnson d'une convention secrète, stipulant le retour à Bordeaux du produit de la vente, une fois les frais et commission déduits, paraît éminemment vraisemblable. Aucun propriétaire n'aurait pu se permettre de laisser tout son vin tomber, chaque année, aux mains de l'ennemi. D'ailleurs, à qui aurait pu être destinée la cargaison, en dehors de « l'adversaire » anglais ?

Les grands crus ne sont pas les seuls dont l'Angleterre s'approvisionne de cette façon : en 1706, la *Marie d'Oléron* est saisie avec une cargaison de vins de palus de Saint-Louis-de-Montferrand ; la même année, du sauternes de Bommes et de Preignac est à son tour introduit sur le marché. Le système a si bien fait ses preuves que les propriétaires des autres grands crus vont y recourir : en 1707, la *London Gazette* annonce ainsi la mise aux enchères d'un lot entier de « *New French Clarets... being of growths of* » Lafite, Margaux et Latour. Il s'agit de vins de la dernière vendange, expédiés sur lie, sans clarification par soutirage. De ces nouveaux clarets français, l'avis précise l'origine : le mot *growth*, qui signifie ici cru, prend un sens nouveau. Il se réfère à un terroir particulier et non pas à une appellation générale, telle que graves, palus, ou simplement claret. Le terme désigne nommément les trois grands crus médocains qui, dès la première décennie du XVIIIe siècle, ont acquis la notoriété aux côtés de leur prédécesseur des Graves, Haut-Brion.

L'affirmation d'une hiérarchie des crus

Il est temps de retourner aux sources bordelaises. Grâce aux travaux de Christian Huetz de Lemps, on sait que les exportations viticoles se sont tant bien que mal maintenues pendant la guerre de Succession d'Espagne. La trêve passée en 1711 entre la France et l'Angleterre soulève de vifs espoirs d'une relance des échanges avec les Iles britanniques. En février 1712, le premier bateau anglais venu jeter l'ancre en Garonne est accueilli par des manifestations enthousiastes. Le directeur des Fermes de Bordeaux, relatant l'événement, précise que son inspection de la cargaison n'a pas été trop sévère pour marquer au capitaine « combien on avait envie de bien vivre avec toutes les personnes de sa nation ». Le rêve semble d'abord se réaliser : en 1712-1713, année viticole excellente, on expédie 19 746 tonneaux en Angleterre et en Irlande. Mais, dès l'année suivante, il faut bien déchanter : une fois signés les traités de paix de 1713-1714, les exportations vers les Iles britanniques se ramènent à 3800 tonneaux, et à 3100 en 1714-1715. Pourquoi cette chute brutale ? Les Anglais avaient simplement profité de l'élimination momentanée des Hollandais, privés de passeports depuis 1710, pour les remplacer comme fournisseurs de l'Europe du Nord. Sitôt conclue la paix d'Utrecht en 1713, les Provinces-Unies reprennent leurs achats sans plus avoir besoin d'intermédiaire.

Dès lors, et jusqu'au traité Eden-Vergennes de 1786, le régime de croisière du XVIIIe siècle se trouve établi, les droits de douane pesants et discriminatoires des Anglais faisant, par le haut, la loi du commerce des vins de Bordeaux. La correspondance des négociants est ici fort explicite : en février-mars 1714, le Bordelais Wischfold expédie en Angleterre 10 tonneaux de pontac à 550 livres l'unité, 10 tonneaux de latour à 450 livres, 10 tonneaux de lafite à 410 livres, 20 tonneaux de margaux à 300 livres, auxquels s'ajoutent 80 tonneaux de bons vins issus de la même région de production, cotés de 260 à 310 livres. Non seulement les grands crus sont connus, mais ils valent sensiblement plus cher que le médoc générique. Dans le même temps, un autre négociant bordelais, Jacques Pradié, achète pour le cabotage et les Iles d'Amérique des « vins rouges de ville » à 132 livres le tonneau et d'autres vins, rouges et blancs, sur la base d'une centaine de livres la pièce. Voilà qui donne une idée de la hiérarchie des prix en 1714 : ils sont alors fort bas, dans un contexte de « crise d'après-guerre » occasionnant, parmi les maisons de la place, une impressionnante série de faillites.

Ci-contre : *Le vin produit à Haut-Brion – le « Ho-Bryan » que savoura Samuel Pepys en 1663 – fut le premier bordeaux à se faire connaître sous le nom d'un domaine.*

LA GIRONDE
FLEUVE
St. Estephe
Verteuil
Cissac
Bois de Valambis
St. Sauveur
Pauillac
Isle de Patiras
St. Lambert
St. Julien de Reignac
Beychevelle
le Port de Beychevelle
St. Laurent
Benon
Cussac
la Marque
le Fort de Medoc
le Pate
BLAYE
St. Louis
Listrac
Medrac
Poujaux
Moulin
Lamarque
Bordeaux
la Justice
la Chapelle

Ci-contre : *Les premières cartes précises représentant la Guyenne furent réalisées dès la fin du XVIIe siècle par le géographe Claude Masse, mais elles ne concernaient que la partie littorale de la province. De 1760 à la Révolution, sous l'impulsion des intendants, furent levées et en partie publiées les quarante-trois feuilles de la carte de Belleyme – ainsi nommée parce que l'ingénieur Pierre de Belleyme fut chargé en 1775 de coordonner ce considérable travail. Dressée à la suite d'enquêtes méthodiques sur le terrain, cette grande carte de la Guyenne est d'une remarquable exactitude pour l'époque : elle indique de façon très expressive les cours d'eau, les marais, les vignes, les forêts, les habitations, et constitue de ce fait un document irremplaçable pour les historiens du vignoble.*

Dans les années suivantes, les prix se relèvent. Un mémoire de la chambre de commerce de Bordeaux les indique pour 1716, tout en mettant en évidence le lien étroit entre vins chers et marché anglais : « Les vins pour l'Angleterre ont été portés à 400 et 500 livres le tonneau, il y en a eu même 4 à 5 crus des meilleurs du pays qu'on a portés à 500, 600, 700 et 800 livres et les pontacs jusqu'à 1000 livres. » Les vins blancs sont nettement plus bas : les mieux cotés vont à 162-192 livres, et sont pris en petite quantité par les Anglais. Hollandais et Hanséates achètent d'ordinaire des vins blancs courants : les uns et les autres en enlèvent de gros volumes, qu'ils paient de 90 à 120 livres le tonneau pour les meilleurs, et seulement de 50 à 60 livres pour les médiocres. On charge aussi pour la Hollande des rouges allant de 120 à 180 livres ; les pays du Nord n'en sont guère demandeurs, si l'on excepte « quelques tonneaux pour la provision de certains particuliers… et en ce cas, c'est du meilleur cru coûte que coûte ».

La tendance ainsi définie se confirme à la hausse en 1717-1721. Christian Huetz de Lemps a calculé les prix moyens des vins importés par chaque groupe d'acheteurs au cours de cette période. Les Britanniques paient 180 livres le tonneau en 1717 et 1718, 250 livres en 1719, et jusqu'à 350 livres en 1721. Si on fait la part des « seconds vins » qui sont plutôt destinés à l'Irlande et à l'Ecosse, et dont la valeur moyenne atteint 150 livres pour les années 1717-1718 et 250 livres en 1721, il ressort que les Anglais, qui reçoivent surtout les « premiers vins », les paient environ 400 livres en 1717-1718 et 600 livres en 1721. Pour ces gros importateurs que sont les Hollandais, la moyenne de 1717 s'établit à 84 livres le tonneau ; elle tombe à 75 livres en 1718, mais remonte à 100 livres en 1721, soit des seuils au moins deux à trois fois inférieurs à ceux des achats britanniques. On peut étendre l'observation aux pays du Nord dont la valeur moyenne des approvisionnement viticoles se fixe à des montants identiques aux précédents pour les trois années de référence. Ajoutons que les vins de palus destinés à la marine et aux colonies d'Amérique tiennent bien la cote : 100 livres en moyenne le tonneau en 1717, 105 livres en 1718, 150 en 1721. Il est vrai que la valeur des importations bordelaises en provenance des Iles a plus que triplé de 1717 à 1720, passant de 2,1 millions de livres à 6,7 millions. Enrichies, les Antilles achètent plus cher les meilleurs vins de palus.

On mesure l'ampleur du changement depuis la taxation de 1647 : si les palus productrices, que la Jurade classait alors en tête, maintiennent honorablement leur place, d'autres secteurs viticoles du Bordelais ont comparativement connu une ascension remarquable. L'intendant de Guyenne, Bazin de Bezons, en donne la liste dans un mémoire de 1698 : les Graves, le Médoc, la région de Langon-Barsac, tels sont, à l'extrême fin du XVIIe siècle, les « trois cantons fort renommés de l'élection de Bordeaux dont les vins se vendent cher ». Vingt ans plus tard, Haut-Brion et le Médoc caracolent en tête, distançant largement les Graves et Barsac-Langon. Les années à venir ne feront que confirmer leur position prééminente sur une échelle de cours aux degrés toujours plus différenciés. Tandis que, de 1721 à 1729, les prix des vins blancs du Sauternais marquent pour ainsi dire le pas, ceux du Médoc doublent, du moins pour les grands vins. Les Anglais acceptent de payer les bordeaux rouges de cru huit fois plus que les vins blancs qu'importent les Hollandais.

Les grands vins sont nés

C'est entre 1698 et 1730 que les grands vins ont fait leur entrée dans l'histoire. L'expression est d'ailleurs consacrée dans les documents officiels. Dans les remontrances qu'il adresse au roi en juillet 1725, le parlement de Bordeaux en explique le sens : « Tous les vins de cette province sont différents dans la qualité et dans les prix. Il y en a certains que les Anglais appellent grands vins et qu'ils achètent sous ce nom à un prix excessif; ces sortes de vins tiennent un rang à part et ne doivent pas être confondus avec le reste des autres vins», que la cour répartit en «petits, médiocres et bons». Même son de cloche dans un mémoire de la chambre de commerce de 1739 : «En Angleterre on fait une petite consommation des vins de Guienne; même si ce n'est que des grands vins, ainsi appelés par leur qualité et par leur prix; car il y en a qui se vendent depuis 400 livres jusqu'à 1600 et 2000 livres le tonneau.» Avec des hauts et des bas liés aux événements extérieurs et aux fluctuations climatiques, les places acquises au premier tiers du XVIIIe siècle vont se maintenir jusqu'à la Révolution. Le traité Eden-Vergennes de 1786, qui abaissait de moitié les droits de douane frappant les vins français à l'entrée en Angleterre, ne modifiera pas sensiblement la position des grands crus. Il facilitera, il est vrai, l'exportation de tonnages plus importants de vins de qualité moyenne. Sur un marché plus ouvert, les seconds et troisièmes crus du Médoc vont ainsi se placer en plus grand nombre derrière les quatre premiers. C'est ce que les courtiers et négociants bordelais font observer à Thomas Jefferson venu les visiter en mai 1787. On doit ainsi au futur président des Etats-Unis – il l'a consigné dans ses *Notes de voyage* – le premier classement des vins de Bordeaux: il correspond à l'enregistrement d'une hiérarchie largement dessinée vers 1730-1740.

Le vignoble de Bordeaux à la fin de l'Ancien Régime

Le moment est venu d'esquisser un bilan de ce siècle et demi riche en transformations. Confrontés à une demande toujours plus diversifiée, les producteurs bordelais se sont progressivement partagés en deux groupes: l'un ravitaille la Hollande et le Nord où se fait une consommation populaire de vins à bas prix; l'autre se consacre à la production de grands vins réservés à l'aristocratie et à la haute bourgeoisie d'Angleterre. Ajoutons, plus proches des premiers que des seconds, les viticulteurs des palus, qui abreuvent la marine et les Iles, tandis qu'aux marges de ces secteurs spécialisés se récoltent des vins de chaudière.

La nouvelle géographie viticole

Un texte permet de la décrire: l'*Etat des paroisses d'où viennent les vins de la sénéchaussée de Bordeaux et de leur différence de prix*, daté de 1770. Ce document a été analysé par Henri Enjalbert qui l'a mis en relation avec les informations fournies par la carte de Guyenne de Belleyme, dressée de 1762 à 1778 et publiée de 1785 à 1789. Ces sources combinées révèlent un vignoble sensiblement différent de celui que la taxation de 1647 permettait d'entrevoir. Encore ne préfigure-t-il qu'imparfaitement celui d'aujourd'hui: parmi les terroirs privilégiés du Bordelais, seuls émergent en 1770 ceux de Haut-Brion, Margaux et Pauillac. Ni Sauternes-Barsac, ni Saint-Emilion-Pomerol ne se sont encore révélés producteurs de grands vins. Autre différence notable: la région productrice essentielle reste, en 1770 comme au Moyen Age, la grande banlieue de la métropole aquitaine, alors que de nos jours, ce vignoble a largement fait les frais de l'urbanisation.

Reste que l'*Etat des paroisses* offre des traits singulièrement modernes. Il s'ouvre sur une présentation du Médoc en trois classes mettant en lumière la primauté acquise par un secteur viticole encore subalterne cent ans plus tôt. Ce sont les paroisses de Pessac, Margaux et Pauillac qui possèdent les premiers crus de vins rouges; ils peuvent se vendre de 800 à 1200 livres, et de 1500 à 2500 livres pour les meilleurs. Voici déjà se profiler les appellations communales d'origine et les premiers crus classés. La prééminence de Haut-Brion, Château-Margaux, Latour et Lafite sera confirmée par le classement «historique» de 1855; elle est toujours d'actualité, à ceci près que Mouton s'est récemment ajouté aux «Quatre Grands».

Dans les paroisses de la banlieue de Bordeaux, depuis Léognan au sud jusqu'à Talence au nord, et,

Double page suivante : *Au début du XVIIe siècle, le château d'Yquem, à Sauternes, constitue le domaine campagnard de la famille de Sauvage qui possédait, en outre, hôtel urbain et maison de campagne à Bègles. A ce titre, il est dépourvu d'agréments, hormis sa garenne, et se présente sous la forme d'une demeure fortifiée. A la fin de l'Ancien Régime, il passe par mariage aux mains de la famille de Lur Saluces, qui lui conserve son aspect sévère et érige une résidence de prestige à Château-Filhot dans les années 1840. Archaïque et majestueux, le château d'Yquem est l'élément qui donne son sens à un paysage sublime.*

en Médoc, du Taillan à Saint-Estèphe, se localisent les seconds crus de vins rouges qui se vendent de 200 à 800 livres. Plus vaste encore, de Podensac à Eysines dans les Graves et de Blanquefort au Bas-Médoc, l'aire des troisièmes crus, dont les vins oscillent de 120 à 150 livres le tonneau.

En 1770, les palus ont aussi leur classement, aujourd'hui abandonné : les premiers crus sont situés en Queyries, à Montferrand, Ambès et La Souys ; ils sont cotés de 200 à 400 livres. Viennent ensuite, hors classement, les vins des palus produits à Fronsac et à Vayres sur la Dordogne, ainsi que dans les paroisses qui, de Quinsac à Ludon, bordent les deux rives de la Garonne : ces vins atteignent 150 à 200 livres. Voici donc les palus détrônées de la place qu'elles tenaient en 1647. Elles l'avaient conquise pour des raisons avant tout de nature socio-économique : elles valent encore en 1770. Aussi ne connaissent-elles pour l'heure qu'un effacement relatif.

Du côté des vins blancs, les temps ont changé ou ne sont pas encore venus : les conditions socio-économiques favorables de 1647 ne se manifestent plus et les atouts agrologiques du Sauternais n'apparaissent pas avec assez de force pour que leurs prix puissent rivaliser avec ceux des vins rouges du Médoc. L'*Etat des paroisses* distingue pourtant deux catégories de paroisses : toutes celles comprises entre Langon et Cérons donnent des premiers crus vendus à 300 livres. Sauternes et Barsac n'émergent pas encore du lot. Pourtant, dix-sept ans plus tard, Jefferson placera le château d'Yquem parmi les producteurs de grands vins. Deux paroisses des Graves, Gradignan et Blanquefort, fournissent également des vins blancs de premiers crus, cotés comme les précédents 300 livres, sans qu'aucune distinction ne soit faite entre les vins secs de ce secteur de production et les vins semi-liquoreux de Barsac-Sauternes. La différenciation, peut-être assez peu marquée à cette époque, ne s'accentuera qu'à la fin du XVIIIe siècle. Les seconds crus de vin blanc se récoltent dans les paroisses de l'Entre-deux-Mers et de la Benauge. Ils valent entre 90 et 120 livres le tonneau. Mais peut-on parler de crus à leur propos ? D'autant qu'il s'agit bien souvent de vins de chaudière.

En 1770, les paroisses viticoles du Libournais n'ont pas été jugées dignes d'une répartition en crus, et leurs vins n'ont aucun prix indiqué. Nous voilà très éloignés de la réputation actuelle de Saint-Emilion et de Pomerol. L'*Etat des paroisses* indique cependant que le vin de Saint-Emilion « se vend ordinairement à l'intérieur du royaume », et que Libourne, Blaye, Bourg, Coutras et Castillon embarquent leur production sur la Dordogne et la Gironde. Terminons par un silence : Fronsac, pourtant en bonne place au début du XIXe siècle, n'a pas, en 1770, droit à une mention.

Essor et stagnation

Il reste à se demander pourquoi les Graves et surtout le Médoc sont devenus les secteurs pilotes de la création des grands vins, alors que tant d'autres région du Bordelais, aussi naturellement douées, sont restées à la traîne. L'explication, on le verra, est en partie d'ordre social et agraire ; elle est aussi de nature commerciale. L'orientation même de leur trafic est une des raisons essentielles de cette individualisation précoce. Si les grands vins ont été mis au point, c'est avant tout à l'intention du marché d'outre-Manche, pour essayer de franchir l'obstacle d'un régime douanier qui éliminait radicalement les vins ordinaires. C'est ce qu'explique la chambre de commerce de Bordeaux dès 1716 : « Il faut remarquer que, comme les vins paient en Angleterre 55 livres sterling par tonneau, on s'attache à n'y envoyer que ceux des premiers crus. » En ce sens, et sans aller jusqu'au paradoxe, on peut dire que les vins de qualité sont fils des droits quasi prohibitifs de l'administration anglaise.

D'autres parties du Bordelais, le Bourgeais par exemple, peut-être agrologiquement aussi favorisées que le Médoc, n'ont pas dû affronter les mêmes problèmes d'exportation avec leur clientèle de Hollande, du Nord ou de Bretagne. L'aiguillon leur a manqué pour se lancer dans une production de qualité. Plus tard, il leur sera difficile de conquérir une place parmi les grands vins.

Il est vrai que le Médoc et les Graves ont bénéficié de la présence d'une aristocratie parlementaire et d'une bourgeoisie qui ont édifié là de vastes domaines et investi suffisamment de capitaux pour supporter les tâtonnements, voire les erreurs, inhérents à toute innovation. Car la naissance des grands crus est due, plus encore qu'à des conditions naturelles exceptionnelles, à la rencontre de l'esprit d'entreprise de ces grands propriétaires avec le dynamisme des négociants et le goût éclairé d'une clientèle fortunée. A tout seigneur, tout honneur : ce sont ces viticulteurs qu'il convient de pousser sur le devant de la scène.

Une résistible mutation financière

Colonisation viticole et châteaux

A la veille de la Révolution, la vigne a amplement fait la conquête des terroirs susceptibles de donner de bons vins, grignotant bien des sols jusqu'alors consacrés aux céréales, à l'herbe ou au bois. Cette véritable colonisation viticole s'est assortie, on l'a dit, d'une mutation qualitative sans précédent. Que celle-ci soit née à Bordeaux n'étonne guère quand on sait ce qu'ont été, dans cette ville, l'essor du commerce au cours du XVIIIe siècle et le développement économique, social et culturel. Des créations comme celle de la chambre de commerce en 1705, ou de l'Académie royale des sciences, belles-lettres et arts en 1712, expriment à leur manière la prospérité de la cité et les ambitions de ses classes dirigeantes, au faîte desquelles il faut placer les membres du parlement. La noblesse de robe a investi d'énormes capitaux dans ses châteaux ruraux, qu'entourent les plantiers compacts de grands vignobles, souvent agencés d'un seul tenant. Au moment où s'ébauche une classification des crus, les plus réputés lui appartiennent.

La structure foncière du vignoble se caractérise, dès cette époque, par de vigoureux contrastes. Ce n'est pas la nature du phénomène qui est neuve, mais son extension. Des seigneuries rurales avaient déjà édifié de vastes domaines ouvrant la voie à une culture intensive et spécialisée, en réunissant à leurs réserves les parcelles jusque-là concédées en tenures à des paysans. Cette œuvre de regroupement, menée par cette nouvelle noblesse issue du négoce et de l'achat de charges royales, est manifeste à Haut-Brion, Lafite, Latour ou Margaux dès la fin du XVIe siècle et au cours du XVIIe. Ces initiateurs

Page précédente : *Sur ce plan naïf de la première moitié du XVIIe siècle, représentant le tennement de Bernardon à Blaignac, se lit clairement la structure d'une petite propriété viticole des bords de la Dordogne, avec sa maison forte située dans un angle de la cour, les deux pigeonniers dans les vignes, le bois, probablement sur une forte pente en bordure de rivière. Après les temps difficiles des guerres de Religion, le développement des plaisirs de la vie à la campagne provoqua la naissance des jardins - ici par addition d'enclos pour le parterre et le bosquet, sans souci de lien avec l'architecture. La plupart des éléments du paysage domanial moderne sont là en gestation. (Archives départementales de la Gironde)*

Les châteaux du Bordelais s'intègrent magnifiquement dans un décor rural qui leur donne toute leur ampleur. Ils dominent un terroir façonné par l'homme et où s'ordonnent tous les éléments d'un paysage harmonieux, des vignes aux jardins en passant par les bois, les pièces d'eau. Depuis le XVIIIe *siècle au moins, l'image de Château-Lafite, à Pauillac, est à cet égard emblématique. Au sud, la vaste étendue de vignes. Au nord, le marais. A l'articulation, le château noblement posé sur sa terrasse, avec son petit parterre en façade et sa modeste garenne à l'arrière. Au pied de la terrasse s'étire une longue « place » avec un arbre pour seul relief. Sur la pente vers le marais s'étend le potager, jusqu'aux canaux. (Bordeaux, bibliothèque municipale)*

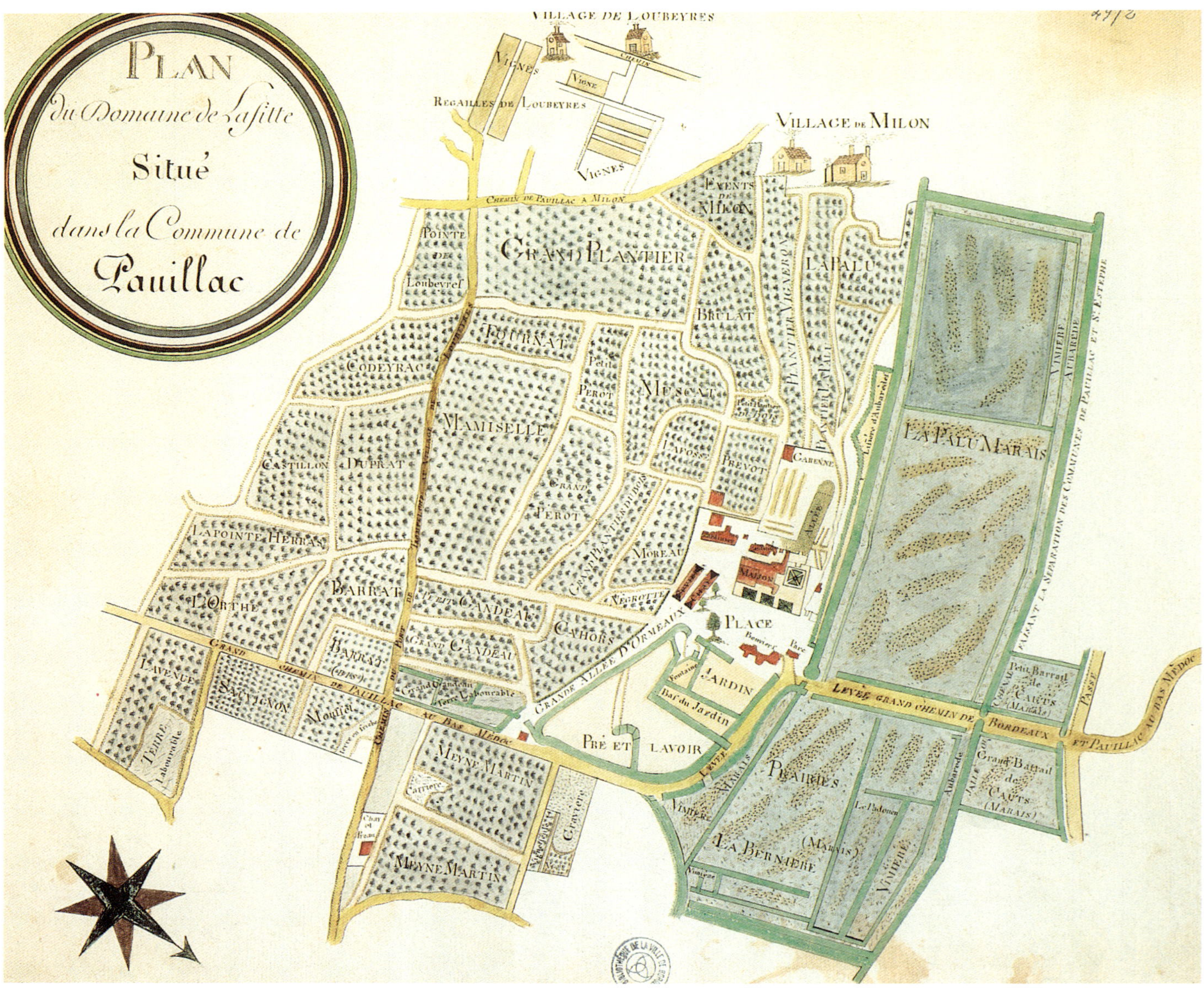

ne tarderont pas à faire école : le trait frappant au XVIIIe siècle est la multiplication de ces grandes unités de production viticole que sont les « châteaux ». L'exemple médocain est fort révélateur : sur la carte de Claude Masse, levée de 1707 à 1723, six châteaux seulement sont représentés ; celle de Belleyme, parue à la fin du siècle, en dénombre une bonne trentaine. Un tel essor traduit, sans nul doute, la naissance et la progression des crus. Produire un vin hors du commun est une entreprise hasardeuse et complexe. Seuls de grands domaines ont pu permettre l'indispensable rénovation du vignoble dans la politique à long terme qu'exigeait la recherche de la qualité. Seules aussi de puissantes fortunes, comme celles des Ségur à Lafite et à Latour, ou des d'Aulède à Margaux, ont pu supporter les lourds investissements que commandent la conduite de ces grands vignobles et les soins à apporter aux sols, à la plante et aux vins.

En définitive, la croissance des espaces viticoles et l'avènement de la qualité sont indissociables de la mise en place d'une structure agraire dominée par la grande propriété, principalement aristocratique. L'histoire de la seigneurie bordelaise « nouveau modèle », telle qu'elle se dessine dans la première moitié du XVIIIe siècle, telle qu'elle s'affirme dans les années 1760-1770, devient celle d'une exploitation où la notion de domaine prend tout son sens matériel.

Le développement des domaines

Leur expansion s'est d'abord faite aux dépens des tenures : c'est, avant tout, par un lent rassemblement de parcelles que s'est progressivement recréée, aux mains des seigneurs, la grande exploitation. Sur ce point, leur œuvre ne peut se séparer du travail identique accompli en même temps par les bourgeois des villes franches et notamment de Bordeaux, enrichis par le négoce ou les offices.

Les rassemblements parcellaires

Recul de la petite propriété

A lire les innombrables suppliques des paroisses du Bordelais pour obtenir des réductions d'impôts, à consulter les cahiers de doléances de 1789, on assisterait, spécialement dans la seconde moitié du XVIIIe siècle, à une véritable élimination du paysan hors de la propriété foncière : le sol glisse aux mains des nobles, des bourgeois, des privilégiés. En 1781, les habitants d'Espessas expliquent à l'intendant que « depuis l'année 1740, la majeure partie des fonds a progressivement passé des mains taillables dans celles des privilégiés » qui « exploitent par gens de journée, en exemption de taille ». A Labarde-en-Médoc, en l'espace de vingt-huit ans, « Mrs les bourgeois » ont tellement multiplié les acquisitions qu'il ne reste plus aux habitants « que les impositions que leurs fonds supportaient » ; il règne dans la paroisse « une misère des plus affreuses ». Même son de cloche à Aubie, Langoiran, La Tresne, Saint-Michel-en-Fronsadais, ou encore à Cubzac.

Doléances parfois grossies, peut-être, mais dont la véracité globale, confirmée par des sources non suspectes de partialité, ne saurait être mise en doute : telle est bien l'impression générale qui se dégage des enquêtes de la chambre de commerce, des réponses des curés aux questionnaires archiépiscopaux, des observations aussi des contrôleurs du fisc royal ou de la correspondance des intendants.

Endettement des campagnes

Dans quelles conditions ces opérations foncières ont-elles pu être effectuées ? Ou, si l'on préfère, comment tant de petits exploitants ont-ils été conduits à se défaire de leurs biens ? Un accident, parfois, explique leur détresse : la guerre, par exemple, et son cortège de misères, qui, en 1747 et 1748, ont contraint les habitants de Labarde-en-Médoc à vendre leurs terres « pour avoir du pain ». Mais pour plonger les ruraux dans d'inextricables difficultés financières, point n'est besoin de coup de hasard : la précarité de leur situation y suffit amplement. A la merci d'une mauvaise récolte, menacés par le haut prix des grains, soumis à la triple pression fiscale de l'Eglise, du seigneur et du pouvoir royal, les petits propriétaires du Bordelais sont souvent conduits à l'emprunt. Une fois pris dans l'engrenage des dettes, le paysan n'échappe guère, finalement, à la nécessité de vendre quelques bouts de prés, de vignes ou de champs.

L'endettement des particuliers place leurs biens dans une situation fragile qui en fait une proie facile pour les rassembleurs de terre. Il suffit de parcourir les archives notariales pour saisir la dépossession des

Ce plan est extrait du monumental « terrier » de la seigneurie de Génissac. Dans cette partie de l'Entre-deux-Mers, la polyculture est de règle, les labours côtoient des vignes en joualles. Le château, réalisé au XVIIIe siècle, est l'objet d'une soigneuse mise en scène. (Archives départementales de la Gironde)

petites gens. A l'origine de ces domaines édifiés autour d'une réserve de seigneurie ou de maison noble, à la source de ces bourdieux taillés dans la masse des tenures, ce qu'une étude minutieuse révélerait sans doute, c'est surtout, dans le financement de la vie rurale, une longue crise de crédit.

L'arme des droits féodaux

Ces opérations, cela va de soi, ne profitent pas seulement au seigneur. Mais celui-ci est particulièrement bien placé pour profiter du mouvement des fonds de terre. A lui, d'abord, le droit de « retrait féodal » ou de « prélation », cette hypothèque permanente suspendue sur toutes les dépendances du fief, qui lui permet de se substituer à l'acquéreur d'un immeuble vendu ou échangé dans sa mouvance. Dans son marquisat de Castelnau, le conseiller au parlement d'Essenault l'exerce huit fois de 1739 à 1745, sur des biens variant de 30 à 372 livres ; parmi les tenanciers dépossédés, trois veuves, un aubergiste, un forgeron, trois marchands. En certaines paroisses, le jeu du droit de prélation contribue à modifier sensiblement la répartition du sol : ainsi à Aubie, où, en 1781, les habitants se plaignent d'avoir été « dépouillés d'une partie de leurs héritages à raison des retraits féodaux exercés en divers temps par quelques seigneurs de fief » ; c'est à peine s'il leur reste le quart de leurs anciennes possessions.

Un autre moyen d'encourager les ventes paysannes est, paradoxalement, l'inertie. La méthode est simple, mais efficace : le seigneur laisse régulièrement passer les années – jusqu'à 29 ans souvent – sans lever ses redevances sur les tenures ; au bout de ce terme, il réclame brusquement son dû. Le tenancier, endormi dans une quiétude trompeuse, n'a naturellement pas mis de côté la grosse somme qui, soudain, devient nécessaire : il lui faut céder sa terre à son créancier. En 1747 par exemple, le marquis de Castelnau effectue sept achats aux dépens de ses censitaires pour une valeur totale de 676 livres : la somme entière est déduite d'arrérages de cens dus par les vendeurs « du passé jusques en 1742 ». Combien de transferts de fonds sont ainsi compensés par des droits impayés, voilà qui est difficile à établir. Certains actes, laconiques, se bornent à observer que « le vendeur a été payé avant ces présentes ». Mais il n'est pas douteux que ce « jeu finement mené des arrérages » a servi à arrondir bien des domaines seigneuriaux.

Remembrements

En même temps que le seigneur accroît les dimensions de ses propriétés, il s'efforce d'organiser son domaine en unités cohérentes afin de rendre l'exploitation plus rationnelle. Une politique de remembrement est évidente. Le meilleur témoignage en est la fréquence des échanges. Il est rare qu'un fonds seigneurial n'en offre quelque exemple. A Saint-Pardon-de-Conques, le conseiller au parlement Jean-François de Pontac en passe quatre en 1745 ; dans la paroisse de Moulis, Le Blanc, seigneur de Mauvezin, en conclut six en 1760, trois en 1766. Les évaluations des biens échangés disent assez la modestie ordinaire des opérations effectuées, mais leur cumul n'en est pas moins efficace. On lutte avec vigueur contre l'enclavement, générateur de « servitudes insupportables », quitte, s'il le faut, à proposer au paysan un marché avantageux : être seul maître chez soi suppose parfois des sacrifices. Si l'incitation ne suffit pas, la menace d'un retrait féodal ou de poursuites en paiement d'arrérages permet au besoin de mettre au pas les récalcitrants.

La conquête des friches

Défrichements en Bordelais

Les domaines ne s'accroissent pas seulement de fonds en culture : ils gagnent également sur les terres vierges. Le mouvement s'amplifie dans la deuxième moitié du XVIIIe siècle, avec les mesures prises par le pouvoir royal pour inciter aux défrichements. La déclaration du 13 août 1766 exempte l'essarteur de dîme, de taille, de vingtième, pendant quinze ans. Dans l'esprit des autorités, ces avantages fiscaux, les subventions qui s'y ajoutent, sont censés favoriser nombre de petits agriculteurs ; en fait, les grands propriétaires se sont largement associés à l'opération. Les listes de défricheurs dressées de 1766 à 1790 en témoignent : en même temps que certains membres de la bourgeoisie urbaine tels l'avocat Tricaud, les négociants Gradis, Diers ou Mauvezin, les noms de grandes familles comme les Secondat, Donnissan, Bacalan, Dabadie, Lalanne, Castelnau, d'Alesme, Ségur ou Pichon figurent en bonne place. En 1772, le duc de Duras déclare 176 hectares dans la paroisse de Cussac, soit presque le quart des défrichements signalés cette année-là.

Conflits entre seigneurs et paysans

On devine sur quelle aire sont faits les défrichements : ils mordent évidemment sur ces forêts, landes, marais, dont dispose, à des titres divers, toute communauté rurale ; elle s'en sert comme terrains de pacage, s'y procure bois mort et bois vif, la litière des animaux et l'engrais pour les champs. Autant d'utilités qui font de ces « communaux » une condition essentielle de la vie agricole. Aussi ne faut-il pas s'étonner de la montée des procès. En 1762, le conseiller au parlement Darche s'oppose à Sainte-Croix-du-Mont à propos de 150 à 200 hectares de « vacants » sur lesquels il escompte effectuer des complants. A Ludon, on proteste dans le même temps contre les projets de clôture du conseiller de Pomiers, tandis qu'à Saint-Médard-en-Jalles, les défrichements de M. de la Salle du Ciron suscitent l'hostilité des paroissiens :

Ce plan du XVIIIe siècle montre le domaine de Smith-Haut-Lafitte, dans les Graves de Martillac. L'on y retrouve un bel équilibre entre bois, labours, prairies et vignes. Une longue allée ombragée conduit à la demeure, agrémentée d'un jardin et d'une garenne découpée en étoile. La représentation même de la vigne se révèle intéressante : chaque cep voit ses astes attachés à un tuteur. Le palissage de la vigne sur de longues lames de pin horizontales se répandit à la fin du XVIIIe siècle, ce qui modifia profondément le paysage viticole. Le fil de fer se substitua à ces lattes de bois dans la seconde moitié du siècle suivant. (Archives départementales de la Gironde)

on va « jusqu'à s'attrouper la nuit, raser les fossés, et arracher ce qui a été planté ». Résistance souvent vaine : en 1777, le parlement de Paris autorise de Gascq à s'approprier le tiers des communaux de Portets, dont il est le seigneur, privant ainsi les habitants de l'usage de quelque 160 hectares.

Les paysans ont donc amplement fait les frais de cette modernisation des campagnes bordelaises. Tandis que leur part dans la maîtrise du sol s'étiole, les voici encore contraints de supporter les charges fiscales dont les domaines nobles ou bourgeois sont très largement exemptés. Car il importe de ne pas méconnaître le rôle des privilèges fiscaux dans l'avènement d'une viticulture sur de grandes surfaces. Tout se passe comme si, en reportant le poids de l'impôt sur les paysans, l'Etat monarchique avait entendu stimuler les secteurs agricoles les plus dynamiques au détriment des petites exploitations. On objectera que ce procédé était parfaitement injuste, et ressenti comme tel par beaucoup. Mais l'histoire du capitalisme, on le sait, n'est pas pavée de bonnes intentions, ni de bons procédés. Iniquité fiscale et modernisation se donnaient donc la main, sans trop le savoir et sans trop s'en soucier.

La noblesse de robe

Ces atteintes à la propriété paysanne, individuelle ou collective, se doublent d'entreprises plus ambitieuses. Lorsque l'occasion surgit, la noblesse de robe n'hésite pas à acheter en bloc de vastes parcelles, voire des domaines entiers, au détriment souvent des vieilles familles d'épée. La remarque, il est vrai, vaut surtout pour les parlementaires : les magistrats de la Cour des Aides, en gestionnaires prudents, évitent en général de miser de grosses sommes dans une seule opération spéculative. Les documents fiscaux soulignent, par contraste, le dynamisme conquérant des officiers du parlement. Un *Etat du vingtième* de 1755 mentionne ainsi fréquemment de « récents achats » effectués au cours des deux décennies précédentes.

A Bruges, le président de Lavie a enlevé 25 hectares de « bon marais » pour 40 000 livres, probablement dans le dessein d'y effectuer des complants. En 1733, Bacalan acquiert à Ludon « un bien très étendu et placé dans un bon fonds » ; ce domaine, jadis en piteux état, est « à présent réparé » et comporte plus de 20 hectares de vigne : il assure un revenu annuel de 3000 livres. Dans la paroisse du Pian, le conseiller Chatard a acheté pour 52 000 livres une exploitation incluant un vignoble de près de 10 hectares : là encore, « ce bien noble a été considérablement amélioré depuis l'acquisition ». Le conseiller Lombard ne craint pas de payer 76 000 livres pour un vignoble à Ambarès qui, en 1755, produit 40 tonneaux à 150 livres l'unité, soit un revenu de 8 % du prix d'achat. Dernier exemple : en 1735, de Verthamon Saint-Fort se porte acquéreur d'un domaine à Langoiran moyennant 38 000 livres ; vingt ans plus tard, il est à la tête d'un bien comprenant plus de 19 hectares de vigne, qui lui rapporte 5360 livres par an : c'est un placement à 14 %. Ces témoignages, que l'on pourrait multiplier, attestent l'importance des capitaux investis par les « robins » dans la terre, et particulièrement dans l'édification de vignobles auxquels ils consacrent des soins jaloux.

Le mouvement se poursuit dans la seconde moitié du XVIIIe siècle : il suffit, pour s'en convaincre, de comparer les propriétés nobles déclarées sur les rôles des vingtièmes de 1755 avec celles enregistrées dans les listes des biens des émigrés en 1790. Le calcul a été fait par Robert Forster pour une quinzaine de familles ; deux conclusions s'en dégagent : toutes ont fortement accru leurs domaines, toutes ont sensiblement étendu les surfaces consacrées à la vigne. Parmi ces gros investisseurs, l'un mérite bien les feux de la rampe : le président Nicolas-Pierre de Pichard. Déjà baron de Saucats, Pichard obtient la seigneurie de Belin et Beliet en 1762. En 1764, il y ajoute celle de Salles, et en 1765, celle de Lugos : soit au total quelque 1000 hectares de propriétés aménagées en terres labourables, pinèdes et prairies. En 1784, le président prend pied dans le vignoble de Barsac, en versant 180 000 livres pour la maison noble de Coutet. Deux ans plus tard, il entre en possession de Château-Lafite pour le prix record de 960 000 livres. En 1793, le magistrat estimait que le revenu net de ce domaine, produisant le célèbre cru, dépassait 33 000 livres, alors que ses immenses propriétés landaises n'avaient guère rapporté plus de 5000 livres.

Ascension de la bourgeoisie

A côté des robins, très largement représentés, s'installent des familles nouvelles : en même temps qu'ils se taillent de belles exploitations aux dépens des tenures paysannes, nombreux sont les bourgeois qui aspirent à devenir des seigneurs. Les uns acquièrent des droits féodaux, d'autres poursuivent l'anoblissement de leurs terres, d'autres enfin investissent dans les maisons nobles les profits tirés de l'exercice du commerce. En 1765, le négociant Amain consacre tous ses soins à reconstituer à son profit un bourdieu noble dans la paroisse de Bouliac en rachetant des portions morcelées entre plusieurs ayants droit. Enrichie par ses activités de liquoriste, Marie Brizard verse près de 30 000 livres en 1775 pour la maison noble de Pont-Long qui comprend environ 5 hectares en vignoble dans la paroisse Saint-Seurin. En 1764, le négociant Gabarat-Lagrange devient seigneur de Couveyras en Bourgeais. A Cussac, un autre négociant, Jean Despaze, acquiert en 1774 la maison noble de Bernoue, avec une quinzaine d'hectares « nouvellement mis en labour ». Dans la paroisse Sainte-Eulalie, le fief appelé Descures passe en 1785 aux mains d'un bourgeois, Abraham Henry : aux cens et rentes sur une quinzaine de lieux-dits, s'ajoutent près de 20 hectares en un tenant et une vigne de 8 journaux (2,5 hectares) dans le plantier du Tondu, vendue « à raison de 1800 livres le journal, attendu la qualité supérieure du fonds et du vin qu'il produit ». Près de Bordeaux encore, dans la paroisse de Pessac, un autre acquéreur, qui porte le nom évocateur de Jean Marchand, se rend maître de Fontaudin dont relèvent 79 hectares de terres en réserve. A un échelon supérieur, voici enfin de nouveaux venus au sein du second ordre : conseillers du roi en ses conseils, trésoriers de France au Bureau des finances, secrétaires du roi Maison et Couronne de France surtout, pressés d'effacer par l'achat d'un fief ou d'une seigneurie une roture encore trop proche. L'un de ces derniers, Jean Collingwood, acquiert successivement, en 1746, la maison noble de Sainte-Marie de Belair à Pessac et, cinq ans plus tard, celle de La Salle à Cantenac. En 1757, un autre secrétaire du roi, Jean Auger, se fait consentir la vente des terres de Guilleragues et de Monségur. Ce sont des anoblis encore qui s'installent à la tête de vénérables seigneuries comme la baronnie de Saint-Magne ou celle, plus viticole, de Portets, Castres et Arbanats. Ainsi, en même temps que se renouvelle l'aristocratie bordelaise, des changements se font jour dans le monde des seigneurs.

Les résultats : grande et petite propriété

Le mouvement qui vient d'être décrit a laissé sur les structures foncières du Bordelais une empreinte durable. La grande propriété a traversé la Révolution sans trop de dommages. Encore n'a-t-elle jamais, loin s'en faut, accaparé l'ensemble du terroir. Elle a laissé aux paysans d'appréciables espaces, plus vastes peut-être au total que ceux qu'elle a couverts elle-même. Son emprise, inégale selon les lieux et les seigneuries, restera toujours inachevée, car elle a besoin du petit propriétaire comme travailleur d'appoint, soit qu'il appartienne à la main-d'œuvre permanente du domaine, soit qu'il vienne en renfort pour les travaux saisonniers.

Diffusion et limites de la grande propriété

Propriétés ecclésiastiques

L'extension des domaines connaît des degrés variables selon les seigneuries. Le clergé n'a, semble-t-il, pris qu'une part réduite au mouvement. Gardons-nous cependant de confondre la notion de superficie avec celle de valeur. Si la propriété foncière de l'Eglise apparaît au total comme peu étendue, dans la banlieue rurale de Bordeaux, les palus de la Garonne ou les plateaux d'Entre-deux-Mers, les autorités diocésaines, les communautés religieuses, certaines cures, des confréries, disposent depuis longtemps de domaines bien structurés, largement orientés vers la viticulture et fournissant d'appréciables ressources, complétées de celles tirées de la dîme.

Les recherches de René Pijassou permettent d'entrer dans quelque détail. Dans une vingtaine de paroisses autour de Bordeaux, on dénombre cinquante-cinq domaines ecclésiastiques occupant globalement un millier d'hectares, dont le tiers en vigne. A Mérignac, Pape-Clément offre à l'archevêque de beaux revenus sur une dizaine d'hectares : la récolte de 1757 atteint 450 livres le tonneau, celle de 1772, 900 livres. Autre domaine réputé : « l'enclos du Haut-Brion », aux mains du grand séminaire « dit de la Mission », produisant des vins allant à 800 livres la pièce en 1747. Parmi les gros propriétaires, les jacobins dans la palu de Saint-Vincent-de-Paul, les jésuites à Saint-Médard-en-Jalles, et les chartreux dont le château de la Louvière à Léognan offre une quarantaine d'hectares couverts de ceps. Plaçons enfin à part les vignobles des bénédictins de Sainte-Croix de Bordeaux : l'un leur appartenait depuis le Moyen Age, celui de Macau ; l'autre a été acheté en 1740 à Villenave-d'Ornon, Léognan et Cadaujac, le domaine de Carbonnieux : ses 56 hectares de vigne produisent annuellement quelque 80 tonneaux d'une valeur moyenne de 215 livres l'unité entre 1743 et 1757.

Propriétés des laïques

Au premier rang des grands « seigneurs vignerons », il faut placer les membres des cours souveraines. Encore existe-t-il de grandes différences entre la propriété viticole des parlementaires, de loin la plus réputée, et celle des autres magistrats, notamment ceux de la Cour des Aides, qui échappe rarement à l'anonymat.

Denise Bège a montré que le vignoble est, pour les magistrats des Aides, un élément prestigieux mais secondaire du patrimoine. L'explication est d'abord économique : ces hommes, pour la plupart simplement aisés, ne peuvent ni acquérir les meilleurs crus, ni risquer de grosses sommes en consacrant toutes leurs terres à une culture aussi aléatoire que celle de la vigne. Ajoutons des raisons historiques, tenant à la composition d'abord fort peu bordelaise de la cour : lors de sa nouvelle création au début du XVIIe siècle, elle a été installée à Agen et a surtout recruté dans des familles du Périgord, de l'Agenais et du Quercy. Aussi comprend-on la répartition géographique des domaines de ses membres : leurs possessions se localisent pour l'essentiel dans le secteur sud des Graves, autour de Langon, au nord de la Dordogne, en Libournais et Cubzaguais et dans les palus de l'Entre-deux-Mers ; seuls quelques magistrats parmi les plus riches parviendront à s'implanter au cours du XVIIIe siècle en Haut-Médoc et dans les Graves de Bordeaux.

Chez les parlementaires, certes, on trouve trace de terres dispersées dans tout le Sud-Ouest, mais la concentration dans le vignoble bordelais est indéniablement plus marquée ; surtout, les propriétés parlementaires se taillent la part du lion dans les terroirs des grands crus, autour de Pauillac et Margaux en Médoc, comme dans la banlieue de Bordeaux, sur les Graves de Pessac, Mérignac ou Talence. Seul le secteur du Sauternais et celui des coteaux de la rive droite de la Garonne pourraient montrer une juxtaposition dense de domaines de membres de la Cour des Aides et de magistrats du parlement. N'imaginons pas des exploitations uniquement vouées à la viticulture ; les céréales, les prairies, les bois couvrent toujours d'importantes superficies : 59 hectares à Lafite, sur les 108 que compte le domaine à la veille de la Révolution. Il n'empêche que c'est le vignoble qui procure à ces grands propriétaires le plus clair de leurs ressources : en 1755, près des trois quarts des revenus fonciers de soixante-huit familles de parlementaires proviennent des ventes de leurs vins.

Parmi ces « seigneurs des vignes », deux « princes » se détachent : le président à mortier Nicolas-Alexandre de Ségur, et un autre président au parlement de Bordeaux, le marquis Pierre d'Aulède. Tous deux avaient hôtels à Paris et Bordeaux. Le président de Ségur possédait plus de 415 hectares de terres, dont les grands vignobles de Lafite et Latour : ces deux crus représentaient à eux seuls 85 % d'un capital foncier avoisinant un million et demi de livres en 1755. Le marquis d'Aulède disposait, sur plus de 380 hectares de fonds, de Château-Margaux et d'une portion de Haut-Brion, dont il partageait la coseigneurie avec un autre parlementaire, le marquis de La Tresne. Le prestige personnel de ces puissants personnages n'est sans doute pas étranger à la réputation hors de pair acquise, dès 1735-1750, par les vins de ces quatre châteaux.

Sans pouvoir rivaliser avec celles des princes des vignes, les autres grandes propriétés aristocratiques sont loin d'être négligeables. On peut citer le cas de Montesquieu, « aussi habile à soigner sa réclame commerciale que sa réclame littéraire » : outre le domaine de La Brède, qui s'étend d'un seul tenant autour du château, l'auteur de *L'Esprit des Lois* possède dix-huit métairies et deux vignobles étendus, l'un de 28 hectares à Martillac, Rochemorin, l'autre de 48 hectares à Baron en Entre-deux-Mers ; ils produisent de 185 à 200 tonneaux chaque année. En Médoc, voici le conseiller de Brassier ; ce magistrat a hôtel à Bordeaux et trois domaines importants : la maison noble de Poujaux à Moulis compte quelque 13 hectares de vigne ; le château de Lamarque en comprend 16 ; enfin et surtout, la seigneurie de Beychevelle, qui fournit bon an mal an 80 tonneaux de grand vin sur une trentaine d'hectares en réserve. A Pauillac, un vassal de Latour, le président Pichon-Longueville, récolte en moyenne 30 tonneaux sur à peine plus de 12 hectares. Dans la région de Margaux se distinguent une demi-douzaine de propriétés toutes bien pourvues en vignes, tandis qu'à Saint-Estèphe, les conseillers Basterot, Camiran et Desmoulins se partagent les meilleurs terroirs. Dans les Graves de Bordeaux, on relève une vingtaine de ces grandes unités viticoles, dont celle du président de Verthamon à Talence, contiguë à Haut-Brion, ou encore celles du conseiller Delpy de La Roche qui tient à Villenave-d'Ornon et à Léognan les maisons nobles du Cros et de La Ferrade : ces deux biens réunis « composent un vignoble de 80 journaux [près de 24 hectares] à faire 40 tonneaux de rouge et 20 tonneaux de vin blanc » négociés à 200 ou 300 livres l'unité en 1755. Un autre grand seigneur, le sieur de Boucaut, dispose de 250 hectares de terres réparties sur six paroisses du Bourgès : fort de 125 hectares, son domaine du Bousquet fournit à lui seul 180 tonneaux de vin. L'implantation des parlementaires est particulièrement dense sur les palus d'Entre-deux-Mers. En Sauternais enfin, s'individualisent dix-sept vignobles aux mains d'une douzaine de présidents et de conseillers, aucun, il est vrai, ne pouvant égaler cette puissante entreprise rurale comparable aux domaines médocains des Ségur et d'Aulède : le château d'Yquem.

Au total, les possessions viticoles des parlementaires bordelais représentent environ 3200 hectares, produisant 8846 tonneaux. Compte tenu de la moyenne annuelle des sorties de vins bordelais (57 000 tonneaux en 1728-1733, 89 000 en 1784-1789), on observe qu'à l'exportation la part des vins aristocratiques, à supposer qu'ils aient été presque tous exportés, ne représente guère que 10 à 15 % des quantités chargées sur la « rivière de Bordeaux ». Comme par le passé, les vignobles bourgeois et paysans, et ceux du haut pays, continuent à alimenter le plus gros des échanges au XVIIIe siècle. Mais le fait nouveau, c'est la place essentielle de ce vignoble aristocratique dans la production des grands vins : leur qualité distinguée leur permet d'atteindre les plus hauts prix.

Disparités régionales

Cette mutation de la seigneurie bordelaise, en direction d'une agriculture moderne orientée vers la production viticole de haut niveau sur de grandes surfaces, a naturellement connu des réussites diverses suivant les lieux. Il semble, en schématisant, que deux séries de facteurs puissent rendre compte des disparités régionales. Les premiers sont d'ordre géographique : la constitution de ces grands domaines est surtout manifeste dans les environs immédiats de la ville, ou dans les paroisses qui ont avec elle, grâce par exemple à une grande voie navigable, des communications relativement aisées. La richesse des sols, entendons leur aptitude à porter des vignes, influe aussi, bien sûr, sur l'orientation des investissements fonciers.

Un problème pourtant se pose : en étudiant la formation des crus du Bordelais, Henri Enjalbert a relevé la rareté des initiatives aristocratiques en des régions néanmoins capables, le siècle suivant l'a abondamment prouvé, de produire de grands vins. En Libournais, dans les secteurs de Saint-Emilion ou de Pomerol, les seigneuries du XVIIIe siècle sont largement restées étrangères aux activités viticoles de qualité. La carte de Belleyme

Ci-contre et double page suivante : *Le château Carbonnieux à Léognan est une antique maison noble dont les bâtiments dessinent une ample cour. On pourrait supposer que le vaste domaine alentour dépendait de la « directe » de l'ancienne seigneurie. Or ce plan de la seconde moitié du XVIIIe siècle montre qu'une dizaine d'hectares à peine constituaient autour du château un enclos « en nobilité ». Tout le reste de l'exploitation était constitué de parcelles tenues d'autres seigneuries et patiemment ajoutées à ce noyau primitif. Carbonnieux offre là un bel exemple de construction domaniale lente et obstinée. (Archives départementales de la Gironde)*

Toujours à Léognan, le domaine de La Louvière fut acheté en 1791, comme bien national, par Jean-Baptiste Mareilhac. Ce dernier confia à François Lhôte la conception de sa nouvelle demeure. Deux ensembles de communs, originellement dissimulés par des alignements d'arbres, bordent la cour d'honneur. Côté jardin, le château apparaît comme une élégante villa détachée de toute contingence matérielle. La vaste pièce d'eau pourrait être légèrement postérieure à la construction de Lhôte. Elle était primitivement alimentée par les eaux de drainage des croupes de graves qui avoisinent le jardin.

montre que la vigne est répandue ; elle représente également un certain nombre de grands domaines : aucun n'est encore le siège d'un vignoble réputé. Aux mains des Richelieu, le puissant château de Fronsac, dont la réserve couvre des milliers de journaux, ne mérite aucune mention pour la viticulture ; il est vrai qu'il règne avant tout sur les palus, tandis que les coteaux appartiennent à des petits exploitants. A Saint-Sulpice de Faleyrens, le château de Lescours ou celui de Sales, au nord de Libourne, sont bien figurés, mais les terroirs qui les entourent ne sont pas comparables à ceux du Médoc. Tous, cependant, ne sont pas dans ce cas : voici Château-Figeac ; il est de Saint-Emilion, mais confine à Pomerol dont il a les belles graves ; elles valent bien celles de Margaux. Pourquoi n'a-t-il pas pris son départ au XVIIIe siècle ? A côté de lui, on décèle une foule de petites exploitations : 6 à 12 hectares en moyenne, souvent moins ; donc des conditions peu propices à l'avènement de la qualité. La valeur des terroirs ne pouvant être mise en cause, seules des raisons socio-économiques sont susceptibles d'expliquer ce retard. Saint-Emilion et Pomerol relèvent en grande partie de seigneuries ecclésiastiques ; un conservatisme indéniable découle de cet état de fait. Ajoutons que le port de Libourne a lourdement pâti, jusqu'au début du XVIIIe siècle, de l'omnipotence bordelaise. Mais l'explication majeure tient aux modes de faire-valoir pratiqués au nord de la Dordogne. Une comparaison régionale le montre clairement.

Au XVIIIe siècle, le Médoc – palus exceptées – présentait des structures archaïques, encore très proches du régime médiéval. Le territoire était découpé en de multiples seigneuries ne comprenant en général que des réserves restreintes ; la majeure partie du sol était exploitée par des tenanciers à cens. Anciennement fixées et immuables, les redevances versées par les censitaires s'étaient dévaluées ; aussi le revenu du seigneur s'était-il progressivement réduit. Pour redresser la situation, celui-ci a mis fin à l'exploitation par tenures, regroupé les terres et créé un grand domaine, passant ainsi d'une situation attardée à une situation d'avant-garde. C'est ce qui a été réalisé à Latour, Lafite, Margaux, ainsi qu'à Haut-Brion. On pourrait étendre l'observation au secteur sud des Graves, qui a été une région de châteaux au moins autant que le Médoc.

Le Libournais n'a pas été épargné par la modernisation agricole. Dès le XVe ou le XVIe siècle, le métayage se répand sur des unités de culture relativement importantes : 18 à 25 hectares en moyenne. Recevant la moitié des fruits, les propriétaires tiraient de leurs métairies des revenus assez élevés pour les dissuader de les remplacer par de grands domaines. D'autre part, pour la culture de la vigne, ils ont repris une autre formule d'exploitation, le bourdieu, adaptée aux petites unités : 3 à 4 hectares. Le plus souvent, le bordier est un petit propriétaire du voisinage ; chez son employeur, il est métayer pour les autres terres cultivées, mais pour la vigne, il perçoit un salaire : 8 livres par journal (environ un tiers d'hectare) vers 1760, ainsi qu'un huitième de la récolte. Disposant de deux systèmes assez satisfaisants, les possesseurs de grands domaines du Libournais ont longtemps hésité avant de renoncer à ces modes de mise en valeur pour passer à la gestion directe, seul moyen de parvenir, comme en Médoc, à une production de qualité.

Lorsqu'ils s'y lanceront, ce sera sur des superficies restreintes, en rien comparables aux vastes propriétés médocaines. A suivre leurs récents succès, on peut d'ailleurs se demander s'il ne s'est pas fait une sorte d'inversion dans la relation entre la taille des domaines et leurs aptitudes à la promotion viticole. Le cas d'Ausone est exemplaire qui, avec ses 7 hectares, a pris la tête des grands crus du Libournais à la fin du XIXe siècle. A Pomerol, Petrus, 7 hectares également, est aujourd'hui parti en flèche. Revanche des « petits » sur les « grands » ? On n'a pas fini d'en débattre. La rareté peut faire monter les prix d'un cru dont la production est réduite faute de surface. A condition que la qualité s'impose.

Persistance de la petite propriété

Aussi poussée fût-elle en certains terroirs, la concentration des terres n'a jamais abouti à l'éviction totale des tenanciers. Les rôles fiscaux révèlent, tout au contraire, une large diffusion de la propriété paysanne. Gardons-nous cependant

Ci-dessous et page suivante : *Le château de Sales, à Pomerol, propose une vaste composition paysagère, conçue autour d'un axe principal et qui remonte vraisemblablement à la fin du XVIIe siècle. Un pavillon coiffé d'un dôme à l'impériale commande l'accès à la cour d'honneur. Sur la façade arrière, une terrasse domine parterre et miroir d'eau, et plus loin, potagers et vergers. Ouvrant des perspectives savamment calculées sur les bois, les paysages, les cultures, le découpage des allées participe d'un projet général de structuration du domaine.*

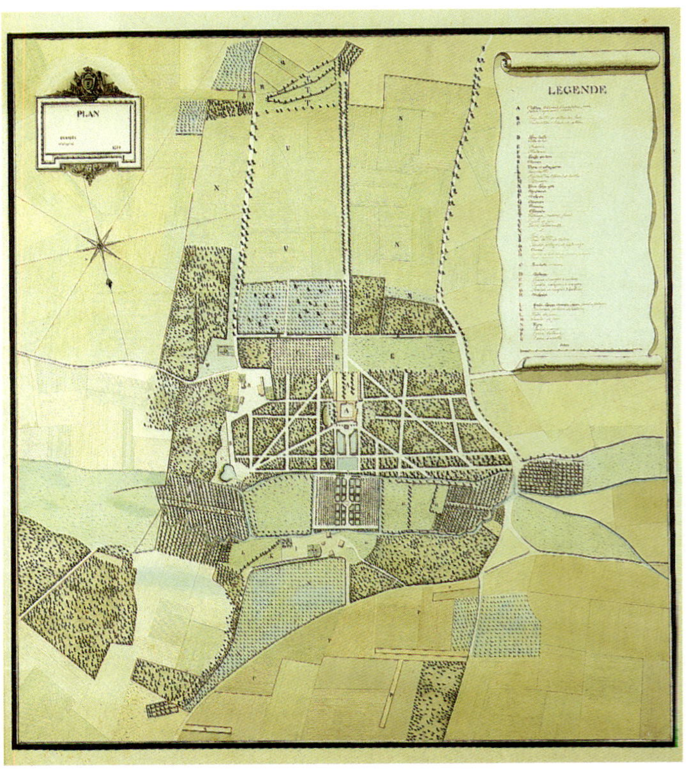

Tandis que le Médoc fut l'objet, au XVIIIe *siècle, d'importants regroupements fonciers, permettant la constitution de grands domaines viticoles, la région de Libourne en resta à de petites propriétés et ne connut que plus tard la notoriété. Certains crus devinrent pourtant d'autant plus illustres que leur taille était modeste, à l'image de Château-Petrus à Pomerol (ci-dessus) ou de Château-Ausone, dont on voit à gauche les chais souterrains, creusés dans la masse calcaire du plateau de Saint-Emilion.*

d'une erreur de perspective: si les petits propriétaires sont effectivement les plus nombreux, il serait abusif de leur attribuer la plus grande partie du sol cultivé, et notamment du vignoble.

Voici, aux portes de Bordeaux, deux quartiers de la paroisse Saint-Seurin: Caudéran et Le Bouscat. La vigne y est reine à la fin du XVIIIe siècle: elle couvre les trois quarts de la superficie caudéranaise, 80 % de celle du Bouscat. Paysans et artisans ruraux, qui constituent de loin les catégories socio-professionnelles les plus importantes, ne possèdent au mieux qu'un cinquième du sol. Le reste est aux mains de la noblesse, du clergé, et de la bourgeoisie dont l'emprise foncière est ici particulièrement sensible.

Dirigeons-nous vers le Médoc: à Cantenac, un arpentement de 1743 recense 137 taillables détenant 108 hectares, soit moins de 8 % de la superficie paroissiale. La prédominance des biens nobles et bourgeois est, là encore, flagrante. On observe également que près de la moitié des terres paysannes est en vignes; aucune de ces exploitations n'excède 5 hectares. Une poignée de «laboureurs» et d'artisans ont les plus belles propriétés; les «vignerons» sont moins bien pourvus; nombreux enfin sont les «brassiers» qui ne disposent que de leur maison. C'est dans ces groupes sociaux que se recrute la masse de manœuvre des grands châteaux viticoles. Voici encore Macau vers le milieu du siècle: 102 taillables s'y partagent 160 hectares. Les possessions de chacun sont petites et morcelées; la moyenne oscille autour d'un hectare et demi. En revanche, vers 1790-1792, on relève dans la même paroisse 18 domaines appartenant à des privilégiés: ils couvrent globalement 440 hectares, soit une surface presque trois fois supérieure à celle des propriétés paysannes. Ce sont là, avec évidemment des variantes locales, des traits communs aux paroisses viticoles du Bordelais.

Le morcellement et l'exiguïté des parcelles paysannes, le plus souvent reléguées dans les parties les moins bonnes du finage paroissial, autour des hameaux et des villages, contraste de façon saisissante avec le volume et l'ordonnance des domaines aristocratiques, comme d'ailleurs avec les bourdieux réunis par les capitalistes urbains. Incapable de subsister sur son «mouchoir de poche», le vigneron est pratiquement contraint d'aller travailler, à la journée, les biens des grands propriétaires. Le tâcheron sur la terre d'autrui, tel est le type social de plus en plus fréquent dans les campagnes bordelaises. Le fait est dû essentiellement aux progrès de l'exploitation directe.

EXTENSION DE L'EXPLOITATION DIRECTE

Les modes de faire-valoir

«Il n'en est pas de cette province, comme de celles où presque tous les domaines sont affermés... La plupart des domaines de la Guienne sont exploités pour le compte des propriétaires, soit par des valets à gages, soit par des métayers, les vignes particulièrement ne sont affermées nulle part, les propriétaires les font cultiver et façonner à prix d'argent, et retirent pour leur compte la totalité du produit.» L'intendant a parfaitement exprimé, en 1775, la réalité de l'exploitation viticole bordelaise. Dès le Moyen Age, la gestion directe avait été pratiquée pour la mise en valeur des réserves des grandes seigneuries ecclésiastiques. Il en allait sans doute de même dans les exploitations viticoles que les bourgeois de Bordeaux avaient créées sur les terroirs proches de la capitale du duché. Parallèlement à l'extension du vignoble, cet usage se répand dans les domaines érigés aux XVIe et XVIIe siècles par la noblesse de robe: à Latour par exemple, à Haut-Brion ou sur les terres du président de La Tresne dans les Graves, les modes de faire-valoir présentent, vers le milieu du XVIIe siècle, la plupart des caractéristiques qui vont s'affirmer au siècle suivant.

Selon un mémoire de 1737, les techniques de mise en valeur, variables selon la qualité du vignoble, sont au nombre de trois. Mettons à part le métayage. Considéré alors comme un pis-aller, ce procédé est en effet réservé aux vignobles de qualité inférieure et tend à être en position de repli sauf dans le secteur de Libourne et en Sauternais où il serait, selon William Doyle, responsable du déclin relatif des vins de cette région à la fin du XVIIIe siècle, déclin que l'on attribue traditionnellement aux changements du goût de la clientèle hollandaise.

Pour «les vignes qui sont dans quelque réputation», les propriétaires utilisent les services de «valets à gages» qui, sous la direction d'un intendant-régisseur, effectuent l'ensemble des opérations de culture; leurs salaires varient de 10 à 12 sous par jour pour les hommes, de 6 à 8 sous pour les femmes et les enfants, non compris la

*Dans le Saint-Emilionnais, de nombreuses exploitations, encore peu connues au XIX*e *siècle, ont su, grâce à des soins très poussés dans la culture et la vinification, compter parmi les crus les plus recherchés. Ici le château Le Tertre-Rotebœuf.*

nourriture et le logement. Pour « les vignobles de moindre valeur », on a recours au « prix-fait ». Sur une exploitation d'une dizaine de journaux (environ 3 hectares), parfois plus, rarement moins, le prix-faiteur reçoit du propriétaire la concession gratuite d'un logis, ainsi que la jouissance d'un jardin, et s'engage en contrepartie à donner à la vigne, pendant au moins une année, les façons obligatoires, moyennant un salaire de 30 à 40 livres par journal ; les autres travaux, tels que les labours ou la vendange, sont faits à la journée. En dépit des plaintes des propriétaires sur la cherté de la main-d'œuvre, il semble bien que les gages soient restés stationnaires pendant toute la deuxième moitié du XVIIIe siècle. En 1772, les journaliers du Médoc se plaignent que leurs journées sont encore à 12 sous, soit « le taux qu'elles étaient il y a vingt-cinq ans ». Leur montant est le même en 1784. A en croire les rôles fiscaux, ces deux formes d'exploitation par valets à gages et prix-faiteurs, souvent combinées, ont la préférence de la majorité des seigneurs des vignes.

Une administration rigoureuse

L'exemple de Château-Latour, abondamment analysé par René Pijassou, permet d'illustrer cette « gestion de grand style » appliquée aux domaines viticoles de l'aristocratie bordelaise à la fin du XVIIIe siècle. Hormis la période des vendanges, les propriétaires viennent rarement visiter leurs seigneuries médocaines. Ne traduisons cependant pas absentéisme par désintérêt. La gestion est confiée à un régisseur soigneusement choisi, avec lequel le maître reste en liaison constante. Cet homme de confiance est rémunéré soit par un traitement fixe, soit par une commission sur la vente des récoltes, excellent moyen de stimuler son zèle. Le régisseur est secondé, pour les façons culturales ordinaires, par un « homme d'affaires ». Ce dernier, responsable direct de la viticulture, a sous ses ordres deux adjoints : le « maître-valet » et le « maître-vigneron ». Le premier assure les quatre labours annuels avec l'aide de « trois petits valets bouviers ». Le second dirige une équipe de quatorze « ouvriers vignerons » gagés. Ceux-ci sont remarquablement stables : on devine que beaucoup sont là depuis une ou plusieurs décennies, et il n'est pas rare que le fils succède au père. Une telle permanence constitue assurément un atout précieux pour la bonne marche du domaine. Les vignerons exécutent les façons saisonnières qui conditionnent largement la réussite de la future récolte : taille, « maillage », c'est-à-dire remplacement des piquets ou « carassons » défectueux, écimage, chaussage ou déchaussage de la vigne, éventuellement complant. Les menues tâches comme le relevage des sarments, les sarclages ou arrachages du chiendent, sont données à prix-fait aux femmes des vignerons. Pour les gros travaux de terrassement, de réparation des « plantiers », on fait appel à des ouvriers saisonniers, « angoumoisins », « saintongeais », parfois même « montagnols » venus des Pyrénées. Les vendanges, enfin, exigent un personnel abondant, recruté essentiellement dans les landes du Médoc. La viticulture de qualité se montre, on le voit, particulièrement avide de main-d'œuvre : si on inclut les employés du chai, encore peu nombreux à cette époque, on peut estimer que le personnel de Latour est de l'ordre d'une quarantaine d'individus ; il atteint 55 employés à Lafite. On ne saurait mieux souligner le poids économique des grands domaines viticoles du Bordelais. Reste à mettre en relief leur rôle innovateur.

Viticulture et vinification

Les grands crus sont les laboratoires de la modernité. Progressivement, une nouvelle viticulture y prend tournure, dont témoignent correspondance des régisseurs, comptes de gestion ou dossiers du négoce. Sur ces terroirs privilégiés, on effectue un choix judicieux de cépages nobles : cabernet, malbec, petit verdot et, un peu plus tard, merlot. Les vignes hautes, fort répandues au Moyen Age et encore communes au XVIIe siècle, cèdent peu à peu la place aux vignes basses. Simultanément, les domaines ordonnent leurs vignobles en vastes parcelles, les « plantiers », articulées en « règes » ou sillons : cette configuration régulière et homogène autorise une culture mécanisée. Ainsi en Médoc dès la fin du XVIIe siècle, où le coût des façons est nettement réduit « parce qu'on laboure les vignes avec des bœufs », tandis que dans les Graves – Haut-Brion excepté –, les plantations demeurent « en foule », c'est-à-dire sans ordre, imposant un travail à la main. Les premiers essais de drainage sont entrepris pour éliminer « l'eau, ce poison de la vigne », comme l'écrit Lamothe, le régisseur de Latour au début du XIXe siècle. On recherche de modestes rendements sur des sols fumés avec parcimonie. On veille à ménager un pourcentage élevé de vignes âgées car, toujours selon Lamothe, « la vieille vigne est mère des grands crus ». Tout ce que cette nouvelle viticulture implique de vigilance constante et de soins attentifs est parfaitement résumé dans le propos d'un autre régisseur de Latour, Poitevin : « J'ai fort à cœur, écrit-il en 1798, de réparer ces vignes précieuses qui devraient être faites comme un jardin. »

Après des vendanges précoces – on craint les pluies tardives, génératrices de pourriture grise –, commencent les travaux de vinification. Des mutations techniques capitales, peut-être d'origine ancienne, se répandent au XVIIIe siècle : ainsi, la sélection opérée lors des égalisages. Quand la fermentation est terminée et que l'on passe des cuves aux barriques, les experts du domaine décident, après force dégustations, du partage des vins en lots distincts : « premiers vins » qui portent seuls le nom du cru ou du château, « seconds vins », fonds de cuves, vins de presse enfin. Chaque lot est soigneusement « égalisé », c'est-à-dire homogénéisé. Grands vins et seconds vins sont logés dans des barriques neuves de chêne ou merrain, régulièrement ouillées, entendons remplies pour compenser l'évaporation. L'approvisionnement en futailles importées d'Europe du Nord représente un lourd investissement : près de 20 % du coût de production d'une récolte à Latour à la fin de l'Ancien Régime.

Le premier souci du régisseur est de vendre rapidement sur lie la récolte de l'année aux négociants des Chartrons. L'opération offre le double avantage d'assurer une rentrée d'argent frais et d'éviter les travaux d'entretien sur place. Mais parfois, pour des raisons diverses tenant à la petite renommée du millésime ou aux aléas de la conjoncture commerciale, il faut bien conserver pendant une année, voire plusieurs, la récolte au château. D'où la nécessité de soutirer les vins pour éliminer les « grosses lies », de les clarifier par le collage au blanc d'œuf, et donc de les changer de barrique. Encore doit-on disposer de futailles saines. C'est dans doute à Amsterdam que l'on

Page suivante : *Illustre par ses vins, le château Margaux l'est encore par sa superbe architecture néoclassique, dont la perfection englobe jusqu'aux chais, transformés en temple par leurs colonnes à l'antique.*

Ci-contre : *C'est vers 1829 que Gustave de Galard peignit ce maître de chai de la maison Barton et Guestier. L'image est devenue un grand classique de l'iconographie viticole - à juste titre, car l'on peut admirer sa facture précise inspirée des scènes de genre hollandaises, son exacte restitution de nombreux détails. Auteur de quantité de lithographies sur la Gironde, à commencer par les vues de domaines qui composent l'*Album vignicole, *Gustave de Galard fut l'un des premiers « reporters » du monde des vins de Bordeaux. (Collection Barton et Guestier)*

Ci-dessous : *L'architecture d'un chai des Chartrons, les gestes et les costumes des ouvriers du vin à la fin du XVIIIe siècle, sont précieusement décrits dans cette rare gravure du Bordelais Jean Pallière.*

MARGAUX
GRAND VIN
95
95

apprit à soufrer les barriques ; toujours est-il que la mèche soufrée s'appellera « allumette hollandaise » pendant tout le XVIIIe siècle.

Qui, du négoce des Chartrons ou de l'aristocratie, a créé l'art savant d'élever les vins ? La question divise les spécialistes. En fait, il semble bien que ce fut d'abord à Londres que l'on prit l'habitude de faire vieillir systématiquement les vins. Le négoce d'outre-Manche ayant des correspondants en Bordelais, ceux-ci ont fait connaître au commerce local le « travail à l'anglaise ». Des chais des Chartrons où les vins faisaient étape avant l'exportation, les nouveaux usages sont passés, vers le milieu du XVIIIe siècle, dans les châteaux.

Autre sujet de controverse : la mise du vin en bouteilles. L'opération serait restée exceptionnelle au XVIIIe siècle, aussi bien dans les domaines producteurs que chez les intermédiaires. Le passage du vieillissement en fûts à l'expédition du vin en bouteilles « bien bouchées avec du liège » et « cachetées de cire », est pourtant consigné dans une correspondance de négociants dès 1714. Ce que ces précurseurs ont essayé, d'autres ont dû le développer sûrement, et pas seulement à destination de l'Angleterre : vers 1750, l'intendant Tourny observe qu'il se fait une « plus grande consommation de bouteilles depuis quelques années pour envoyer aux Isles du vin d'une certaine qualité, surtout du vin vieux ». On s'expliquerait mal, sinon, les créations en cascade de verreries industrielles en Bordelais dès les débuts du XVIIIe siècle. A la fin de l'Ancien Régime, Bordeaux compte cinq établissements produisant en moyenne 400 000 bouteilles chacun. Sans ces verreries, le vieillissement des grands vins serait resté un phénomène épisodique au lieu de s'ériger en pratique fondamentale de la vinification de qualité.

Tel qu'il s'affirme à la veille de la Révolution, le seigneur nouveau modèle, et avec lui plus d'un simple bourgeois, est devenu un grand exploitant. Entrée dans le mouvement d'affaires, la seigneurie bordelaise tend à perdre ses traits traditionnels, et à se détacher de sa mentalité coutumière. Le vieil organisme essoufflé cède la place à une entreprise moderne, orientée vers une production viticole de qualité apte à satisfaire les besoins d'un marché exigeant. Cet effort d'adaptation s'appuie sur la « réserve », conçue comme une base d'initiative et un pôle de croissance, et passe par la limitation du nombre des petites tenures, maigrement rentables, dont la foule caractérisait la seigneurie d'ancien type. Il s'exprime également par l'emploi de nouvelles méthodes de direction et d'exploitation destinées à promouvoir les profits du domaine. Il s'accompagne enfin d'une action de type politique, visant à la défense des privilèges sur lesquels repose au moins en partie l'essor commercial de Bordeaux.

Vin et pouvoir

Protectionnisme et libre-échange

Au XVIIIe siècle, Bordeaux est le siège de grandes institutions qui se disputent la direction de la cité. La question des vins offre un champ d'observation privilégié de leurs relations parfois chaotiques, comme de leurs rapports souvent tendus avec l'autorité monarchique et son représentant local, l'intendant. Voici d'abord la Jurade et le parlement. De ces défenseurs-nés de la viticulture bordelaise, l'argumentation est connue : Bordeaux ne peut produire que du vin ; son débit et son prix conditionnent les revenus des producteurs, la rentrée des impôts, l'abondance du change, l'activité du trafic colonial. Or, rien de plus fluctuant que les profits viticoles : il faut compter avec l'aléa des saisons, les « cas fortuits » tels que grêles et gelées, le caprice des marchands, le fléau de la guerre. « Une denrée aussi incertaine, résument les jurats en 1749, rend dans ce pays la condition de la plupart des propriétaires de vignes assez semblable à l'état de ceux qui livrent leur fortune aux risques de la mer. » Du moins peut-on limiter ces risques en garantissant aux produits locaux de solides débouchés. En bref, une « police des vins » est indispensable : elle seule peut assurer l'écoulement des récoltes et « une juste valeur dans le prix des vins ». A l'opposé, la chambre de commerce, support institutionnel de la bourgeoisie négociante, s'attaque avec vigueur à toutes les formes de monopoles : lors du conflit qui l'oppose au parlement en 1764, elle clame l'urgence « de dépouiller les anciens préjugés » et d'instaurer la liberté des échanges. La Cour des Aides à son tour entre en lice, défendant, au louable motif d'assainir les finances municipales et de réprimer les fraudes, des positions hostiles aux privilèges des vins. Mal lui en prend : elle cherchait à se faire une place en rapport avec ses prétentions ; elle y perdra des pans entiers de compétence.

N'exagérons cependant pas la portée de ces conflits en imaginant des oppositions irréductibles. Rien de plus étranger aux Bordelais du XVIIIe siècle que l'esprit de système. Les positions protectionnistes du parlement n'ont pas empêché ses membres de se mettre très tôt à l'école physiocratique en se rendant maîtres de ces grands vignobles propices au progrès agricole. Tout en adhérant à la règle fondamentale de l'égalité devant la loi fiscale, la Cour des Aides n'en réclame pas moins pour ses officiers les privilèges financiers dont jouissent les bourgeois bordelais. La chambre de commerce n'a jamais vu dans le libéralisme économique qu'un moyen et non une fin. N'écrit-elle pas tout uniment : « Il faut au commerce une liberté entière, il lui faut une protection continuelle » ? C'est qu'au fond l'intérêt de Bordeaux l'a toujours guidée, la portant tour à tour à défendre les monopoles utiles, et à réclamer les libertés nécessaires.

Aussi bien, les autorités savent faire cause commune lorsque l'intérêt de la ville est en jeu. Entre partis opposés se nouent alors des alliances prêtes d'ailleurs à se dissoudre dès que l'esprit de corps reprend le dessus. Au-delà de ces péripéties, ce qui frappe, c'est la capacité de résistance des Bordelais au processus de normalisation que développe l'Etat monarchique, leur réticence à rentrer dans le rang, leur esprit « girondin » avant la lettre. Ce refus de la soumission est perceptible sur trois fronts : défense de la liberté des cultures contre le malthusianisme économique officiel ; protection de la propriété privée contre les empiétements du domaine public ; sauvegarde acharnée des privilèges des vins.

La défense du vignoble

La « fureur de planter »

La vigne a submergé le pays bordelais. Cette situation frappe les intendants ; elle les inquiète aussi. Déjà en 1698, Bazin de Bezons déplorait cette « furieuse quantité de vignes » qui épuise les ressources en main-d'œuvre, détourne les habitants d'autres activités, recèle des risques économiques : notamment celui de la surproduction, qui avilit les prix. Le mouvement s'amplifie encore à l'occasion de la restauration du potentiel viticole ravagé par les gelées de 1709 : tandis que le vignoble renaît de ses ruines dans les Graves et se répand en Médoc, les ceps envahissent maintes surfaces jusqu'alors consacrées à l'herbe ou aux céréales. L'intendant Boucher, visiblement impressionné par cette folle conquête, dénonce, dans un mémoire de 1724, la « fureur de planter » qui s'est emparée des propriétaires. Soucieux de convaincre un pouvoir central hanté par le spectre de la disette des grains, le responsable de la généralité de Guyenne brosse un sombre tableau des paysages agraires de son ressort : « La ville de Bordeaux était anciennement située au milieu d'un marais et tout entourée de bois, de terres labourables, de prairies et pacages. » Mais, depuis le début du siècle, « tout a été mis en vigne et, à près de dix lieues aux environs de Bordeaux, on ne voit qu'un vignoble. Cette même fureur a gagné tout le reste de la province ». Après avoir souligné les multiples inconvénients de cette prolifération viticole qui, à l'en croire, aurait accru depuis vingt ans la superficie plantée des deux tiers, Boucher préconise une mesure draconienne : « En un mot, il faudrait arracher toutes les vignes plantées depuis 1709 dans tout le haut pays et dans la généralité de Bordeaux, à l'exception des graves du Médoc, des graves de Bordeaux et des côtes. » Projet éminemment utopique, dont l'application se serait heurtée à des difficultés insurmontables. « Tout le monde convient qu'il est nécessaire d'arracher, note un observateur vers 1725, mais personne ne voudrait commencer. » Le Conseil d'Etat, dans un arrêt du 27 février 1725, se borne à prohiber toute nouvelle plantation de vignes en Guyenne sans autorisation préalable de l'autorité monarchique, à peine de 3000 livres d'amende ; l'interdiction est étendue à l'ensemble du royaume le 5 juin 1731. Dans ses *Recherches sur la nature et les causes de la richesse des nations*, parues en 1776, l'économiste écossais Adam Smith analyse ainsi les raisons de ces mesures : « Le prétexte de cet ordre était le manque de blé et de pâturages, alors que sa véritable cause était le souci des propriétaires d'anciens vignobles de prévenir la plantation de nouveaux. » Les deux explications ne sont pas incompatibles.

« Laissez faire, laissez pousser »

Cette législation restrictive n'a pas manqué de soulever des plaintes et de susciter des objections. Les opposants ont trouvé un porte-parole éloquent en la personne de Charles Louis de Secondat, baron de La Brède et de Montesquieu, président au parlement de Bordeaux, que ses *Lettres persanes*, publiées en 1721, ont fait connaître de tout le royaume. En décembre 1726, Montesquieu a acquis de moitié, avec son confrère de l'Académie Sarrau de Boinet, dix hectares de landes à Pessac, confinant à Haut-Brion, dans le but de les complanter en vignes. Encore faut-il obtenir l'autorisation requise par l'arrêt de 1725, saisir à cet effet les bureaux de l'intendant Boucher. C'est au prédécesseur de celui-ci,

Lamoignon de Courson, devenu conseiller d'Etat, que préfère s'adresser Montesquieu : « Je voudrais en défricher une partie pour la planter en vigne. Le terrain est entièrement stérile et impropre à tout autre usage... Il est, je crois, utile de me donner permission de planter un fonds qui est de la même nature que ceux qui produisent du vin d'un très grand prix ; c'est une grâce que j'ai à demander, et je crois que la voie naturelle est, Monsieur, de m'adresser à vous. » Le requérant ne s'en tient pas là et, au début de 1727, rédige à l'intention du contrôleur général Le Pelletier un mémoire contre l'arrêt de 1725. Il y prend la défense de l'économie de marché et de la liberté des cultures. A ses yeux, l'interdiction de planter est inutile « parce que le propriétaire sait beaucoup mieux que le ministre si ses vignes lui sont à charge ou non » ; elle est en outre « pernicieuse », car elle avantage les provinces voisines au détriment de la Guyenne ; elle est enfin inopportune à une époque où, précisément, la clientèle étrangère s'est sensiblement accrue et les débouchés des vins de Bordeaux se sont largement ouverts. Et l'auteur de conclure par un plaidoyer *pro domo* : les fonds qu'il a acquis ne lui ont coûté que 60 livres ; il se fait fort, « par son travail, ses dépenses et son industrie », de les transformer en un vignoble de 400 000 à 500 000 livres : « Il semble qu'un pareil dessein ne devrait pas trouver d'obstacles de la part de l'Etat. » Voilà qui donne le ton de l'opposition des viticulteurs bordelais à l'arbitraire de l'intendant. Celui-ci, agacé d'avoir été mis à l'écart, défendra acerbement sa position auprès du ministre : « Le placet présenté par le sieur de Montesquieu [...] est contraire au bien de la province et du royaume [...] Je vous prie de me dispenser de répondre [...] et d'entrer en lice avec lui. Il n'a d'autres occupations que de chercher des occasions d'exercer son esprit. Pour moi, j'ai des choses plus sérieuses qui doivent m'occuper. »

En 1745, c'est Sarrau de Boinet qui revient à la charge dans un mémoire intitulé *Sur le projet de faire arracher les vignes dans la province de Guyenne.* Ce nouvel opposant donne au débat sa véritable dimension, celle de la commercialisation des récoltes. Les vins de Bordeaux, souligne-t-il, ne sauraient, à eux seuls, saturer un marché européen en pleine expansion. Pourquoi réduire un vignoble dont les produits attirent tant d'acheteurs étrangers ? Pourquoi les jeter dans les bras des Espagnols ou des Portugais, auxquels les Anglais ont appris « à faire le vin à la manière des Français » ?

Chronique d'un échec annoncé

A vrai dire, ces remontrances visent davantage le principe d'une législation restrictive que ses résultats concrets. Car l'interdiction de planter n'a pu venir à bout de la résistance des viticulteurs bordelais. L'intendant Boucher n'avait cependant pas lésiné sur les ordonnances d'application : leur répétition de 1725 à 1743 est un indice probant d'une effectivité douteuse. Tranchons le mot : Boucher a échoué. Il est vrai qu'il n'a guère été soutenu par ses propres subordonnés : certains, tel ce subdélégué du Médoc, accusé d'avoir converti en vignoble des fonds dans la palu de Bordeaux et à Saint-Laurent-et-Benon, s'autorisent des comportements qu'ils sont censés réprimer dans leur ressort ; des fonctionnaires vénaux accordent même des autorisations de planter « moyennant un louis d'or par arpent de terrain ». A son arrivée à l'intendance, Tourny s'efforce de frapper l'opinion par des mesures exemplaires. Dès 1745, il prescrit une enquête en Médoc où la colonisation viticole a été particulièrement intense depuis le début du siècle ; elle ne sera suivie que de minces effets : c'est à peine si, trois ans plus tard, une douzaine de contrevenants ont pu être identifiés, frappés d'amende et condamnés à arracher les complants effectués. En 1756, un an avant son départ de Bordeaux, Tourny met bas les armes, reconnaissant que « la fraude a été plus industrieuse que l'attention des surveillants, car, à cette date, il y a plus de vignes qu'en 1731 ».

Comment, d'ailleurs, espérer restreindre le

Double page suivante : *Le château d'Issan, sur son île artificielle entourée de douves, offre toujours l'image d'une maison forte. Le domaine est entièrement clos de murs. Un plan de 1759 montre que l'individualisation de chaque lieu s'effectuait encore par des enceintes. Les paysagistes classiques ouvrirent l'espace. L'appropriation s'effectua désormais par des relais visuels : alignements d'arbres, tours et autres édifices.*

vignoble alors que, dans le même temps, le système fiscal pousse à son extension ? Les modalités d'assiette de cet impôt direct qu'est la taille royale contredisent en effet l'action des intendants. En Bordelais, la taille est personnelle, c'est-à-dire qu'elle frappe chaque contribuable d'après l'ensemble de son revenu, sans tenir compte de la nature des biens et de l'origine de ses ressources. Une foule de privilégiés cependant y échappe. Certes, le pouvoir monarchique a limité la portée de ces exemptions : des édits de 1663 et 1667 ont fixé à quatre charrues la superficie que nobles et clercs peuvent faire valoir par eux-mêmes en immunité fiscale ; les bourgeois de Bordeaux bénéficient du même avantage pour une charrue, ce privilège ne devant théoriquement s'exercer que dans une paroisse. Mais les vignes ne tombent pas sous le coup de ces restrictions : leur culture est généralement pratiquée par le propriétaire lui-même, et donc en toute franchise de taille. De là le prodigieux développement des vignobles des privilégiés. En 1717, un intendant de Bordeaux le déplore avec amertume : « Ce qui fait la difficulté des recouvrements de l'Election de Bordeaux est que cette Election est entièrement perdue par la quantité des privilèges qui y sont, étant permis à tous les bourgeois de Bordeaux de faire valoir la quantité de vignes qu'ils jugent à propos, et toute cette Election ne consiste presque qu'en vignobles ; aussi, il n'y a dans les paroisses que des exempts, et la taille ne se paie que par les journaliers. »

Revirement

A la fin du règne de Louis XV, les idées physiocratiques se répandent dans l'administration, inspirant un train de dispositions visant à favoriser le progrès agricole. Sous l'impulsion du Contrôle général, et notamment de Marie-François d'Ormesson, directeur du département des impositions depuis 1756, le gouvernement de Versailles se préoccupe d'encourager les défrichements de « terres et landes incultes ». Aux exemptions fiscales accordées par la déclaration de 1766 vient s'ajouter, l'année suivante, l'allocation d'une subvention de 50 000 livres destinée à récompenser l'action des essarteurs en Guyenne. Apparemment, c'est la ruée : l'état des défrichements déclarés pour la période 1766-1768 recense près de 5000 hectares ; en réalité, c'est à peine si 40 % des superficies enregistrées ont été effectivement mis en culture.

Dans l'esprit des autorités, ces mesures incitatives ne visaient certes pas à accroître un vignoble déjà très étendu, mais bien à augmenter les labours et la production céréalière, voire les prairies artificielles. Objectif partiellement satisfait, car les Bordelais n'ont pas manqué, spécialement en Médoc, de saisir l'occasion pour étendre les plantations des ceps : simples retouches, au demeurant, à un paysage viticole dès lors très proche de celui d'aujourd'hui.

Propriété privée contre domaine public

Bien connue en ce qui concerne le parlement de Paris, la lutte entre le pouvoir royal et les cours souveraines n'a pas épargné la province. Elle a pris une intensité particulière à Bordeaux dont le caractère indépendant, la richesse et l'histoire ont fait un foyer permanent d'opposition. Parmi les sources de conflit, la plus grave est sans doute l'affaire des alluvions qui, pendant six ans, a profondément remué l'opinion publique, avant de se clore à Versailles par un lit de justice. Elle a amené le parlement de Bordeaux, qui combattait surtout pour sauvegarder ses privilèges, à se poser en défenseur de la propriété privée.

Les étapes du conflit

Tout commence avec un arrêt du Conseil du 5 juillet 1781 prescrivant la réunion au domaine de la Couronne de « tous les atterrissements, alluvions et relais » qui auraient pu avoir été usurpés « dans les rivières de Gironde et de Dordogne, et sur les côtes du Médoc depuis la pointe de la Grange jusqu'à Soulac ». A cette fin, les possesseurs actuels devront soumettre leurs titres à l'examen du grand maître des eaux et forêts de Guyenne ; les litiges éventuels relèveront de la compétence exclusive du Conseil. Voici donc les propriétaires des fonds riverains menacés d'être évincés des meilleurs vignobles des palus : à Bordeaux, c'est la consternation générale.

Le parlement, dont plusieurs des membres étaient personnellement concernés, réagit avec vigueur : le 3 mai 1782, il adresse au roi des remontrances pour le faire revenir sur sa décision ; simultanément, la cour ordonne de surseoir à l'exécution de l'arrêt incriminé, jusqu'à ce qu'il plaise au roi d'expliciter ses intentions. Cette opposition manifeste à ses volontés, doublée d'une ingérence dans le fonctionnement de l'administration, et d'une façon outrageuse de douter des décisions prises, ne pouvaient laisser le souverain insensible. Le 31 octobre 1783, le Conseil est de nouveau saisi de l'affaire : il rejette le sursis à exécution prononcé par le parlement et maintient les termes de son précédent arrêt. L'entêtement de la cour ne cesse pas pour autant : le 21 avril 1784, elle réitère ses remontrances, et en attendant « que sa Majesté se soit expliquée de manière légale sur les droits prétendus par les administrations du domaine », interdit derechef de procéder à l'exécution de l'arrêt de 1781. Il est clair qu'aucune des parties ne cédera sinon contrainte. Au point où en sont les choses, il faut une solution rapide. Un nouvel arrêt du Conseil casse, le 13 octobre 1785, celui du parlement ; ses dispositions sont confirmées par les lettres patentes du 14 mai 1786, dont le roi ordonne l'enregistrement : c'est le commandant en chef de la basse Guyenne, le comte de Fumel, qui est chargé d'y tenir la main. Le parlement s'exécute le 30 mai. Soumission de bien courte durée : non seulement l'enregistrement est annulé à peine effectué, mais un nouvel arrêt reprend à l'identique les thèses pourtant censurées par le roi.

Ulcéré par cette résistance opiniâtre, le gouvernement a recours à une procédure exceptionnelle : il convoque le parlement à Versailles. Près de cent magistrats n'hésitent pas à faire le voyage, amenant avec eux, outre les archives de l'affaire, de nouvelles remontrances. Le 29 juillet 1786 se déroule, en présence de Louis XVI, l'imposant cérémonial du lit de justice. Le parlement doit s'incliner, ses remontrances sont rejetées, ses arrêts biffés de ses propres registres. Le souverain, non sans peine, a imposé sa volonté : triomphe modeste, au demeurant, car, on va le voir, de pure forme.

Une victoire à la Pyrrhus

Ramener à la propriété publique des terres qui lui ont indûment échappé, telle est, de prime abord, l'origine de l'affaire des alluvions. Mais une louable considération peut s'accommoder de visées plus intéressées. Il n'est pas rare que des particuliers allèguent l'appartenance d'un bien-fonds au domaine dans le dessein, une fois l'occupant évincé, d'en obtenir concession à leur profit. Tel est le cas d'espèce. En 1782, une lettre de la duchesse de Lesparre, alors de séjour à Paris, dénonce la « cupidité » de certains individus « qui font ici mouvoir le domaine et jeter l'alarme [...] dans une province entière [...] dans la seule vue de s'enrichir eux-mêmes des dépouilles d'autrui ». Plus précis, le baron de Staël, ambassadeur de Suède, estime que le « vrai motif » de cette affaire « fut l'intérêt de quelques personnes de la Cour », la famille de Polignac, le comte de Vaudreuil et leurs amis, qui voulaient « se faire adjuger les alluvions de la Garonne ». Le bruit courait même à Versailles que les Polignac avaient formé une « compagnie » pour exploiter les vignes du Médoc. On conçoit les inquiétudes des viticulteurs bordelais. Ils peuvent heureusement compter sur un protecteur zélé, déterminé à « empêcher qu'on abuse du nom du roi pour vexer ses sujets et leur enlever leurs propriétés ». Le parlement a résisté six ans. Les raisons, il est vrai, ne lui ont pas manqué : désir d'apaiser le trouble occasionné dans la région ; souci évident de popularité d'une cour attentive à rallier l'opinion à son parti ; volonté de rétablir une compétence judiciaire menacée par les empiètements du Conseil. Ajoutons qu'en défendant les propriétaires, les magistrats se défendent eux-mêmes : ne possèdent-ils pas maints domaines dans les palus ? Quelles que soient d'ailleurs les raisons de son attitude, le parlement apparaît comme le champion des libertés locales contre la centralisation administrative. Là est la source de son prestige aux yeux des Bordelais.

Confiance bien placée, car en opposant aux prétentions royales une ferme argumentation, appuyée sur le droit romain comme sur le droit français, la cour finira par avoir gain de cause. Sans contester la domanialité des « grandes rivières », elle soutient que « la propriété publique se réduit à l'eau, au terrain sur lequel elle coule, aux îles qui se forment dans le sein de la rivière » ; il est, en revanche, abusif de l'étendre à l'alluvion qui « appartient aux propriétaires du fonds auquel elle est accrue ». Si, en la forme, le parlement a dû se soumettre à l'autorité monarchique, sur le fond, le gouvernement s'est rendu à ses arguments : les lettres patentes du 28 juillet 1786, consacrant sa doctrine, reconnaissent que les alluvions ne peuvent « appartenir à d'autres qu'aux propriétaires des fonds adjacents à la rive desdites rivières ». La solution sera d'ailleurs reprise par l'article 556 du Code civil.

Double page précédente : *Entre 1717 et 1724, Alexandre-Eutrope de Lur Saluces restructure le domaine de Malle, à Preignac, selon les nouvelles idées du temps. Le cœur du domaine se compose d'une résidence flanquée de communs auxquels s'ajoutent de somptueux jardins. En dessinant la demeure, le maître des lieux prit soin de ne pas oublier deux grosses tours couvertes de dômes qui rappellent fortement son appartenance à la noblesse d'épée.*

Les privilèges des vins

L'avènement de la qualité n'a pas émoussé l'attachement des Bordelais aux privilèges sur lesquels, des siècles durant, a reposé la prospérité du commerce des vins. « Vous connaissez, écrit en 1722 l'intendant Esmangard au contrôleur général, l'intérêt que mettent les habitants de la sénéchaussée de Guyenne au maintien des anciens usages. » Parmi leurs plus fermes zélateurs figurent assurément les parlementaires, ces grands seigneurs vignerons attentifs à préserver la production locale de la concurrence et de la fraude. Quoique malmené à la fin de l'Ancien Régime, puis supprimé à la Révolution, le protectionnisme bordelais n'en a pas moins imprimé des marques tenaces sur les paysages viticoles de l'arrière-pays.

Le protectionnisme bordelais

En vertu d'antiques privilèges dont l'émergence a été retracée, seuls ceux qui résident à Bordeaux ont la faculté d'y introduire librement leurs vins. Un règlement des jurats de 1759 précise que « les seuls bourgeois, manants et habitants de la ville et faubourgs y faisant leur résidence habituelle avec leur famille pendant six mois au moins de chaque année [...] pourront faire entrer dans ladite ville et faubourgs les vins de leur cru ». Encore faut-il distinguer entre le débit des vins et leur entrée à Bordeaux : celle-ci est ouverte à tous les habitants sans discrimination, à condition toutefois que les vins aient été recueillis dans les limites de la sénéchaussée. Mais les titulaires de lettres de bourgeoisie bénéficient d'un privilège supplémentaire qui les autorise à faire débiter leurs vins par priorité. Ils sont en outre assurés de le faire dans les meilleures conditions, puisqu'ils jouissent d'un tarif de faveur au regard des taxes perçues par l'administration municipale sur les vins vendus en taverne, les fameux « droits d'échats » (ou d'Issac) : 9 pots par barrique seulement en 1776, contre 18 pour les simples habitants, chaque pot étant compté à 1% de la valeur. Voilà un excellent moyen d'écouler à bon compte une récolte de qualité médiocre, qui aurait trouvé difficilement preneur à l'exportation. Aussi, le titre de bourgeois est-il fort prisé, y compris des « seigneurs des vignes » : un arrêt du parlement de 1762 en témoigne assez, qui étend ces avantages à tous ses magistrats « tant officiers effectifs que vétérans, et les veuves desdits Messieurs ». A la fin de l'Ancien Régime, « l'exemption bourgeoise » profite à quelque 3000 personnes, nobles, clercs ou roturiers, dont les noms sont consignés dans un registre soigneusement tenu à jour.

Le second volet du privilège de Bordeaux vise à écarter la concurrence : on sait que la ville est en droit d'interdire la descente par la Garonne des vins récoltés en dehors de la sénéchaussée avant la Saint-Martin pour ceux du Languedoc, avant Noël pour ceux du Périgord, de l'Agenais, du Quercy et de la haute Guyenne. Tous ces vins dits du « haut pays » doivent impérativement être emmagasinés dans les chais du « faubourg des Chartrons, depuis l'esplanade du château Trompette jusques à la rue du Saint-Esprit ». Leur séjour dans ces entrepôts ne peut dépasser le 8 septembre : à cette date fatidique, tout vin « étranger » doit avoir été retiré, ou converti en eau-de-vie, à peine de confiscation. En tout temps, d'ailleurs, l'entrée et la consommation dans la ville du vin cru hors de la sénéchaussée sont sévèrement prohibées. Aux aspects que nous avons retracés, l'édit d'abolition d'avril 1776 ajoute que les vins du haut pays « doivent être renfermés dans des futailles d'une forme particulière, dont la jauge est moins avantageuse pour le commerce étranger. Ces futailles, reliées avec des cercles en moindre nombre et d'un bois moins fort, sont moins durables et moins propres à soutenir les voyages de long cours, que les tonneaux affectés exclusivement aux vins de Bordeaux. »

Les parlementaires tiennent la main à la stricte observation de ces règlements avec toute la passion de gens qui, propriétaires eux-mêmes de vignes, ont un intérêt vital à conserver aux produits bordelais la meilleure place sur le marché. La cour intervient constamment pour régir le commerce : d'où des heurts inévitables avec ceux qui l'animent. Il est vrai que les magistrats ont été d'utiles protecteurs pour le négoce et que d'étroites relations unissent les deux corps, fortifiées par les alliances matrimoniales et la nécessité des affaires : les « seigneurs des vignes » ne dépendent-ils pas des négociants pour l'écoulement de leurs récoltes ? Mais la solidarité d'intérêts n'exclut pas les conflits. Deux exemples en témoignent, qui renseignent en même temps sur les pratiques commerciales de l'époque.

La route du Médoc

Vers le milieu du siècle, les grands propriétaires combattent avec énergie le projet de construction d'un « grand chemin » destiné à relier la capitale de la Guyenne aux avant-ports de Pauillac et du Verdon « et autres situés sur la côte du Médoc ». Les négociants bordelais, appuyés par l'intendant Tourny, font valoir les avantages qu'en retirerait le commerce : cette voie de communication permettrait de pallier les dangers de la navigation sur la Gironde, que « les navires d'une certaine grandeur » hésitent à remonter au-delà de Pauillac. « Alarmés », les propriétaires soulignent, dans un mémoire au garde des Sceaux de mai 1752, que ces travaux entraîneraient des frais immenses, sans parler des dégâts occasionnés à leurs précieux vignobles. Pour eux, « le vrai chemin est la rivière de Garonne ». D'ailleurs, les marchands ou leurs courtiers qui vont goûter les vins ont-ils besoin d'une route de quarante pieds de large ? A ce compte, on « mettrait tout le Médoc en grand chemin ». Et pour faire bonne mesure, on met en cause l'intendant, accusé de « chercher à creuser des abîmes pour y engloutir les impositions ». Parmi les signataires figurent les noms de plusieurs membres de l'aristocratie, au nombre desquels Dalesme, Dessenaut, Leberthon, Pontac, Villeneuve, Brassier, Candale, Ségur, Castelnau, Fumel, Arche. Prié de se justifier, Tourny laisse entendre, dans une lettre adressée à Trudaine le mois suivant, que cette opposition vise probablement à empêcher les négociants de découvrir les vins des petits vignerons, que les grands propriétaires achètent sans doute eux-mêmes à bas prix pour compléter leur production. La visite à cheval d'un courtier était la bienvenue, mais pas celle d'un fourgon allant de chai en chai. A en juger par les rapports ultérieurs « sur la situation des chemins de Bordeaux dans le Médoc », il semble bien que le projet ait été abandonné.

La police des vins

En 1764, une violente querelle oppose chambre de commerce et parlement à propos d'une série d'arrêts relatifs à la police des vins de Guyenne. La cour a institué, sous le nom de Bureau de la grande police, une commission chargée de rechercher les abus de tous ordres, d'arrêter des résolutions sur lesquelles se prononceront les chambres assemblées. Ce faisant, les magistrats n'innovent guère : en 1739 déjà, le parlement avait édicté un véritable code pour le commerce des vins ; tous les anciens privilèges s'y trouvaient sanctionnés. En 1758 encore, il s'était prononcé contre l'introduction à Bordeaux des vins étrangers. En 1763 et 1764, la lutte contre les « abus » prend un tour culminant : on ordonne d'étamper les barriques au nom du cru et au nom du propriétaire ; on renouvelle l'interdiction de mêler les vins du pays avec ceux d'Espagne, chose « pernicieuse au corps humain et destructive de la santé » ; on s'attaque aux spéculations des marchands en députant des commissaires pour inspecter leurs chais.

Ce zèle « réformateur » a pu être inspiré par la volonté de mettre fin à des pratiques dangereuses pour la réputation du bordeaux ; il va susciter un conflit ouvert avec le négoce. Des vins suspects de coupage ont été saisis chez des commerçants anglais des Chartrons. L'un des leurs, Thomas Barton, vient protester en leur nom devant la chambre de commerce ; il a l'appui des Hollandais de Bordeaux, rejoints par les principaux expéditeurs français, écossais et irlandais de la place. Un mémoire est adressé au Conseil du roi pour obtenir réformation des décisions qui les frappent. On y proteste contre les soupçons de fraude qu'exprime le parlement à propos des coupages. Les falsifications ne concernent tout au plus

La police des vins selon Turgot

Ministre des Finances de Louis XVI, Turgot est à l'origine de l'abolition des privilèges de Bordeaux, dont il expose les dispositions essentielles dans le préambule de l'édit d'avril 1776 :

« Le Languedoc, le Périgord, l'Agenais, le Quercy, et toutes les provinces traversées par cette multitude de rivières navigables qui se réunissent sous les murs de Bordeaux, non seulement ne peuvent vendre leurs vins aux habitants de cette ville qui voudraient les acheter, mais ces provinces ne peuvent pas même profiter librement, pour les vendre aux étrangers, de cette voie que la nature leur offrait pour communiquer avec toutes les nations commerçantes. Les vins du Languedoc n'ont pas la liberté de descendre la Garonne avant la Saint-Martin ; il n'est pas permis de les vendre avant le premier décembre. On ne souffre pas que ceux du Périgord, de l'Agenais, du Quercy, et de toute la haute Guyenne, arrivent à Bordeaux avant les fêtes de Noël. Ainsi, les propriétaires des vins du haut pays ne peuvent profiter, pour les vendre, de la saison la plus avantageuse, pendant laquelle les négociants étrangers sont forcés de presser leurs achats pour approvisionner les nations du Nord avant que les glaces en aient fermé les ports. Il n'ont pas même la ressource de laisser leurs vins à Bordeaux pour les y vendre après un an de séjour : aucun vin étranger à la sénéchaussée de Bordeaux ne peut rester dans la ville, passé le 8 septembre [...].

Par cet arrangement, les vins de Bordeaux n'ont à craindre aucune concurrence pendant tout l'intervalle qui s'écoule depuis les vendanges jusqu'au mois de décembre. Depuis cette époque même du mois de décembre jusqu'au 8 septembre de l'année suivante, le commerce des vins du haut pays gémit sous des entraves multipliées. Les vins ne peuvent être vendus immédiatement à leur arrivée: il n'est pas libre de les verser de bord à bord, dans les vaisseaux qui pourraient se trouver en chargement dans ce port, ou dans quelque autre port de la Garonne. Il faut nécessairement les décharger et les entreposer, non pas dans la ville de Bordeaux, mais dans un faubourg, dans un espace déterminé de ce faubourg, et dans des celliers particuliers où il n'est pas permis d'introduire des vins du territoire de Bordeaux. Les vins étrangers à ce territoire doivent être renfermés dans des futailles d'une forme particulière, dont la jauge est moins avantageuse pour le commerce étranger. Ces futailles, reliées avec des cercles en moindre nombre [...] sont [...] moins propres à soutenir les voyages de long cours, que les tonneaux affectés exclusivement aux vins de Bordeaux.

L'exécution de cet assemblage de règlements, combinés avec le plus grand art pour assurer aux bourgeois de Bordeaux [...] l'avantage de vendre leur vin plus cher, au préjudice des propriétaires de tous les autres vignobles des provinces méridionales [...] s'appelle, dans cette ville, la police des vins. »

que les vins de Bergerac et de Sainte-Foy, qu'on mixtionne habituellement avec du sucre et du sirop pour les adoucir et satisfaire ainsi la demande hollandaise. Il est vrai que, depuis quelques années, on s'est mis à remonter des bordeaux par des *benicarlo* espagnols, ce qui a fait singulièrement augmenter les exportations pour l'Irlande. Le parlement entend prohiber ces coupages exigés par le goût des consommateurs: ils s'opéreront tout de même, mais à l'étranger, et donc au détriment du commerce local. « Si nos magistrats étaient payés par nos rivaux, ils ne pourraient pas les servir plus à souhait. » D'ailleurs, n'a-t-on pas de tout temps mélangé les vins de la sénéchaussée

Page suivante : *Margaux était déjà l'un des crus les plus réputés du Médoc lorsqu'en 1810 l'architecte Louis Combes, assisté du paysagiste Catros, conçut ce véritable palais à la campagne pour le marquis Douat de la Colonilla. Célèbre est l'image de sa façade palladienne s'élevant dans la lumière au bout d'une longue allée de platanes. Mais de part et d'autre, les communs, masqués par des écrans végétaux, sont tenus à l'écart : sur le plan du domaine en 1816, la demeure est représentée seule, triomphante. Même fort beaux, les chais, n'étant que nécessité, doivent s'effacer. Margaux est un palais dont l'image ne s'accorde pas avec le trivial.*

les uns avec les autres ? Les Hollandais veulent des blancs d'Entre-deux-Mers corsés par des barsacs ou des sauternes ; les Espagnols sont amateurs de rouges clairs de couleur : on leur sert des vins de palus coupés de vins blancs ; pour l'Ecosse et l'Irlande, on renforce les graves et les médocs avec les queyries et les montferrands ; et quand la production bordelaise est médiocre, on la « corrige » avec des vins du Quercy, de l'Hermitage, ou d'Espagne. L'étampage des barriques lui-même risque de causer préjudice aux propriétaires : les vins, soutient le mémoire, sont connus à l'étranger sous un petit nombre de dénominations ; leur multiplication déroutera les acheteurs. Argument discutable : les correspondances commerciales attestent que les clients extérieurs identifient parfaitement les paroisses productrices.

Si l'administration monarchique n'a pas donné suite à ces doléances, le « travail à l'anglaise » n'en disparaît pas pour autant. Le négoce des Chartrons continue à expédier des produits savamment étudiés, préfigurant ceux des grandes marques commerciales du XXe siècle.

LA LIBERTÉ DU COMMERCE DES VINS

Montée des périls

La « police des vins » revêt d'autres facettes : reprenant une réglementation de la fin du XVIe siècle, deux arrêts du parlement de 1772 et 1773 déterminent les dimensions de la barrique bordelaise ; elle doit dorénavant contenir 100 pots, soit une capacité de l'ordre de 225 à 228 litres ; toute infraction, qu'elle émane des fabricants ou des utilisateurs, sera sévèrement réprimée. La défense de la viticulture passe encore par des allégements d'impôts. Soutenant que les charges du propriétaire se sont accrues bien plus vite que le prix du vin, la cour s'érige en champion de la résistance à une fiscalité « oppressive », proteste contre le maintien des vingtièmes, la lourdeur des taxes à la consommation, les octrois. Mais c'est surtout la défense du privilège commercial de Bordeaux qui obsède les esprits. Il est vrai que sur lui les nuages s'amoncellent. Les restrictions qu'il impose à l'exportation des vins du haut pays ont déjà suscité maintes procédures. Constamment du Quercy, du Périgord, du Languedoc, monte vers la Couronne un torrent de protestations qui ne laisse pas le gouvernement insensible. Les intendants, de leur côté, se gardent bien de l'attaquer de front. Tourny, qui s'y était essayé, a dû quitter Bordeaux. Comme l'écrit son fils, qui lui a succédé à la généralité de Guyenne : « Les vins sont une matière si délicate dans cette province qu'on ne peut y toucher sans exciter une fermentation générale. » Mais leurs rapports aux autorités supérieures sont unanimes à dénoncer le caractère exorbitant d'un privilège dont rien, pas même l'intérêt des Bordelais, ne justifie le maintien. Inquiet d'un affrontement avec le parlement, le ministère temporise : « Il faut laisser à l'avenir le soin de proclamer en Guienne la liberté du commerce des vins. » En 1773 encore, le président de Gascq affirme au gouverneur Richelieu : « Soyez sûr que le parlement se fera plutôt anéantir que de souffrir la descente des vins de haut. »

Le coup de force de Turgot

Trois ans plus tard, les événements ont marché. En août 1774, Turgot est devenu contrôleur général des finances. Dès le mois d'avril suivant, un arrêt du Conseil lève l'interdiction de séjour des vins du haut pays dans le port de Bordeaux après le 8 septembre ; mesure partielle et temporaire, mais qui annonce une décision de plus grande portée. Le moment semble propice : le parlement, absorbé par ses conflits internes, est mal placé pour résister. Le 12 avril 1776, l'édit sur les vins est publié.

Son long préambule développe les thèses chères à l'école physiocratique : la prospérité publique « a pour premier fondement la culture des terres, l'abondance des denrées et leur débit avantageux ». Celui-ci ne peut naître « que de la plus entière liberté des ventes et des achats ». Le commerce des grains vient d'être libéré ; au tour de celui des vins, qui sont « la seconde richesse du royaume ». Dans les provinces méridionales, « la prohibition réciproque du débit des vins appelés étrangers est devenue d'un usage presque universel ». Cet « esprit exclusif » ne se rencontre nulle part mieux qu'à Bordeaux : là, un « assemblage de règlements combinés avec le plus grand art » assure à quelques-uns l'avantage de vendre leur vin plus cher, au préjudice des propriétaires des autres vignobles, au préjudice aussi des consommateurs des autres provinces, au préjudice enfin des commerçants et du peuple de la cité ; cette « police des vins s'exerce par les jurats, sous l'autorité du parlement». Bordeaux «ne peut avoir de véritable intérêt à la conservation d'un privilège qui, pour l'avantage léger et douteux de quelques propriétaires de vignes, tend à restreindre et à diminuer son commerce». Le «bien général du royaume», comme «l'avantage réel» de la ville, en imposent l'anéantissement.

En conséquence, l'édit proclame la libre circulation des vins dans tout le royaume. Toutes les restrictions relatives à leur transport, leur entrepôt ou leur débit sont abolies. La barrique bordelaise n'est plus l'apanage des produits locaux; les droits de bourgeoisie disparaissent; c'est l'abolition pure et simple du privilège des vins.

Défense et rétablissement du privilège

L'édit est enregistré dès le 24 avril par le parlement de Toulouse et celui de Roussillon; Grenoble suit le 2 mai. La cour de Bordeaux, il fallait s'y attendre, décide de présenter au roi des remontrances. Mais celles-ci tardent à venir, car les magistrats ont d'autres tracas: en leurs rangs, la réforme Maupéou a creusé les divisions et le parlement s'enlise dans des querelles intestines. Lorsque lui parviennent les lettres de jussion prescrivant d'enregistrer l'édit, le voici pris au dépourvu. Et c'est en même temps qu'il s'exécute, le 3 septembre, qu'il rédige en toute hâte ses observations, datées du 31 août pour les besoins de la cause. Réaction trop tardive pour être suivie d'effet. Les intrigues de Versailles et la ténacité de la Jurade ont été plus efficaces.

Dès le mois de mai, Louis XVI a laissé partir Turgot et déjà la chute du ministre a sonné le glas de plusieurs de ses réformes. Voici venu le tour de l'édit sur les vins. Les autorités municipales ont présenté une requête au roi. Le prétexte est fourni par la situation des finances de la ville: elles ont lourdement pâti de la liberté de circulation des grains; celle des vins risque irrémédiablement de les compromettre. Il n'est certes pas question, du moins «quant à présent», de revenir entièrement au passé : les habitants du haut pays ont demandé la faculté, en tout temps et saison, de faire entrer leurs vins dans le port de Bordeaux, de les en exporter ou de les y conserver à leur gré. L'édit d'avril 1776 leur a accordé ce droit: qu'ils le gardent. En revanche, l'intérêt du «commerce et des habitants de Bordeaux» commande aux jurats de réclamer le rétablissement des «usages, coutumes et règlements relatifs tant à la jauge des barriques, qu'à l'entrepôt des vins des provinces étrangères dans les lieux désignés à cet effet». Ils sollicitent également la restitution aux bourgeois de leurs anciens privilèges.

L'arrêt du 24 novembre 1776, les lettres patentes du 30 novembre suivant, leur donnent satisfaction. Le 12 octobre 1785, de nouvelles lettres prorogent l'effet des précédentes pour une durée de neuf ans, terme que les événements feront expirer avant l'heure, et cette fois sans espoir de retour.

La fin d'un monde

L'enthousiasme patriotique de la nuit du 4 août 1789 a aboli tous les privilèges des pays et des villes. Mais longtemps encore ces coutumes enracinées ont fait sentir leurs effets. Il faudra que l'Assemblée générale du département de la Gironde invite, dans sa séance du 10 décembre 1790, la municipalité bordelaise à faire une proclamation solennelle pour lever tout doute à l'endroit de la suppression de la police des vins.

A la suite d'une délibération du conseil général de la commune, réuni le lendemain même, le procureur syndic de Bordeaux publiera, le 31 décembre 1790, un texte empreint d'un libéralisme indiscutable: «Déjà vous avez été autorisés par une délibération du Conseil du département [...] à ouvrir les portes de la ville aux vins recueillis dans toute l'étendue de l'Empire. Cette ligne de démarcation qui séparait notre cité des campagnes qui l'avoisinent, qui l'isolait en quelque sorte du milieu de la France entière, cette semence de division et de jalousie entre des hommes également libres [...] n'existent plus, et sans doute nous verrons disparaître ainsi pour toujours les tristes et funestes effets qu'elles avaient produits.»

Double page suivante : *Dans les palus, ces terres humides en bordure des fleuves, subsistent des « châteaux » qui furent ou sont encore viticoles. Certains, comme le château Plaisance à Macau, allient la pureté architecturale de la fin du XVIIIe siècle à une parfaite fonctionnalité : les chais se situent au-dessous de l'étage d'habitation, les bâtiments d'exploitation résident dans les ailes qui ferment la cour.*

Ainsi s'effondrent, après une existence multiséculaire, et aux applaudissements chaleureux des Bordelais eux-mêmes, les derniers vestiges de leurs privilèges.

Mais bien que disparu, l'ancien régime viticole se survit en quelque sorte à lui-même : il s'est exercé depuis trop longtemps, et sur un trop vaste espace, pour qu'il soit possible d'en effacer instantanément les effets. Il a imprimé à la géographie viticole du Bassin aquitain nombre de traits singuliers, étonnamment différents de ce qu'une étude des possibilités naturelles aurait laissé attendre. La plus frappante de ces anomalies, encore actuelle, est l'effacement de la production de qualité en amont de Saint-Macaire, en des régions que pourtant la qualité des sols et les conditions climatiques prédisposaient à fournir de grands vins. Seuls les vignobles de Bergerac, Cahors et Gaillac ont réussi à soutenir une réputation acquise dès le Moyen Age. Le protectionnisme bordelais a amené nombre de viticulteurs du haut pays à s'orienter vers d'autres activités, les uns vers la distillation des eaux-de-vie d'Armagnac, d'autres vers la plantation d'arbres fruitiers, ou vers la production de raisins de table comme le chasselas de Prayssas et de Moissac. Aussi n'est-il pas exagéré d'affirmer que le privilège de Bordeaux a contrarié, près de six siècles durant, l'expansion viticole du grand Sud-Ouest.

Etat des paroisses d'où viennent les vins de la sénéchaussée de Bordeaux et leur différence de prix (1770)

VINS DE GRAVES

Premiers crus			Par tonneau.	
Pessac, où sont les crus de Pontac	15	à	1,800	livres
Nota. - Ces vins se sont vendus jusqu'à 2,500 livres le tonneau				
Autres crus de la même paroisse	8	à	1,200	-
Mérignac	4	à	800	-
Seconds crus				
Talence, Loignan	3	à	400	livres
Gradignan, Caudeyran	2	à	300	-
Bègle			200	-
Troisièmes crus				
Poudensac, Virelade, Portets, Castres, Arbanats, Beautiran, Martillac, Aygues-Mortes, Ayran, Cadaujac, Bouscat, Canéjan, Eysines			150	livres

VINS DU MÉDOC

Premiers crus				
Pauillac, Margaux	15	à	1,800	livres
Saint-Lambert, Cantenac, Saint-Seurin-de-Cadourne, Saint-Julien	8	à	1,200	-
Seconds crus				
Soussan, Labarde			600	livres
Agassac	4	à	500	-
Arsac, Arsins			400	-
Listrac, Moulis, Saint-Laurent, Saint-Estèphe, Le Pian, Macau, Ludon, Taillan	3	à	400	-
Troisièmes crus				
Les vins de troisièmes crus se vendent tous	120	à	150	livres

VINS APPELÉS DE PALUS

Premiers crus				
Queyries	3	à	400	livres
Montferran, Lassouï, Ambès	2	à	300	-
Seconds crus				
Fronsadais, Vayres, Quinsac, Isle-Saint-Georges, Cadaujac, Bègle, palus de Bordeaux, Parampuyre, Saint-Macaire, Macau, Ludon, Lormond, Floirac, Cenon, Melac, Bouliac, Artigues, Rouffiac, Latresne, Cenac, Haux, Le Tourne, Quinsac, Camblanes, Baurech, Cambes, Langoiran, Lestiac, Riom, Cadillac, Bénauges	150	à	200	livres

VINS BLANCS

Barsac, Preignac, Langon, Sainte-Croix-du-Mont, Sauternes, Céron, Bommes, Pujols, Blanquefort			300	livres
Gradignan	250	à	300	-
Poudensac	150	à	200	-
Vingt paroisses dont les vins se vendent de	120	à	150	-

et trente-six dont les vins se convertissent en eau-de-vie.
Ces derniers sont les vins appelés d'Entre-deux-Mers.

	LIBOURNE	SAINT-ÉMILION
Castillon		
Coutras	Les vins de ces crus se chargent	Ce vin se vend
Blaye	à Libourne et à Blaye.	ordinairement à l'intérieur
Bourg		du royaume
Cubzagais		

Extrait de Henri Kehrig, *Le privilège des vins à Bordeaux*, Bordeaux, 1886, p. 77-79.
(Orthographe et typographie originales)

Ombres et lumières d'une réussite

Après l'âge d'or du XVIIIe siècle, le vignoble bordelais connaît la tourmente économique de la Révolution. Il entre dans une ère troublée où alternent phases de dépression et périodes d'intense prospérité. Sa clientèle étrangère traditionnelle lui fait parfois défaut, ce qui engendre crises et récessions. Cette situation a cependant l'avantage de lui faire découvrir peu à peu les marchés de l'intérieur, notamment le marché parisien ou celui de la France du Nord, industrialisée et urbanisée. Longtemps vignoble atlantique lié à ses marchés par la seule voie maritime, le Bordelais, grâce au chemin de fer, s'intègre tardivement à l'économie nationale. Paradoxalement, le vin de Bordeaux, de boisson anglaise à l'origine, puis internationale, n'est devenu le breuvage des Français qu'au XIXe siècle.

Dans le même temps s'annoncent de profondes transformations techniques et juridiques : la viticulture bordelaise y occupera une place de premier plan. Dans la lutte contre les maladies cryptogamiques, dans la sélection des cépages, dans certains modes de vinification, dans la mise au point de systèmes de définition et de protection juridique, le Bordelais – plus que tout autre vignoble sans doute – a joué un rôle de pionnier, voire de modèle et de référence universelle.

Page précédente : *Les châteaux du Bordelais stockent leurs vieux millésimes dans des chais souterrains où la lumière est rare, la température fraîche et constante, le calme absolu… Ici les chais de Lafite-Rothschild, construits au XVIIIe siècle.*

Ci-dessus : *A Lafite, des caveaux abritent des vins bicentenaires. Inestimables trésors sans doute, si l'on sait qu'une bouteille de Lafite de 1797 a récemment obtenu une enchère millionnaire chez Christie's : il faut dire qu'elle portait les initiales de Thomas Jefferson !*

VERITAS

Du désastre révolutionnaire à la fête impériale

(1789-1880)

La date fétiche du 14 juillet 1789 – qui sert à délimiter les temps modernes de l'époque contemporaine – ne semble pas constituer de prime abord une charnière particulièrement nette pour le Bordelais viticole (c'est-à-dire le monde de la campagne et celui du négoce urbain). Dans la France des provinces lointaines, les phénomènes politiques et sociaux parisiens ne se répercutent qu'avec inertie et les vignes fructifient toujours malgré les poussées révolutionnaires. Pourtant apparaissent des temps nouveaux. Les récoltes de 1788 et 1789 furent disetteuses ; les volumes de vins exportés s'en ressentirent (60 000 tonneaux de 9 hectolitres), accentuant ainsi un déclin sensible depuis 1766, dû surtout à la forte chute des expéditions vers les colonies. Tout ceci n'était encore que peu de choses par rapport aux profonds bouleversements économiques et sociaux dérivés de la Révolution et de l'Empire.

Le temps des épreuves (1790-1855)

Un transfert foncier sans précédent

La Révolution a pris rapidement un visage anti-nobiliaire et anti-religieux en s'attaquant aux privilèges et aux biens de l'aristocratie et du clergé. Or la grande propriété féodale s'était fortement développée en Bordelais. Surtout elle s'était spécialisée dans la production des grands vins. Nombre de propriétaires, d'ancienne ou de nouvelle noblesse, furent plus ou moins rapidement considérés comme ennemis de la Révolution. On les priva de leurs domaines, qui furent vendus aux enchères et par le fait même souvent démembrés. La géographie de ces ventes montre le poids de la ceinture viticole de Bordeaux, tant aux deux extrémités du Médoc qu'au nord des Graves, qu'en proche Entre-deux-Mers (Ambarès, Saint-Loubès),

Page précédente : *La salle à manger d'un château en Médoc est le lieu de culte où l'on communie dans la religion des grands vins. Celle de Ducru-Beaucaillou – décorée par les puissants négociants des Chartrons qui rachetèrent le domaine en 1866, les Johnston – témoigne des fastes fin de siècle d'un grand cru classé.*

ou en Fronsadais, zones effectivement caractérisées par la fréquence de la grande propriété. Maintes familles, spoliées et même inquiétées, n'ont trouvé leur salut que dans l'exil, grossissant ainsi les effectifs de l'émigration.

La réelle importance des transferts fonciers doit-elle être assimilée à un désastre économique ? Le changement de mains ne signifiait pas un arrêt systématique de la production viticole ni de sa qualité. L'étude de l'état des nouveaux acquéreurs tend à le prouver. Dans le district de Libourne par exemple, les acheteurs les plus nombreux (plus de 300 !) sont des laboureurs, des cultivateurs, des tonneliers, accessoirement des artisans ; souvent déjà propriétaires (et même mitoyens), ils ont trouvé là une occasion inespérée d'arrondir leurs biens. Moins nombreux, mais tout aussi gros acquéreurs, des membres du négoce et de la marchandise, voire de la basoche, profitent de la situation pour reconstituer d'anciens domaines aristocratiques. Tel est le fait majeur : on observe un changement de qualité des propriétaires – par le passage du domaine nobiliaire dans celui des bourgeois – plus qu'une véritable révolution agraire.

De plus, malgré l'étendue des propriétés confisquées, celles-ci ne dépassent que bien rarement le dixième des surfaces cultivées dans les paroisses. Et dans ces superficies, beaucoup de pièces sont en bois, en landes et même – particulièrement en Médoc septentrional – en marais où il n'y eut jamais de vigne. Ajoutons que, dans certains secteurs, les révolutionnaires n'ont pas eu le loisir de procéder réellement aux saisies et aux ventes : ils n'ont pu dresser que des inventaires, comme en Sauternais où la résistance de l'aristocratie et de ses alliés a été apparemment très forte. Signalons enfin – cela n'est pas original au Bordelais – un vaste trafic de biens nationaux rachetés par des prête-noms. Une fois passée la tornade anti-nobiliaire, ces derniers se sont empressés – de gré ou de force, par accords tacites ou écrits et moyennant quelques gratifications – de rétrocéder les terres à leurs anciens propriétaires.

Les malheurs du négoce

Aussi est-ce davantage sur le plan commercial que le Bordelais viticole a eu à souffrir – et durablement – de la Révolution. Car celle-ci n'a pu arrêter les guerres qu'elle avait déclenchées, notamment avec l'Angleterre, le plus tenace de ses adversaires jusqu'en 1815. Cet état quasi permanent de conflits privera la France de ses débouchés maritimes. Outre-Atlantique, les vins de Bordeaux ne trouvent plus preneurs, la nation perdant temporairement ses colonies antillaises et abandonnant à tout jamais Saint-Domingue sous l'Empire. Les marchés britanniques, voire hanséates, se ferment. Même si des navires « neutres » mouillent encore dans le port de Bordeaux, c'en est fini sur la mer du grand commerce des vins d'Aquitaine. Quant au marché continental, sur des terres européennes gagnées par la contagion révolutionnaire, il n'est certes pas en mesure de compenser les pertes. Voici donc le commerce viticole du Bordelais privé de ses débouchés traditionnels – une situation que l'état de blocus voulu par Napoléon pérennise jusqu'à la fin de l'Empire.

Certains négociants de Bordeaux – gagnés quelquefois, avec plus ou moins d'opportunisme, par l'ardeur révolutionnaire – ont eux-mêmes été inquiétés, au plus fort de la Terreur, lorsque le « négociantisme » devint un motif légal d'accusation. Dans la nuit du 29 au 30 novembre 1793, deux cents d'entre eux, qui n'étaient pas tous négociants en vins, sont arrêtés à leur domicile, enfermés, puis traduits l'année suivante devant la commission militaire. Il est vrai que la Révolution aux abois durcit sa position envers les suspects ; beaucoup d'accusés sont d'ailleurs d'origine étrangère. Même si les condamnations ont été peu nombreuses, la classe du négoce a été « cassée », ce dont témoigne clairement le nombre élevé de faillites, comme aussi le foisonnement de nouvelles maisons fondées à partir de 1815. Gardons-nous de voir dans ces créations multipliées un signe de prospérité, alors qu'elles répondent à une situation d'urgence : une économie à reconstruire, des filières à retrouver, un tissu commercial à retramer. Tâche malaisée car le contexte est peu propice, la France de la Restauration et de la monarchie de Juillet s'enfermant, on le sait, dans un système douanier protectionniste.

Les ravages de l'oïdium

C'est dans cette situation morose que surgit la première des grandes crises contemporaines de la vigne : l'attaque de l'oïdium, maladie cryptogamique d'une grande brutalité, d'origine nord-américaine, qui infecte les grappes de raisin. La Gironde est frappée presque en même temps que les autres vignobles européens. Dès 1851, on repère à Podensac, en Graves, une pourriture que l'on identifie très vite comme étant « la maladie de la vigne ». Dès l'année suivante, l'invasion se propage pendant l'été le long de l'axe fluvial de la Garonne et de la Gironde. En 1853, c'est le désastre ; de partout, ou presque, affluent des nouvelles alarmantes concernant les récoltes attendues.

Brutale, la maladie est aussi déconcertante, car sa diffusion fulgurante ne semble obéir à aucune loi bien établie. Ses symptômes sont eux-mêmes variables : les grappes se couvrent d'une poussière blanchâtre, alors que la vigne continue à prospérer et demeure toujours aussi belle dans sa végétation. On étudie de près le rôle du climat dans l'avancée de la maladie : des températures chaudes par temps humide en accentuent la gravité, et ceci dans tous les types de terroirs, graves, palus, voire terres calcaires. On observe cependant que les cépages résistent différemment ; les rouges surtout sont attaqués, tandis que les blancs sont plus longs à réagir ; seul le cépage enrageat, répandu au nord et à l'est du département, montre une réelle indifférence au mal.

Si violente est la maladie que l'on aura du mal à se prémunir au cours des premiers mois. La riposte est pourtant vigoureuse. On s'organise d'abord sur le plan administratif, en particulier au niveau départemental, sous la houlette du baron Haussmann, préfet de la Gironde, parfaitement épaulé par la Société d'agriculture, la Société linnéenne de Bordeaux et par le professeur départemental d'agriculture, Auguste Petit-Lafitte. Assez vite, on s'aperçoit que l'oïdium ne tue pas la vigne, mais seulement les grappes : il faut donc traiter les raisins seuls. Beaucoup de vignerons s'emploient à soigner les fruits avec des produits variés dont la plupart s'avèrent, malgré la foi de leurs inventeurs, totalement inefficaces. C'est en fait le soufrage qui sauvera le vignoble. Le comte de la Vergne – propriétaire du domaine de Morange à Ludon en Médoc – fut en Gironde l'apôtre de ce procédé inventé ailleurs, mais qu'il contribua à faire connaître. Dès 1857, la plupart des grands propriétaires n'hésitent plus à soufrer leur vigne, imités par la majorité des petits paysans.

L'oïdium a frappé peu de temps mais fort, et la maladie a laissé de profondes empreintes. La chute de la production est vertigineuse : de 2 300 000 hectolitres en 1850, on passe à seulement 320 000 en 1854 ! Ce déficit est considérable dans un pays où le vin représente de loin la principale et, pour certains, la seule ressource. Ajoutons de graves conséquences commerciales : le tonnage moyen des exportations baisse d'au moins un tiers en volume pendant quatre ans. Les Etats-Unis, l'Allemagne, la Russie n'achètent plus que de faibles quantités de bordeaux. Il est vrai que l'importance des stocks permet toujours d'alimenter convenablement de bons clients comme l'Angleterre ou l'Amérique latine : à cet égard, il semble bien que l'oïdium ait favorisé l'écoulement des vins vieux que les négociants conservaient en assez grandes quantités et expédiaient en bouteilles.

A la maladie s'attachent aussi des conséquences agronomiques. Certains viticulteurs, désespérés, ont arraché leurs vignes ; mais c'est là une minorité. D'autres, au contraire, ont fait le pari de planter des ceps pour profiter de la hausse des prix que ne manque pas d'occasionner la pénurie de vin. C'est en réalité cette hausse des prix qui a sauvé le vignoble, en particulier en pays sauternais où les cours s'envolent. La maladie, en effet, a pour caractère de privilégier, relativement, le cépage sémillon apte à faire les grands vins liquoreux. Ailleurs, l'enrageat, variété productrice de vins blancs de médiocre qualité, mais peu sensible à l'oïdium, se développe, donnant des vins courants destinés à la distillation. Ainsi s'est renforcée en Gironde la distinction entre deux vignobles blancs, celui du Sauternais, domaine de la qualité, et celui du nord du département, Blayais intérieur au contact des Charentes, fournisseur de vin de « chaudière ».

Plus encore, l'oïdium a eu pour effet de donner de nouvelles habitudes au vigneron, en particulier celle de traiter le vignoble contre les maladies, ce qui n'avait jamais été fait auparavant. Cette innovation s'est assortie de nouvelles techniques et de nouvelles dépenses, dont celles du soufrage. A cet égard, la crise du milieu du XIXe siècle qui a chassé quelques centaines, et peut-être quelques milliers de ruraux, doit être considérée comme la première des crises contemporaines du vignoble, annonçant l'ère toujours actuelle de la lutte anticryptogamique.

A Loupiac, un vieux cep porte une grappe attaquée par la pourriture noble, promesse d'un excellent liquoreux.

A la variété des paysages correspond une grande hétérogénéité des structures sociales et une différence de qualité des vins. Depuis des décennies déjà, le Médoc a affirmé sa prééminence: en Haut-Médoc, de grands domaines hérités de l'aristocratie parlementaire d'Ancien Régime produisent d'extraordinaires vins rouges qui ont péniblement retrouvé le chemin de l'étranger, à des prix d'autant plus hauts que les propriétaires sont eux-mêmes connus. En Libournais, et à Saint-Emilion en particulier, les vins déjà fort prisés sont plutôt produits par une paysannerie aisée qui les écoule sur le marché national par l'intermédiaire du commerce libournais. Le Sauternais présente des structures comparables à celles du Médoc, mais sa production de qualité réside dans des vins blancs, produits dans de très beaux domaines que la tourmente révolutionnaire n'est pas parvenue à arracher, on l'a dit, à une noblesse très puissante (dont la famille de Lur Saluces à la tête de Château-d'Yquem). Ailleurs, la production est plus anonyme, et elle sert à alimenter le négoce bordelais en vins rouges et blancs plus courants.

Le vignoble girondin vers 1860

Un vignoble aux multiples visages

Malgré des divergences selon les sources, on peut estimer la surface du vignoble girondin à 140 000 hectares environ, inégalement répartis. Les zones les plus viticoles sont les pays de côtes en Blayais et Bourgeais, en Libournais, et le long de la Garonne sur la rive droite, où l'on récolte surtout des vins rouges. Ailleurs, l'occupation du sol par la vigne est moins dense. En Médoc et en Graves par exemple, les ceps ne se trouvent guère que sur les terres bien drainées de graves alors que les bas-fonds gélifs sont en céréales ou mieux encore en prairies. En Entre-deux-Mers, la viticulture est importante mais elle s'accompagne d'une polyculture paysanne qui annonce déjà celle de l'Aquitaine intérieure, tandis que sur les plateaux des confins charentais les céréales conservent encore un grand rôle économique. Il en va de même au sud-est du département en Bazadais et en Réolais. Dans ces zones marginales subsiste le système traditionnel des joualles.

Des conditions générales favorables à un renouveau

Au début de la deuxième moitié du XIXᵉ siècle, la conjoncture redevient favorable. L'oïdium complètement maîtrisé a fait monter le prix des vins. D'autres facteurs stimulants sont l'apparition du chemin de fer et la nouvelle politique impériale d'accords commerciaux internationaux, qui ouvrent à ce pays rural de très larges débouchés.

A la fin de 1852, la Gironde n'avait que deux lignes de chemin de fer. La première, de Bordeaux à La Teste (c'est-à-dire au bassin d'Arcachon), d'intérêt local, s'était avérée décevante et l'on s'employait à la prolonger vers Bayonne. La seconde, de Bordeaux à Angoulême par Libourne et Coutras, annonçait en revanche la liaison avec Paris, donc avec l'ensemble du territoire national. Très vite on entreprend de construire d'autres lignes convergeant vers Bordeaux : la ligne du Midi venant de Cette (Sète), la ligne du Médoc terminée en 1875, la ligne de Saintonge, et même celle d'Entre-deux-Mers destinée à l'Agenais, ces deux dernières ayant pour but de désenclaver les plateaux et de permettre l'expédition de leurs produits, en particulier de leur vin blanc.

De même, de gros efforts portent sur l'aménagement des voies fluviales. Garonne, Dordogne, Isle sont améliorées, notamment pour des services plus ou moins réguliers de bateaux à vapeur, et l'on reprend les travaux du canal latéral à la Garonne en 1852. Tout ceci permet une activité accrue dans de nombreux petits ports qui expédient leurs marchandises vers Bordeaux. Ces travaux relancent l'économie locale. Les capitaux de la ville, ainsi que d'autres venus de beaucoup plus loin, affluent dans les campagnes où une intense activité édilitaire (carrières, constructions) est à l'œuvre, assurant une relative aisance à une population en accroissement sensible. Assurée de débouchés, la paysannerie n'hésite pas à produire davantage, voire à chercher de nouvelles spéculations agricoles comme les fruits et légumes ou le tabac qui, peu à peu, remplacent le blé au sud-est du département.

Autrefois, dans la plupart des vignobles, les ceps étaient complétés par des arbres fruitiers.

Le protectionnisme, cependant, pénalise l'activité du négoce, et partant celle des viticulteurs. Aussi ne faut-il point s'étonner que le monde du vin ait vite adhéré aux doctrines du libre-échange développées alors en Grande-Bretagne par Adam Smith puis par Richard Cobden. Ces doctrines pénètrent d'autant plus facilement à Bordeaux que nombre de négociants sont eux-mêmes d'origine étrangère ou en rapport professionnel étroit avec l'extérieur. En témoigne la parution de libelles et d'écrits divers, au ton parfois violent, qui se multiplient à partir de 1845. Parmi les opposants au régime protectionniste, la figure la plus marquante est alors celle de Frédéric Bastiat, landais de la région viticole de Mugron en Chalosse, auteur d'un mémoire sur la question viticole. En même temps que le protectionnisme, on rejette l'existence des octrois intérieurs, ainsi aux entrées des villes. Toutes ces dénonciations ne sont sans doute pas dénuées d'arrière-pensées. Ne proviennent-elles pas le plus souvent d'horizons politiques légitimistes hostiles à la monarchie orléaniste née de la Révolution de 1830 ?

D'abord inorganisée, cette vague protestataire se structure en 1846 avec la création à Bordeaux de l'Association pour la liberté des échanges, appelée parfois Comité de la rue Esprit-des-Lois car elle y siège au numéro 20 sous la présidence de Duffour-Dubergier, maire de Bordeaux de 1842 à 1848, président de la chambre de commerce de 1846 à 1860, propriétaire viticulteur et surtout négociant en vin. Politiquement conservateur, ennemi de la naissante et lointaine industrie lourde du nord et de l'est de la France, qui prospère à l'abri des privilèges douaniers, le comité déploie une intense activité, invitant même Cobden à Bordeaux.

Ces manifestations en faveur du libre-échange se complètent d'un mouvement, plus technique celui-ci, en faveur de l'agriculture en général et de la viticulture en particulier. La vénérable Académie des sciences, belles lettres et arts de Bordeaux, fondée en 1712, se préoccupe de viticulture, tout comme la Société philomathique de Bordeaux ou la Société linnéenne, sans parler de la Société d'agriculture de la Gironde, créée en 1831. De plus en plus d'auteurs s'intéressent à décrire le vignoble. Le courtier Paguierre publie en 1829 une *Classification et description des vins de Bordeaux*; l'Allemand W. Franck fait paraître dès 1824 son *Traité sur les vins du Médoc et autres vins rouges du département de la Gironde*, ouvrage réédité six fois jusqu'en 1866. Quant au *Guide de l'étranger à Bordeaux et dans la Gironde* du Bordelais Charles Cocks, imprimé une première fois en 1850 par l'éditeur Féret, il se transformera peu à peu en un *Bordeaux et ses vins* classés par ordre de mérite ; il sera même traduit en anglais et en allemand pour devenir, sous le nom de Féret, la vraie bible viticole du département. Un ancien magistrat et propriétaire en Médoc, d'Armailhacq, s'étonne qu'on se focalise sur le commerce et décrit *La Culture des vignes, la vinification et les vins dans le Médoc*, objet de plusieurs tirages en raison de son succès. L'auteur le plus prolifique est cependant le professeur départemental d'agriculture A. Petit-Lafitte qui publie, de 1845 à 1879, une quarantaine de livres et articles consacrés aux campagnes du Bordelais.

Peu à peu, contemporaines des transformations profondes du vignoble, apparaissent aussi de véritables défenses et illustrations des vins girondins. Les publications de luxe, du type *Richesse gastronomique de la France*, se multiplient. Les châteaux et les domaines s'exhibent dans les lithographies romantiques de Gustave de Galard, dans les photographies d'A. Danflou – les premières consacrées au sujet – et même au fond des assiettes éditées par la manufacture Vieillard à Bordeaux. Biarnez inaugure une pompeuse littérature viticole par ses poèmes épiques ornés de gravures.

Les manifestations de la prospérité (1855-1880)

La période postérieure à la victoire sur l'oïdium peut être qualifiée pour le vignoble bordelais, de « troisième âge d'or » après ceux de la fin du XIIIe et du milieu du XVIIIe siècles. De cette prospérité les témoignages pullulent : manuels de viticulture et de négoce, annuaires statistiques, articles de presse, papiers commerciaux ou relations de voyageurs...

Une nouvelle viticulture

L'agriculture se transforme rapidement sous l'impulsion de grands propriétaires éclairés qu'avait beaucoup préoccupés la crise de l'oïdium. La culture de la vigne, d'abord, se modernise. Jusqu'alors, on labourait à l'araire traditionnelle (araire « cabat » ou araire « courbe ») avec un cheval ou une paire de bœufs ; parfois on pratiquait encore les « façons » de pioche. Des Médocains, en particulier Skawinski, régisseur de Château-Giscours, mettent au point de véritables charrues vigneronnes, en particulier la « cavaillonneuse » à trois socs, qui procure une considérable économie de main-d'œuvre en labourant deux rangées de vigne à la fois. Marcel Richier, propriétaire du château d'Agassac à Ludon (Médoc), préconise l'usage du fil de fer qui se répand vite après 1865 – surtout lorsque celui-ci est livré galvanisé – précipitant la disparition des lattes de bois sur lesquelles on liait jusque-là la vigne. Sous l'impulsion du Dr Guyot, de nouveaux modes de taille se répandent, favorisant des récoltes plus importantes pour une durée de travail moindre, que permet aussi l'emploi de plus en plus fréquent du sécateur en lieu et place de la serpe multi-séculaire. On adapte d'ailleurs ces découvertes aux différentes régions, d'où un affinement général et complexe des travaux : dans la région de Cadillac apparaît ainsi une taille originale qui est adoptée rapidement par tous.

Plus importante encore est la pratique éclairée des amendements et des engrais. Aux traditionnels apports de sable en terres grasses, de terres lourdes en sols légers, de graves un peu partout, accompagnés de chaux, de plâtre, de cendres et des fumiers de vache ou de moutons transhumants des Pyrénées, s'ajoutent, en doses modérées, des engrais verts enfouis sur place, des fumiers mieux étudiés à base de roseau (bauge) ou de paille, les râpes des cuves et, à la fin du siècle, les « poudrettes », « terreaux » ou « composts » fabriqués en ville. Par son port en liaison avec l'Amérique du Sud, Bordeaux livre au vignoble des nitrates du Chili et du guano péruvien, complétés par de la potasse alsacienne. Cet afflux de matières variées s'accompagne d'un affinement des techniques d'utilisation des engrais, déposés en « fosse » sur chaque pied ou répandus le long des sillons.

L'influence des grands propriétaires se manifeste par de grands travaux agricoles. Une phase de conquête du sol par défrichement des taillis ou des incultes permet à la fin du siècle d'agrandir l'aire des vignobles dans la partie sud du Médoc et en pays de Graves, et d'augmenter la surface agricole de nombreux petits paysans. D'ambitieuses opérations de drainage sont aussi entreprises dans des domaines viticoles. Sous le climat humide du Bordelais, la mauvaise évacuation de l'eau dans le sol nuit en effet aux récoltes. On y remédie par

Au XIXe siècle, les grands domaines médocains se présentaient encore comme des exploitations de polyculture où les prairies nourrissaient un bétail bovin indispensable aux labours, aux charrois et à la fumure des terres. (Lithographies de Gustave de Galard)

l'élaboration de réseaux de canalisations souterraines en poterie qui évitent l'asphyxie des vignes par les racines.

Tous ces travaux d'amélioration de la viticulture font du vignoble une zone rurale mieux tenue. La vigne « en foule » disparaît totalement au profit de « règes » bien alignées et palissées sur fils de fer. Mais les progrès les plus importants en matière de viticulture sont assurément ceux qui concernent l'encépagement. Jusque-là, une étonnante variété de cépages coexistait dans la même parcelle. Désormais leur nombre se restreint et leur plantation devient homogène. Choisir les meilleurs cépages, au milieu du XIXe siècle, n'est certes pas une préoccupation nouvelle : les autorités d'Ancien Régime, à l'image de l'intendant Dupré de Saint-Maur, l'avaient préconisé, tout comme l'Académie de Bordeaux. Certains propriétaires, tel Bouchereau à Château-Carbonnieux (Léognan), faisaient même de véritables collections ampélographiques.

L'affaire prendra un tour nouveau avec la recherche systématique d'une adaptation aux vins demandés. Or la fin du XIXe siècle met à la mode des rouges et des blancs liquoreux. En Médoc, à bien des égards vignoble modèle, le cabernet, cépage vernaculaire, tente d'évincer les autres variétés. Spectaculaire est aussi l'expansion du merlot, cépage du Libournais, qui devient presque exclusif sur la rive droite de la Gironde et de la Dordogne, du Bourgeais au Castillonnais. La grande victime est le malbec qui disparaît pratiquement du Blayais, des Côtes de Bordeaux et du Médoc, alors que d'autres cépages plus rares subsistent mais en petite quantité. Pour les cépages blancs, la demande en vins liquoreux suscite l'essor limité de la trilogie sémillon-sauvignon-muscadelle sur la rive gauche de la Garonne et sur les bordures de l'Entre-deux-Mers, et ce au détriment de l'enrageat. Ces mutations, cependant, n'ont été ni complètes ni simultanées, et nombre de vins ou de régions sont restés fidèles à un éventail assez ouvert de variétés : partout ou presque on pratique l'assemblage de moûts provenant de parcelles à l'encépagement différent.

Une vinification affinée

L'égrappage des vendanges devient plus soigné grâce à des égrappoirs en lattis de bois, sinon même de grillage métallique, qui remplacent le simple tri au râteau entre les grains et les parties vertes de la grappe. Le foulage traditionnel au pied (et au son du violon) est lui-même remis en cause, et de nouvelles cuves sont presque partout adoptées. Les techniques de vieillissement se perfectionnent : les collages sont mieux étudiés, les fouettages systématisés, au moins dans les meilleurs crus. On se préoccupe davantage de la qualité des vaisseaux vinaires pour lesquels on

L'excès d'eau dans le sol est un ennemi de la vigne : d'où la fréquence du drainage souterrain des parcelles, fait, surtout au XIXe siècle, au moyen de manchons de poterie emboîtés.

choisit les merrains ou bois de vieillissement. Pour mettre fin à de séculaires discussions byzantines sur les mesures, la chambre de commerce de Bordeaux fait adopter en 1865, par toutes les communes du département, une définition précise et intangible de la « barrique bordelaise », traditionnelle mesure de compte contenant 225 litres, soit un quart de tonneau.

La mise en bouteilles se répand vers 1880 sous l'impulsion du négoce. Certes, elle ne porte encore que sur des volumes restreints eu égard à l'importance des récoltes. Mais elle se développe cependant pour les meilleurs crus, qu'on la pratique au domaine ou dans les chais du négoce urbain, principalement bordelais. C'est le cas des vins que l'on vieillit et que l'on expédie à l'étranger, le plus souvent par bateau (il n'est pas interdit de penser que la bouteille y était aussi plus commode à charger et à arrimer). La mise en bouteilles est grandement facilitée par l'emploi systématique du bouchon de liège et de la capsule d'étain, qui remplacent respectivement le bouchon de verre et le mastic, la résine ou la cire. Ceci est permis par l'utilisation des chênaies de Gascogne et l'apparition des premières capsuleries, ainsi que par la mise au point de bouchonneuses mécaniques.

C'est alors qu'apparaît l'étiquette pour garantir l'authenticité du vin. L'on marquait auparavant les futailles à la craie ou à feu, puis l'on déposait sur le col de la bouteille des pastilles de verre en fusion portant l'empreinte de l'origine du vin. Le développement des imprimeries lithographiques généralise l'emploi de l'étiquette, et certaines entreprises, telles Gaulon ou Wetterwald, se spécialisent dans ce nouveau type de production. L'étiquette a son langage que les initiés savent décrypter. Elle renseigne sur la région de production, le domaine et son propriétaire, le négociant et le destinataire, le millésime. Des motifs ornementaux s'y adjoignent en couleurs chatoyantes et dorées, jusqu'au domaine lui-même qu'on représente sous le concept de « château ». Certaines mentions peuvent laisser perplexe : ainsi, le fameux vin « retour de l'Inde », censé distinguer un produit rare qui aurait fait le voyage d'Orient pour améliorer son vieillissement, et baptisant plus probablement des vins invendus revenus à leur point de départ dans l'espoir d'un écoulement au prix fort.

Les conséquences de la prospérité

La vigne conquérante

L'effort des Girondins n'a pas manqué de porter ses fruits. Tandis que l'on draine et que l'on sème en pins le plateau des Landes, en application de la loi du 19 juin 1857, la viticulture connaît des changements majeurs. C'est d'abord l'augmentation des surfaces en vignes qu'attestent les statistiques de l'époque – peut-être pas toujours exactes – mais aussi, et avant tout, les témoignages des contemporains. Le vignoble girondin atteint sa superficie maximale à la fin du Second Empire, avec sans doute près de 180 000 hectares. Cet essor de la vigne se fait au détriment des bois éparpillés attenant aux exploitations viticoles, comme en Blayais, en Libournais ou en Entre-deux-Mers. C'est pourtant aux franges de la lande, en Médoc ou en Graves, que les gains de la vigne s'avèrent les plus spectaculaires. Ailleurs, la plante reine s'étend au détriment des prairies et surtout des céréales. Plus que jamais, les ceps montent à l'assaut des plateaux, des coteaux, et s'implantent même dans les palus qui les ignoraient encore.

A vrai dire, les conquêtes du vignoble n'ont pas chassé partout la polyculture. Sur les plateaux du Blayais, en Entre-deux-Mers et en Bazadais, on étend le vieux système des joualles en introduisant des cultures intercalaires entre les rangées de vignes : ici des céréales, là des fourrages, plus loin des légumes. En ces lieux, la densité des ceps à l'hectare devient donc plus faible et les parcelles produisent de tout ; cultures vivrières et culture commerciale y sont imbriquées. L'augmentation spectaculaire des surfaces considérées comme viticoles s'expliquerait de la sorte, si l'on y incluait les joualles. En fait, seuls le Médoc, certains secteurs des Graves, des côtes et du Libournais sont couverts de vignes en plein.

Jusqu'au XIXe siècle, comme le montre cette lithographie de Gustave de Galard, on foulait au pied pour extraire le jus des raisins.

Le décollage de la production

L'amélioration des types de culture et l'usage des engrais font augmenter les rendements – toujours variables selon les années – et partant de là, les récoltes. Ce phénomène est d'autant plus remarquable qu'on sort de la période de pénurie due à l'oïdium. De 1863 à 1878, les volumes annuels de vendanges ne s'abaissent que deux fois à moins de deux millions d'hectolitres, alors qu'ils dépassent à deux reprises les cinq millions ! La moyenne décennale 1860-1869 se monte à 2,56 millions, celle des années 1870-1879 à près de trois (soit près de trois fois plus qu'en 1850-1859), ce qui implique des rendements moyens annuels de l'ordre de 18 à 30 hectolitres à l'hectare.

Ces fortes productions répondent à la demande considérable d'un marché intérieur subitement ouvert grâce aux voies ferrées sur lesquelles peuvent dorénavant voyager rapidement les wagons-foudres. Bordeaux alimente maintenant Paris et son agglomération, ainsi que les villes industrielles du nord, voire de l'est de la France, alors en pleine expansion démographique. Comme subsistent encore les expéditions traditionnelles de bordeaux par cabotage vers les ports bretons, normands et flamands, c'est seulement en France de l'Est et du Sud-Est que les produits aquitains se heurtent à la concurrence des bourgognes et des vins du Languedoc. Mais sur le marché intérieur, le bordeaux ne s'impose guère que pour ses vins les plus courants, vins rouges de base, voire vins blancs. A de rares exceptions près, les grands vins se « débouchent » toujours à l'étranger.

A Saint-Estèphe, l'architecture de fantaisie du château Cos-d'Estournel (ci-contre, en bas), remontant à la première moitié du XIXe siècle, habille en pagode orientale des étables et des chais, mais non une demeure. Les portes de bois de Cos (ci-dessus), figurant des clous de girofle, rappellent que l'ancien propriétaire du lieu, Gaspard d'Estournel, vendait son vin jusque dans l'océan Indien.

L'envol des exportations

Les exportations totales girondines, de l'ordre de 400 000 hectolitres vers 1840, s'élèvent à 560 000 en 1861, 1 000 000 en 1865, 1 600 000 en 1875, ne se stabilisant que par la suite vers 1 200 000, en raison de la crise phylloxérique. C'est alors l'Amérique latine qui devient, pendant trois décennies, le principal importateur de vins du Bordelais. L'Argentine en achète jusqu'à 480 000 hectolitres en 1886, l'Uruguay près de 100 000 en moyenne entre 1865 et 1890, Pérou et Brésil restant des clients plus modestes mais fidèles. Tel est aussi le cas de l'Angleterre, amateur traditionnel de grands vins rouges, que des conflits politiques et militaires avaient détournée de la France pour le plus grand profit de la Péninsule ibérique : à partir de 1860, elle est régulièrement le deuxième et parfois le premier consommateur de bordeaux, devançant même les pays allemands et scandinaves. Il n'y a guère que les Etats-Unis et la Russie dont les achats s'amenuisent à la fin du siècle, en volume tout au moins, car les faibles quantités sont compensées par les hauts prix. Plus que jamais, le port de Bordeaux est le grand port européen du vin : sur ses quais, la marchandise la plus courante consiste en milliers de barriques que l'on charge avec précaution.

La manne financière qui s'abat sur le vignoble n'est pas sans conséquences sociales. Même les petits propriétaires-exploitants s'efforcent, coûte que coûte, d'agrandir leur domaine en investissant de maigres économies dans l'achat de

Le vin « retour de l'Inde »

Parmi les mille et une bizarreries que recèle l'histoire des vins de Bordeaux, voici celle des « vins retour de l'Inde ». La mention apparaît vers le milieu du XIXe siècle et se développe jusqu'à la période phylloxérique, notamment dans des livres de comptes de négociants et sur des étiquettes. Avec quelques variantes dans l'intitulé (retour des Indes, retour de Calcutta, retour de Chine...), elle s'accompagne souvent d'une image représentant un navire au long cours, de préférence un voilier.

Aux dires de Féret, dans son dictionnaire-manuel de 1896, il s'agissait bien là d'« un vin auquel on a fait faire un long voyage pour le vieillir, le bonifier ». Depuis que l'on avait pris goût aux vins vieux, on avait remarqué que le transport par mer – en raison des mouvements de roulis et de tangage – accélérait le vieillissement. La question reste de savoir quand et pourquoi le procédé s'est développé. De fortes présomptions inclinent à croire que des Médocains l'auraient inventé, singulièrement le sieur Louis Gaspard d'Estournel, lequel était en relations commerciales avec les Indes dès avant 1840.

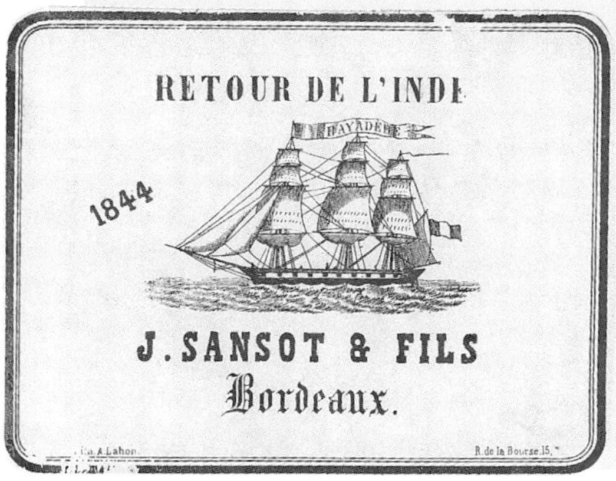

Autant que la mise au point d'une technique, fort coûteuse au demeurant, il faut peut-être y voir une ruse pour commercialiser au mieux des invendus, en fait des vins qui n'avaient pas trouvé preneur aux Indes. Les volumes concernés – le plus souvent des vins vieux en bouteilles – semblent d'ailleurs peu importants. L'opération n'a pas survécu à la Première Guerre mondiale.

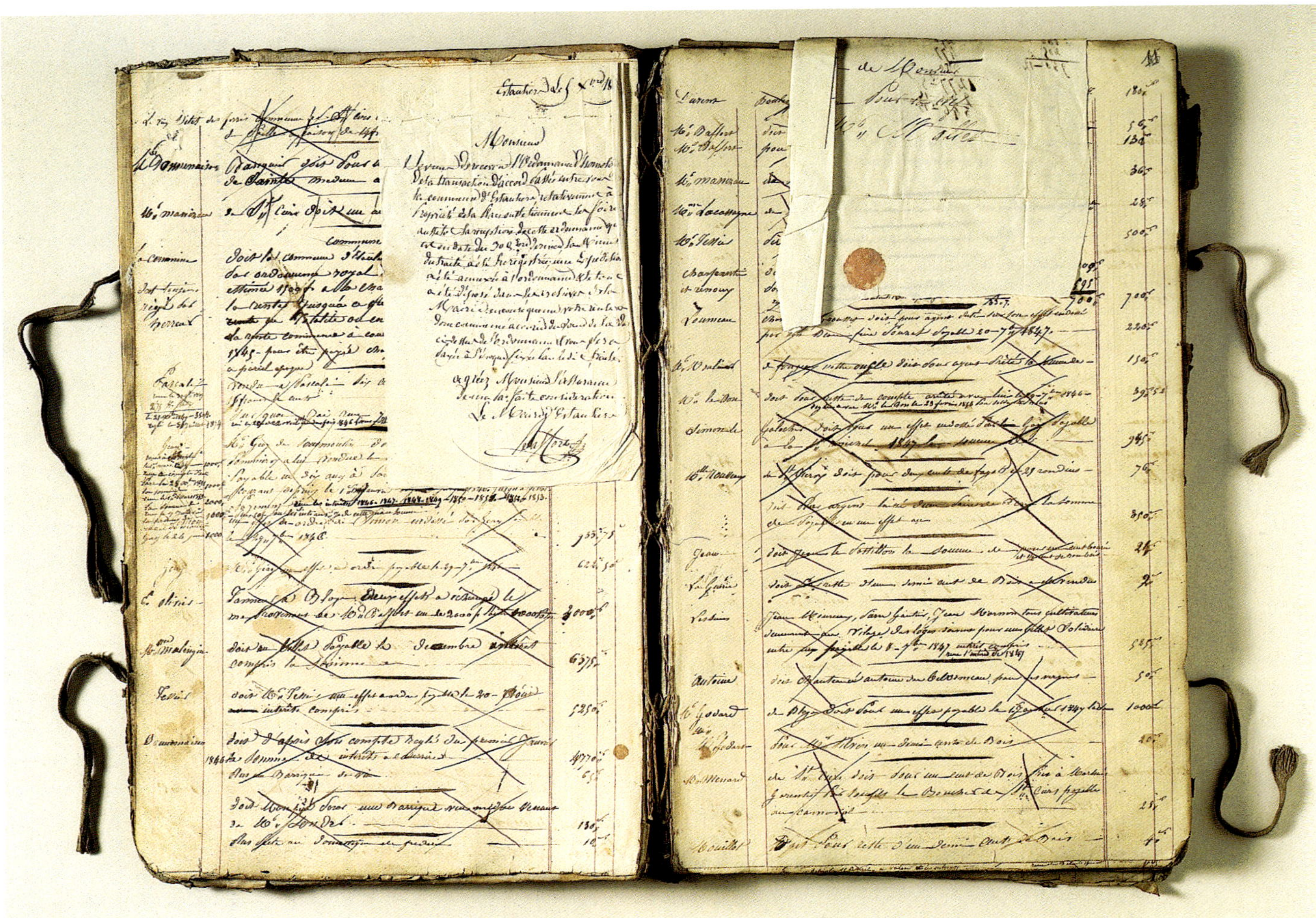

Grands ou petits négociants tenaient scrupuleusement, dans de tels registres, les comptes de leurs achats et de leurs ventes de vin.

lopins de terre souvent minuscules, accroissant ainsi le morcellement des biens fonciers dans les zones paysannes. L'arrivée d'argent frais a même été si régulière que l'on a eu peu recours au crédit et que l'endettement et l'usure, fréquents ailleurs, ont été ici presque inconnus. Plus encore, une fièvre de construction gagne le vignoble. Partout s'édifient maisons vigneronnes, cuviers, chais et même « châteaux ». L'exode rural reste limité, car la viticulture « manque de bras ».

Le modèle bordelais

La réussite du bordeaux, notamment du médoc, fait partout des émules. Nombreux sont les pays étrangers qui s'en inspirent, introduisant méthodes et cépages bordelais, attirant viticulteurs, œnologues ou spécialistes de Gironde. C'est dans le monde ibérique que les succès ont été les plus nombreux et les plus probants. Ainsi en Amérique du Sud, dans les oasis sub-andines argentines où Michel Aimé Pouget, natif de Sainte-Foy-la-Grande, développe le vignoble de Mendoza. Ainsi au Chili central, qui adopte l'encépagement girondin. Ainsi en Californie, où l'aventurier bordelais Jean-Louis Vignes – au nom prédestiné – fait partie dès 1835 des pionniers de la viticulture américaine. Ainsi encore en Rioja espagnole, où de grands propriétaires font venir des maîtres de chai bordelais.

Partout dans le monde où l'on veut faire de bons vins, on trouve des Bordelais au côté de Bourguignons, de Languedociens, d'Allemands du Rhin ou de Hongrois. On voit des vignes girondines en Europe centrale et jusqu'en Russie, voire en Australie. Plus étonnant : des noms typiquement bordelais – Saint-Emilion, Médoc, Sauternes etc. – vont jusqu'à désigner aussi des boissons lointaines. On essaiera plus tard de lutter contre ces phénomènes frauduleux.

Générale, la prospérité n'a pas été pour autant également ressentie. Elle a bénéficié pour l'essentiel à la caste des propriétaires aisés, qui en ont profité pour parfaire encore leur structure économique et affiner leur produit.

Dans beaucoup de grands domaines, l'on est frappé par l'importance des bâtiments, tant d'exploitation que d'habitation. Leur promotion au rang de « châteaux », au cours du XIXe siècle, entraîna une floraison de façades Renaissance ou néo-gothiques. L'anglomanie bordelaise conduisit même à implanter dans la campagne girondine quelques résidences de style élizabéthain, comme à Cantenac-Brown (ci-dessus) ou à Boyd-Cantenac, représenté ci-dessous par le premier photographe des châteaux viticoles, Alfred Danflou.

Le classement impérial

La principale manifestation de l'euphorie reste sans nul doute l'élaboration officielle d'un classement lors de l'Exposition universelle de Paris en 1855. Cette préoccupation de dresser des listes de crus par ordre de mérite est certes ancienne : on la pressent aussi loin qu'on remonte dans l'histoire viticole du Bordelais. Elle n'a longtemps été qu'une distinction de terroirs (vins de graves, de palus, de côtes). Celle-ci se transforma en différenciation géographique, avec mention de la paroisse d'origine, puis des crus particuliers désignés nommément des noms du domaine et du propriétaire. L'usage s'est affirmé de classer les vins par ordre de prix de vente moyens, ce qui aboutit aux XVIIIe et XIXe siècles à une hiérarchie édifiée par le négoce lui-même et colportée par les ouvrages contemporains tels ceux de Julien, Franck ou Cocks...

En 1855, la chambre de commerce de Bordeaux est chargée par le comité départemental de l'Exposition universelle de Paris d'élaborer « une représentation complète et satisfaisante des vins du département ». Après un gros travail de documentation, la chambre syndicale des courtiers en vins de Bordeaux propose une liste de soixante-huit crus rouges et vingt et un crus blancs, répartis les premiers en cinq classes, les seconds en trois. Fait curieux, ces crus sont tous médocains en rouge (sauf Haut-Brion qui est dans les Graves) et sauternais en blanc : aucune autre région girondine n'y est mentionnée. La surprise réside dans l'absence totale des vins du Libournais, de Saint-Emilion en particulier.

Plus étonnante encore est la fortune incroyable qu'allait rencontrer cette classification. Document officiel, elle va servir de base pour toutes les transactions futures, pénalisant ainsi les régions et les crus qui n'y figurent pas. Au sein même du classement de 1855, les premiers crus verront leurs prix s'élever dans des proportions beaucoup plus importantes que les cinquièmes crus en une dizaine d'années. Tout en constatant les disparités entre les crus, la liste de 1855 les consacre, avant de contribuer à les aggraver.

En même temps que s'élaborent en Bordelais des hiérarchies internes de plus en plus complexes, s'affirme une notion commerciale inédite. Progressivement, les propriétaires n'hésitent pas à parer la production de leur cru, pour en garantir l'origine, du terme de « château » – vocable ambigu dont on verra le devenir. Rien n'est alors assez somptueux pour produire les « meilleurs vins du monde ». Des efforts considérables sont faits en Médoc ; mais c'est en Sauternais que le raffinement est à son comble.

L'heure des liquoreux

Jusqu'alors on parlait, pour la région de Langon, d'une production de « vins blancs moelleux » dits de « Cérons », de « Barsac », de « Preignac ». En quelques années, les voici devenus les « grands liquoreux de Sauternes ». Une série de hasards heureux est sans doute à la base d'un succès fabuleux. Depuis des décennies déjà, on pratiquait, dans quelques rares grands crus, des vendanges tardives et des ramassages par tries successives, après l'arrivée du *Botrytis cinerea* ou pourriture noble qui desséchait inégalement les grains de raisin. On obtenait ainsi de faibles récoltes en quantité, mais d'un vin à fort degré alcoolique. L'oïdium a privilégié le cépage sémillon, le plus apte à produire ces vins liquoreux ; tous les propriétaires, et non plus seulement les châteaux aux mains de la vieille aristocratie, copient dorénavant les méthodes des grands crus, et ceci avec d'autant plus de facilité que la mode met à l'honneur ces vins blancs. Anglais et Russes en particulier paient à prix d'or ce breuvage qui supplante en réputation les meilleurs liquoreux du monde, notamment les johannisberg de la Rhénanie allemande. Dès lors, le succès des sauternes et barsacs est assuré, surtout auprès des cours royales et princières de l'Europe monarchique, avec lesquelles l'aristocratie d'Ancien Régime restée en place en Sauternais (notamment la famille de Lur Saluces) a su conserver de nombreux liens.

Le vignoble dans les crises
(1880-1956)

C'est sur un vignoble au faîte de sa puissance que va s'abattre une série de maux, tantôt d'ordre naturel, tantôt d'ordre économique, qui n'a laissé aux vignerons que peu de répit pendant près d'un siècle. Guerres, crises commerciales, maladies de la vigne surtout affectent d'autant plus le pays bordelais que celui-ci a de plus en plus de mal à concevoir son avenir sans le vin.

L'épisode phylloxérique (1870-1900)

Il y a déjà plusieurs années qu'un insecte ravageur, nommé « phylloxéra », a fait son apparition en Languedoc, lorsqu'on le repère en Bordelais vers 1870. Prévenu du péril, on le craint, car les Méditerranéens n'ont point trouvé de remède efficace à ce fléau.

Un mal inexorable et dévastateur

C'est à Floirac, face à Bordeaux, de l'autre côté du fleuve, qu'on découvre de façon sûre et pour la première fois le phylloxéra en Gironde. Dès 1873, il devient évident qu'il va infecter la totalité du vignoble, même si le seul proche Entre-deux-Mers est alors atteint. En effet, les taches d'infection se multiplient en Médoc vers 1877, puis en Sauternais. En 1882, toutes les communes sont contaminées, quoique inégalement.

Contrairement à ce qui s'était passé dans le midi de la France, la propagation a été en Gironde relativement lente. Elle s'est dirigée vers l'est, suivant en cela la marche « normale » des flux atmosphériques aquitains, venus principalement de l'ouest. Il n'y a que l'humidité générale de l'air pour ralentir l'avancée du puceron, particulièrement prolifique dans les sols secs, telles les palus en été ou les zones calcaires. Seules les terres basses et notamment les sables paraissent indemnes. L'insecte forme sur la plante des taches individuelles et homogènes, parfois éloignées les unes des autres, mais qui finissent inévitablement par se rejoindre sans jamais disparaître. En quelques années, la vigne parasitée meurt, et cela sans distinction de cépages, au point que la catastrophe généralisée paraît à terme inéluctable. Les diverses enquêtes révèlent que les surfaces en vignes non attaquées baissent d'année en année : 70 000 hectares en 1880, moins de 50 000 en 1890, 30 000 en 1900. Le vignoble est menacé de disparition.

A l'image de l'île Margaux, les terres basses de l'estuaire pouvaient porter de beaux vignobles. L'île est protégée par des digues que recouvre, au premier plan, une végétation vivace. Lors de l'épidémie du phylloxéra, l'on ouvrait en hiver les vannes à marée haute : les vignes étaient submergées et la larve de l'insecte noyée.

Une lutte farouche d'efficacité inégale

Face à ce désastre bien différent de l'oïdium, parce que de propagation moins rapide mais mortelle pour la plante, les réactions des vignerons ont été très variées. Croyant un moment que le Bordelais serait épargné, on est resté quelque peu sceptique sur la gravité de la maladie. Lorsque le mal est repéré, le combat est déjà engagé sur le plan national et les Girondins se coulent dans un moule administratif préexistant, non sans y ajouter des organismes propres à leur région. C'est ainsi que le conseil général, la Société d'agriculture et les comices agricoles locaux participent activement à la lutte, en prenant par exemple une part active à un congrès international phylloxérique tenu à Bordeaux en 1881, lequel ne peut que constater l'ampleur des dévastations.

Cela s'explique en partie par un prodigieux développement de procédés plus ou moins efficaces et d'une incroyable variété. Parmi eux, le sulfo-carbonate de potassium et le sulfure de carbone donnent les moins mauvais résultats. On fabrique ainsi en Gironde d'assez nombreux appareils ou « pals » sulfureux, voire des charrues à sulfurer. C'est cependant la solution languedocienne de la submersion hivernale des vignes dans les terres humides qui préserve le mieux le vignoble, en empêchant l'éclosion des œufs de l'insecte. Les terres de palus sont alors prestement aménagées pour recevoir l'eau des fleuves, Dordogne et surtout Garonne : c'est un âge d'or pour les basses vallées qui se couvrent de ceps. Le vignoble tend à coloniser les zones basses où les propriétaires, en ordre dispersé ou groupés en syndicats, s'organisent pour pratiquer l'inondation salutaire. Mais la solution est coûteuse, et elle ne peut s'appliquer aux zones de grands crus du Médoc, du Sauternais, du Libournais, c'est-à-dire aux vignobles insubmersibles des terroirs de graves, de côtes ou de plateaux. De plus, les surfaces potentiellement inondables et réellement inondées sont limitées : au maximum de la phase d'utilisation de l'eau, vers 1892, il n'y eut guère qu'une dizaine de milliers d'hectares protégés de la sorte, principalement dans les palus du bec d'Ambès.

La reconstitution

Le phylloxéra venait des Etats-Unis d'Amérique ; le remède en proviendra aussi. La solution au mal sera apportée par la mutation de l'encépagement. Dans une première phase, on avait remplacé les pieds morts par de jeunes pieds qui moururent eux aussi assez vite. On s'avise alors de leur substituer des cépages qui ont déjà fait la preuve de leur résistance, c'est-à-dire des pieds américains producteurs directs. Mais ceux-ci ne peuvent assurer une production de qualité digne de porter le nom de Bordeaux. Aussi faudra-t-il des mois, voire des années de tâtonnements pour qu'on se décide à pratiquer le greffage comme on l'avait fait en Languedoc auparavant, et en profitant de l'avantage que donnait ce retard chronologique : de 1400 hectares en 1884, la surface départementale des plants greffés s'élève progressivement à 10 000 en 1889 pour atteindre 87 000 à l'aube du XXe siècle. C'est le riparia que l'on choisit ici comme porte-greffe principal en terres de graves, de sables et d'argile ; sur les sols calcaires où la chlorose était à redouter, on adopte plutôt les solonis et york après avoir défoncé le sol et fumé soigneusement la racine.

A la veille de la Première Guerre mondiale, le vignoble girondin s'est presque entièrement reconstitué grâce aux remèdes importés du Languedoc et intelligemment adaptés aux terroirs. Les Bordelais ont évité la disparition de leurs ceps, alors que ceux du Périgord et du Quercy ont mis des décennies à revenir à un bon niveau qualitatif de production.

Les conséquences de la crise

Le vignoble est sorti de la crise complètement transformé. L'effet le plus immédiatement ressenti est la chute de la production viticole. Entre 1879 et 1887, celle-ci ne dépasse qu'une fois 1 800 000 hectolitres, restant cependant toujours au-dessus d'un million. Cette baisse sensible, mais non catastrophique, des récoltes sur une assez longue durée est due à la propagation assez lente de la maladie en Bordelais, à l'efficacité de certains traitements comme la submersion en zones de palus où les rendements étaient élevés, et à une reconstitution progressive en cépages greffés.

Sur le plan financier, la relative pénurie des volumes de vins amène une hausse sensible des cours, malheureusement compensée chez les producteurs par la nécessité d'investir dans la protection du vignoble ou les plantations nouvelles. De nombreux viticulteurs entrent alors dans une ère de difficultés financières, principalement dans les vignobles à vin blanc commun dont les cours n'ont guère varié. Heureusement il restait, à la propriété et au négoce, d'importants stocks qui ont permis d'étaler un peu les ressources et de faire face à une demande étrangère que l'on s'efforce de satisfaire, surtout en ce qui concerne les vins vieux vendus en bouteilles à un prix élevé. En revanche, l'exportation des vins communs diminue beaucoup, l'Argentine disparaissant à tout jamais de l'horizon commercial de Bordeaux, tout comme la quasi-totalité des pays d'Amérique latine qui ont alors construit leurs propres vignobles. Plus significatif encore est le renversement temporaire des circuits de vente du vin : pour la première fois sans doute au cours de sa longue existence, le port de Bordeaux devient importateur de vins, espagnols avant tout, mais aussi portugais, italiens, algériens. On achète même des raisins secs des pays balkaniques (Grèce, Turquie) pour en faire une boisson alcoolique.

Restent les conséquences les plus durables. La première est une émigration rurale relativement importante dans les zones de viticulture les plus touchées par la maladie. Il semble aussi que la natalité ait baissé dans les campagnes. De vastes espaces ruraux commencent à se dépeupler au profit des bourgs et des villes.

Le paysage rural en est sorti modifié. Les surfaces en vigne ont sans doute perdu 30 000, peut-être même 40 000 hectares, entre 1880 et 1900. Si l'on a planté en vignes les fonds humides des vallées et du Bas-Médoc, de vastes zones dévastées sur les plateaux calcaires sont revenues à la friche. D'autres ont été converties en céréales, en prairies, voire semées en pins maritimes, la richesse du moment. En Entre-deux-Mers, on voit ainsi les dorsales correspondant aux dalles calcaires s'orner de petites pinèdes, bosquets que le pays connaît toujours aujourd'hui. Car le pin des Landes fournit alors la gemme aux producteurs qui peuvent le répandre sur leurs terres…

Les crises de la « Belle Epoque »

A nouveau des maladies : mildiou, black-rot...

Tandis que le phylloxéra continue ses ravages, un nouveau mal envahit le vignoble. Des inflorescences blanches, sorte de farine, commencent à se multiplier sur les grappes à partir de 1878. En 1881, c'est la première grande attaque de ce qu'on reconnaît être le mildiou, bien connu aux Etats-Unis. Alexis Millardet, professeur de botanique à la faculté des sciences de Bordeaux, et son collègue chimiste Ulysse Gayon étudient de près le phénomène. Ils généralisent et améliorent une curieuse pratique médocaine destinée à empêcher les chapardeurs de cueillir les raisins : celle d'enduire les ceps de vigne, en bouts de rangs, d'un mélange de chaux et de sulfate de cuivre. L'on avait en effet observé que ces pieds étaient moins attaqués par la maladie que ceux du centre des parcelles. Cette remarque pertinente, largement due au régisseur du château Dauzac, Ernest David, est à l'origine d'expériences entreprises dans des domaines médocains à partir de 1884. En 1887, la « bouillie bordelaise » est au point: 3 kg de sulfate de cuivre, 1 kg de chaux vive dans 100 litres d'eau ; le tout aspergé en été sur les vignes arrête radicalement l'invasion. Dès lors le « sulfatage », traitement relativement peu onéreux en lui-même mais requérant de la main-d'œuvre, fait son entrée dans les mœurs viticoles. On l'améliorera sans arrêt par la mise au point d'appareils pulvérisateurs, dont plusieurs d'invention girondine et même médocaine. Toutefois le mildiou, préoccupation des années humides, fera encore des ravages, principalement en 1915 – année où on manquera de sulfate en raison du conflit mondial.

Le mildiou n'a été que la plus grave de ces maladies de la vigne qui ont proliféré à la fin du XIXe siècle. Parmi elles, l'anthracnose, qui attaque les bois et que l'on jugule par un badigeonnage au sulfate de fer. Puis des insectes, eudémis, cochylis, altise, cochenille. Peu à peu, des substances chimiques avérées efficaces s'ajouteront, à faible dose, à la bouillie bordelaise. L'attaque la plus dure sera celle du black-rot, champignon dont les effets destructeurs apparaissent dans l'est du département, autour de Sainte-Foy-la-Grande, et s'aggravent à partir de 1888 : des taches brunes sur les feuilles, puis sur les grains, dessèchent la vigne. Là encore, la bouillie bordelaise se révèle le meilleur remède (sous réserve d'une application précoce, en général en mai). Reste que 1889 aura été une rude année. Ce n'est guère qu'à l'aube du XXe siècle que la maladie sera définitivement éradiquée.

Les premières manifestations de la surproduction et les fraudes

Les premières années du siècle s'ouvrent sur de grands espoirs. La plupart des maladies sont efficacement combattues et le vignoble, complètement rajeuni par les plantations post-phylloxériques, rend à plein. Trop sans doute, puisque les récoltes dépassent 5 000 000 hectolitres en 1900, à nouveau en 1907, derechef en 1914. En Languedoc, la surproduction chronique a entraîné les fraudes et l'insurrection des viticulteurs. Le Bordelais n'est pas épargné par la crise: les cours s'effondrent, même ceux des grands crus du Médoc. Seul le Sauternais persiste à offrir un visage prospère. Pour assurer l'écoulement de leurs récoltes, les principaux châteaux se lancent alors dans des opérations « d'abonnement », c'est-à-dire de vente des vins par contrat d'exclusivité à une ou plusieurs maisons de commerce. On parvient ainsi à stabiliser et même à faire légèrement remonter les cours.

Aux effets de la surproduction s'ajoutent ceux de la fraude, en particulier chez certains négociants – un phénomène qui concerne au moins autant la France et l'étranger que le Bordelais. La fraude dressera les producteurs contre les négociants. Les premiers accusent les seconds de se procurer n'importe où des vins à très bas prix, au lieu de les acheter sur place, puis d'en faire une savante alchimie par des coupages et de les vendre avantageusement sous des noms flatteurs. Dans la mesure où ces pratiques étaient ancestrales et amélioratrices, le négoce n'y voyait pas de procédés frauduleux (d'autant que pendant la période phylloxérique, les vins locaux manquant, on a eu recours en grand à ces mélanges). Avec le retour aux grosses récoltes et l'effondrement des cours, on continua les coupages, mais en les maquillant sous des titres prestigieux. La « fabrication des vins » débouche alors sur des fraudes dont on ignore au juste l'ampleur. Elles ont en tout cas laissé force témoignages: ce sont de faux « château-d'yquem », « château-latour »,

« mouton-rothschild », des pseudo médocs, des prétendus saint-émilion, etc. Si les procès-verbaux frappent surtout le négoce, les mentions de fraudes abondent chez les producteurs. Beaucoup sont condamnés ; beaucoup d'autres ont dû y échapper.

L'agitation sociale

En même temps, les campagnes girondines s'agitent. Ainsi dans le Médoc, en juillet 1907, au moment précis où le Languedoc s'embrase, une grande manifestation se tient à Lesparre : de grands propriétaires d'esprit anti-républicain espèrent y manipuler les foules mécontentes. Il n'y aura pas de débordements violents.

En vallée de Garonne, le monde des tonneliers, traditionnellement plus turbulent, manifeste durement en 1906 et 1907. Le conflit prend des aspects de lutte de classes entre des ouvriers mal payés à la pièce et des patrons peu conciliants qui n'hésitent pas à faire appeler la troupe pour briser les grèves. Le retour au calme reste précaire, car une agitation larvée subsiste jusqu'en 1920. A l'origine de ces troubles était l'essor de la tonnellerie

Les sauveurs de la vigne contre le mildiou : Ernest David (ci-dessus), régisseur du château Dauzac, observa que les raisins sur lesquels on avait projeté du sulfate de cuivre afin de les protéger des maraudeurs étaient ainsi préservés de la pourriture. Ulysse Gayon (en haut à gauche), élève de Pasteur et professeur de chimie à la faculté de Bordeaux, remarqua à son tour l'efficacité du sulfate de cuivre. Alexis Millardet (en haut à droite) mit au point la fameuse « bouillie bordelaise ».

PROTÉGEZ VOS VIGNES
MARQUE MACCLESFIELD
BOUILLIE
MACCLESFIELD
Sté Ame LA CORNUBIA
QUALITÉ EXTRA
BORDEAUX
BOUILLIE
60 POUR CENT SULFATE DE CUIVRE NEIGE
15 POUR CENT CUIVRE PUR
MACCLESFIELD
50 KILOS BRUT POUR NET
CHO 34.
BOUILLIE
MACCLESFIELD

industrielle, requérant moins de main-d'œuvre pour une production de barriques plus importante. Beaucoup de petits artisans, jusque-là indépendants, tombent dans le salariat tandis que le chômage grandit. De plus en plus, d'ailleurs, on s'approvisionne hors de Gironde en barriques neuves ou usagées. Les négociants font eux-mêmes fabriquer des futailles dans leurs chais de Bordeaux et la région de Saint-Macaire va définitivement perdre son ancienne vocation de tonnellerie.

Le Bordelais dans la crise mondiale

C'est en réalité à cause d'événements extérieurs au Bordelais que le vignoble se trouve plongé dans l'une des crises les plus graves de son histoire. La crise mondiale, dite de 1929, a eu ici pour effet de ramener presque à rien les exportations de vins. La Belgique, premier importateur, est amenée à diviser par quatre ses achats entre 1926 et 1934. L'Allemagne, deuxième client, n'achète plus, à son tour, que de 5000 à 15 000 hectolitres par an à partir de 1931, suivie en cela par les Pays-Bas. Quant à l'Argentine, elle disparaît complètement. Une fois de plus, c'est la Grande-Bretagne qui reste la plus fidèle cliente, mais avec des volumes de l'ordre de 30 000 à 40 000 hectolitres seulement. Au total, les expéditions à l'étranger tombent à 200 000 hectolitres en 1934, trois fois moins qu'une décennie auparavant.

A baisse de demande, baisse des prix, surtout lorsque l'offre reste importante. Or la production passe par une série d'années fortes. A l'année record de 1922 (7 200 000 hectolitres de récolte !), succèdent trois années de 5 000 000 hectolitres ou plus, sans parler des 6 850 000 hectolitres de 1934 ou des 6 040 000 hectolitres de 1939 ! Entre les deux conflits mondiaux, on ne compte guère que deux années « disetteuses », 1926 et 1930. Rien d'étonnant, dans ces conditions, à ce que les prix s'effondrent – cela pour tous les types de vins, y compris les meilleurs. Les grands domaines résistent mieux grâce à de vieux millésimes, mais la petite viticulture est touchée de plein fouet. Cette dernière représente de nombreux paysans : en 1931, 83 % des producteurs girondins récoltent chacun moins de 100 hectolitres, ce qui correspond à peu près à une surface de 3 hectares ! Les conséquences en seront un net recul de la culture (un dixième du vignoble est arraché), ainsi que la recrudescence du syndicalisme et des diverses organisations professionnelles. A la veille de la Deuxième Guerre mondiale, le vignoble girondin est l'une des zones rurales les plus gravement sinistrées en France...

Ci-contre : *Cette affiche des années 1930 vante le bon vin retrouvé grâce à une marque de « bouillie bordelaise ». (Bordeaux, Archives municipales)*

Les difficultés de l'entre-deux-guerres ou le vignoble dans la tourmente

La difficile naissance de l'aire « Bordeaux » et des appellations d'origine girondines

Pour pallier l'anarchie du monde viticole, en particulier les effets néfastes de la surproduction et de la fraude, le législateur décide dès 1905 d'élaborer une carte des zones de vins de qualité dans tout le territoire national : c'est qu'il fallait protéger bourgogne, bordeaux, champagne, cognac... L'histoire sera amplement sollicitée dans cette œuvre de délimitation. On en appelle aux spécialistes, aux archivistes des départements concernés pour fournir une argumentation scientifique. Parmi les chercheurs qui ont sondé le passé figurent en bonne place le conservateur des Archives de la Gironde, Auguste Brutails – catalan d'origine –, le docteur Georges Martin, résidant dans les Graves, ainsi que le professeur départemental d'agriculture Joseph Capus, languedocien, exerçant son métier à Cadillac. Sur le plan local, les choses vont bon train et le député Cazeaux-Cazalet, à la tête d'une commission départementale, propose en 1907 de réserver le nom « Bordeaux » aux seuls vins du département, communes forestières landaises exclues.

Mais les protestations véhémentes des viticulteurs du Lot-et-Garonne et de Dordogne font, dès 1909, étendre l'appellation à une quarantaine de communes du Périgord et une vingtaine de l'Agenais. Au nom de l'ancienne navigation viticole sur le bassin garonnais, d'autres régions, notamment Gaillac (cf. *Le Vignoble de Gaillac* de J.-L. Riol, ouvrage de circonstance paru en 1913) revendiquent à leur tour la même appartenance.

Appartenant à l'une des plus célèbres dynasties du négoce bordelais, Daniel Guestier participa activement à la détermination des diverses zones d'appellation « Bordeaux ».

Dès avant la guerre de 1914, le Girondin Cazeaux-Cazalet, député, présida une commission chargée de délimiter la région habilitée à produire des bordeaux. On lui éleva cette statue près du château de Cadillac.

En septembre 1909, Bacchus triompha à Bordeaux lors d'une spectaculaire fête des vendanges. Les matinées furent consacrées au défilé de trente chars et de deux mille figurants. Les après-midi, l'on put applaudir à un drame gaulois au cours duquel un barbare sanguinaire, assiégeant l'antique Burdigala, devient pacifique grâce à la douceur de nos vins. Pour l'occasion, un amphithéâtre de vingt-cinq mille places fut prestement dressé sur les Quinconces. Un décor de cent mètres de long reconstitua les tours de Burdigala et ses murailles auxquelles s'accrochaient des pampres de vigne.

On finira par aboutir en 1911 à ce qui avait été proposé quatre ans auparavant : c'est la limite départementale qui fixera désormais aux vins le droit de s'appeler « Bordeaux ». Les vins de Langon sont ainsi reconnus de Bordeaux, et non ceux du Bergeracois dans le département de la Dordogne, pourtant en partie contrôlés du point de vue commercial par Libourne. Plus significatif encore, les vins girondins des confins saintongeais – que l'on distillait à la mode de Cognac – rentrent sous la bannière de Bordeaux et perdent leur possibilité de devenir du cognac. Est ainsi créé, jusqu'à nos jours et sans doute pour longtemps, un carcan juridique et géographique dont il faut bien s'accommoder. Dans l'immédiat, les Girondins sont satisfaits, car il ne saurait y avoir de vin de Bordeaux que provenant de la Gironde. Il y aura pourtant des combats d'arrière-garde : les Lot-et-Garonnais de l'arrondissement de Marmande, les Périgourdins du Bergeracois, voire les Lotois de Cahors protestent vigoureusement, par l'intermédiaire de leurs élus et sans doute même du président de la République, Armand Fallières, propriétaire-viticulteur à Mezin en Lot-et-Garonne.

En fait la bataille débouche sur une victoire de la géographie départementale sur la nature et sur les précédents historiques, puisque l'on assimile les bordeaux – appellation générale de base – au département de la Gironde, et cela jusqu'à aujourd'hui. Cette décision sera lourde de conséquences. A l'extérieur de l'aire ainsi délimitée, en Agenais, on abandonne quelque peu la vigne pour adopter d'autres cultures ; en Périgord, on songe à se doter d'appellations viticoles spécifiques, comme en Bergeracois et à Monbazillac. En Gironde même, on ne peut plus importer des vins de l'extérieur du département pour effectuer les assemblages, au risque de perdre l'appellation bordeaux. Le négoce suscite alors une puissante vague de plantations, en particulier en Entre-deux-Mers.

Mais si les Girondins se sont montrés unanimes pour exclure les départements voisins de l'appellation Bordeaux, ils sont beaucoup moins unis pour définir des appellations régionales à l'intérieur de leur coquille bordelaise. Comment délimiter par exemple l'appellation Saint-Emilion, ou celle de Sauternes ? Les fastes de la grande fête des vendanges du 12 au 14 septembre 1909 – avec sa mémorable représentation d'un « Bacchus triomphant » et d'imposants défilés de chars dans les rues de Bordeaux – ne règlent pas ces problèmes délicats.

En 1911, la question des délimitations resurgit dans son ensemble, suite à la mauvaise humeur des Aquitains contre les Girondins, et conséquence surtout de graves émeutes en Champagne. Alors se produit un revirement dans la notion d'appellation d'origine, conçue comme une propriété non plus collective mais individuelle, et instituant une délimitation par la voie judiciaire et non administrative. Tout propriétaire peut donc se prévaloir de n'importe quelle origine, quitte à en prouver le bien-fondé en justice en cas de contestation. C'est du moins ce qui ressort de la loi de 1919, dont l'application va susciter une foule de procès.

En Gironde, la situation devient complètement anarchique, certains propriétaires se parant de titres divers que d'autres leur contestent. Malgré quelques convergences – notamment sur l'utilisation des noms de sous-régions (Médoc, Graves, Côtes etc.) et surtout de communes –, un grand flou règne quant à l'origine précise des produits.

Plus grave, la qualité du vin n'est pas contrôlée. Il est possible de livrer en toute légalité un produit conforme aux textes en vigueur, mais dépourvu de toute qualité particulière. Cette lacune sera en partie comblée par deux textes de loi votés en 1925 et 1927. Le premier stipule que « l'appellation d'origine d'une commune ou d'une région délimitée [...] ne peut être appliquée qu'aux produits obtenus [...] en vertu des usages locaux, loyaux et constants ». Le second interdit, pour l'obtention de l'appellation, l'usage des « cépages hybrides producteurs directs ». Derrière ces deux lambeaux de texte d'une importance primordiale, il faut voir la patte d'une personnalité girondine, Joseph Capus. Ancien professeur d'agriculture à Cadillac, Capus est devenu député de la Gironde en 1919 et, dans la foulée, président de la commission parlementaire dite des « grands crus ». Son action sera encore essentielle dans les années 1930, et sa détermination plus nette, lorsque beaucoup de producteurs, à commencer par de nombreux Girondins, revendiqueront des appellations pour échapper à une législation de plus en plus contraignante sur les vins de consommation courante. Joseph Capus, alors sénateur, participe à la création en 1935 du Comité national des appellations d'origine, devenu plus tard Institut et connu sous le sigle INAO. C'est cet organisme qui crée les appellations au niveau national à un rythme accéléré, définissant non seulement les limites géographiques des productions mais aussi les conditions précises de terroir, d'encépagement, de types de culture, de degré alcoolique minimum des moûts, etc.

Pour le Bordelais, les principaux décrets d'appellation d'origine contrôlée, de la fin de septembre 1936 à la fin de l'année 1938, se fondent sur les très importants travaux préliminaires élaborés entre 1907 et 1935. L'assimilation du département de la Gironde à l'appellation Bordeaux sera reprise, et tout un système sera élaboré, d'appellations emboîtées, régionales puis communales, correspondant à des conditions de production de plus en plus strictes.

L'apparition des caves coopératives (1932-1950)

C'est dans cette atmosphère de crise que sont fondées les premières coopératives, un bon quart de siècle après celles du Languedoc. Le mouvement s'amorce même dans un vignoble très réputé, celui de Saint-Emilion. Dès la fin de 1932, quatre caves voient le jour; cinq nouvelles s'y ajoutent l'année suivante, six en 1934, quatorze en 1935. A la veille de la guerre, il y en a cinquante-deux, réparties un peu partout dans le vignoble, en Médoc, en Bourgeais, en Blayais, et en Entre-deux-Mers. Ces fondations prouvent le succès du mouvement. Après la guerre, les créations seront moins nombreuses, huit au total jusqu'en 1952, tempérées même par quelques fermetures. Mais le nombre des coopérateurs n'a cessé d'augmenter, passant de 6000 à la Libération à près de 9400 en 1968, groupant alors le tiers des viticulteurs, tandis que les capacités de cuverie doublent entre 1946 et 1970. En ce pays où la qualité du vin se confond, à tort ou à raison, avec le caractère particulier du cru, c'est-à-dire du domaine, le mouvement coopératif traduit la fin d'un certain individualisme paysan. Il marque aussi l'amélioration de la vinification rendue homogène pour beaucoup de viticulteurs, et même l'apparition d'une véritable œnologie pour une masse de vins moyens désormais dignes de porter le titre de Bordeaux, sinon d'appellations plus cotées.

A nouveau des temps difficiles

Le vignoble dans la Deuxième Guerre mondiale

Le régime d'occupation que connut une partie de la France à partir de 1940 et jusqu'au combat de la Libération de 1944-1945 aura des conséquences multiples sur le Bordelais viticole. Mettons ici l'accent sur deux faits.

En premier lieu, le vignoble est momentanément divisé par la ligne de démarcation qui coupe l'Entre-deux-Mers en deux parties, laissant la zone libre à l'est de Castillon et de Langon. Un second changement de portée majeure a trait à l'organisation du marché du vin, produit d'échange et d'exportation par excellence. Malgré la rareté de la main-d'œuvre et les difficultés d'approvisionnement en produits de traitement, les récoltes sont de quantité moyenne quasi normale et de bonne qualité. Mais comment les commercialiser, surtout à l'extérieur du pays, alors que l'Amérique du Nord, la Grande-Bretagne, la Belgique et les Pays-Bas, les pays scandinaves et les colonies françaises représentaient en 1938-1939, avec l'Allemagne, les principaux acheteurs de vins de Bordeaux ? Ajoutons le système corporatiste instauré par le régime de Vichy. A cet égard, les structures préexistantes se sont adaptées assez vite, et le gouvernement du maréchal maintient l'appareil législatif des appellations contrôlées ainsi que l'infrastructure des coopératives, dont le nombre d'adhérents a même tendance à augmenter.

Faute de documents suffisamment fiables, le commerce des vins de Bordeaux pendant la Seconde Guerre mondiale échappe en partie aux analyses des historiens. On peut cependant en décrire quelques aspects, surtout après juin 1943, lorsque le gouvernement de Vichy prend des mesures strictes en matière de prix sur les denrées alimentaires : les vins de Bordeaux sont précisément concernés (comme ceux de Bourgogne ou de Monbazillac en Dordogne). Une liste établie d'un millier de noms pour le seul Bordelais fixe des prix limites de vente à la propriété pour les vins à appellation contrôlée. Cette liste reprend finalement la hiérarchie de notoriété des crus et appellations d'avant la guerre, les grands vins du Médoc, de Saint-Emilion et surtout du Sauternais se détachant très nettement de l'ensemble de la production viticole locale.

Le rôle exact de l'occupant allemand est beaucoup plus difficile à apprécier. Il faudrait évoquer la spoliation des biens des juifs (comme les domaines Rothschild en Médoc), les exactions sur les propriétés britanniques, mais aussi les divers aspects du « commerce » franco-allemand pendant la guerre – qu'il s'agisse des ventes normales de producteurs et de négociants locaux à des entreprises allemandes, ou des ventes effectuées en faveur de l'armée d'occupation par l'intermédiaire d'un négociant en vins de Brême, Heinz Bömers.

Au lendemain de la guerre, les clients traditionnels réapparaissent lentement, contribuant au retour d'un équilibre précaire. Les surfaces en vigne stagnent autour de 130 000 hectares, mais l'effectif des récoltants s'érode lentement.

Avec plus du quart de la récolte totale, le rôle des caves coopératives est essentiel dans la production vinicole bordelaise. Ainsi à Nérigean, en Entre-deux-Mers, la cave est le plus important bâtiment de la commune.

La catastrophe climatique de 1956

Ce vignoble légèrement déclinant s'apprêtait à une nouvelle bonne récolte après un début d'hiver 1955-1956 particulièrement doux. La sève avait monté rapidement dans les astes lorsqu'un coup de froid exceptionnel, par sa dureté et sa brutalité, vint s'abattre sur l'Europe. A Bordeaux, on enregistre jusqu'à – 15° C, dans les campagnes sans doute – 20° C à la fin du mois de février, et ce pendant une semaine environ. Sans doute analogue à ceux du XVIIIe (pensons au grand hiver de 1709), ce désastre viticole est d'autant plus grave que non seulement la récolte de 1956 se voit compromise (2 150 000 hl), mais encore les suivantes. Un potentiel considérable du vignoble est complètement perdu (environ 1/4 des surfaces totales), et il faudra attendre quatre ans pour retrouver une production normale (4 000 000 hl en 1960). De nombreuses plantations ne compenseront pas les abandons ou les arrachages, et le vignoble ne couvrira plus que 110 000 hectares. Beaucoup de viticulteurs découragés abandonnent alors la vigne, et bon nombre d'entre eux l'agriculture. En deux ans, l'effectif des récoltants tombe de 56 000 à 46 000 personnes.

La géographie même du vignoble a changé. La périphérie du département, les environs de Bordeaux, les terres basses voient les vignes disparaître, alors que dans les zones de viticulture de qualité (Haut-Médoc, Sauternais, et Saint-Emilion surtout) les surfaces encépagées augmentent à nouveau jusqu'en 1970. Au vrai, la diminution de la viticulture après le gel de 1956 tient essentiellement à l'arrachage des vignes à vin de consommation courante. En revanche, la vogue des vins blancs fait que leur proportion dans le total de la récolte culmine dans la décennie 1945-1955 avec près de 60 % des volumes. Secs ou liquoreux ils ont trouvé un large marché, en France et à l'étranger, grâce à leurs prix modérés.

De plus, l'évolution technique a fait du vignoble une campagne mécanisée. Le tracteur se répand en Gironde comme partout ailleurs en France, et le nombre des exploitations viticoles diminue sans arrêt : de 46 000 en 1960, leur effectif s'effondre à moins de 27 000 dix ans après. La surface moyenne en vigne par exploitant s'élève à 4 hectares, ce qui, compte tenu de l'amélioration exceptionnelle des rendements, permet à la plupart de vivre à peu près correctement. En fait, les plus « petits » viticulteurs pratiquent déjà un autre métier. Les autres cultivent au moins 8 à 10 hectares, ce que permet la modernisation du vignoble.

Le travail de la vigne et du vin en Bordelais offre aujourd'hui une extraordinaire synthèse de tradition et de modernité. Beaucoup d'opérations proprement agricoles se font encore à la main, à l'exception des labours (où le tracteur a évidemment remplacé le bétail), voire des vendanges, qui, dans les meilleurs crus, ne sont pas mécanisées. Les opérations liées à la vinification, en revanche, se distinguent par leur sophistication avancée, due à une vraie science : l'œnologie. A cet égard, l'école bordelaise est considérée comme l'une des toutes premières au monde.

Chaque année, en hiver, la vigne est taillée.

Régulièrement, il faut entretenir ou changer les piquets, appelés en Gironde les « carrassons ».

Un producteur de carrassons en acacia, les meilleurs parce que les plus durables.

L'épamprage permet de supprimer les « gourmands » ou rameaux inutiles.

Pour aérer le sol, les ceps doivent être alternativement « chaussés » et « déchaussés ».

Le petit déjeuner des vendangeurs.

Les traditionnels paniers en bois dans l'attente du départ.

Au XIXe siècle, les sécateurs ont remplacé la serpette à vendanger.

En bout de règes, le repos des porteurs de hottes et des coupeurs de grappes.

En Sauternais, les vendanges étaient souvent assurées par des femmes venues de la lande.

Recevant le contenu des paniers, les douils sont placés sur une remorque et transportés au cuvier.

L'égrappage consiste à séparer les graines des parties vertes de la grappe.

A Yquem, les grains de raisin sont pressés pour donner un jus fortement chargé en sucre.

Dans les châteaux du Sauternais, la fermentation des moûts se fait directement en barrique.

A Cos-d'Estournel en Médoc, l'intérieur d'une cuve après l'écoulage.

A Saint-Emilion, on remplit un pressoir traditionnel d'où s'écoulera le moût.

De fréquentes dégustations permettent de surveiller l'évolution du vin.

Le vignoble au présent

Le vignoble bordelais n'est pas seulement le fruit d'une longue histoire. Il est aussi, dans son présent même, promesse d'avenir. Là se rejoint la ténacité exemplaire de campagnards et de citadins à défendre leur patrimoine. Là se profile la volonté d'une société tout entière occupée à animer une filière agro-alimentaire sans égale. Certes, des particularités venues du passé s'estompent, comme le rôle du négoce traditionnel. D'autres à l'inverse s'affirment : songeons ainsi à l'irrésistible ascension du « château ». Si les moyens varient, l'objectif demeure, et la réussite dit assez le succès de l'entreprise. Le nom « Bordeaux » est maintenant connu du monde entier.

Ci-dessus : *Sur les côtes de Saint-Hippolyte, près de Saint-Emilion, le vignoble dessine un subtil paysage en mosaïque.*

Ci-contre : *La vigne en hiver après la taille, dans les graves de Landiras.*

Un nouveau vignoble

Sinistré par les gelées de 1956, le vignoble s'est peut-être autant transformé à la fin du XXe siècle que pendant les six siècles précédents. Affirmant sans arrêt sa vocation de haute qualité, il a très rapidement évolué vers une technicité accrue. Il a profité aussi de cette ère de prospérité que d'aucuns ont appelé les « Trente Glorieuses ».

Tradition et modernité

Un encépagement simplifié

Traditionnellement, le vignoble bordelais, comme beaucoup d'autres zones viticoles, recélait une diversité étonnante de cépages. Par habitude, on cultivait pêle-mêle n'importe quelles variétés, rouges et blanches mêlées, qu'on vinifiait ensemble. De sorte que le Bordelais est progressivement devenu un véritable musée de cépages. Or voici qu'aujourd'hui l'encépagement se simplifie, par suite d'une auto-sélection des producteurs comme des exigences ampélographiques des décrets d'appellation. Sur les quelque 110 000 hectares du vignoble, les trois quarts sont en 1990 en vignes rouges ; celles-ci ne comptaient que pour les deux tiers une décennie auparavant, et pour la moitié seulement vers 1970. Un constat s'impose : le Bordelais est récemment devenu un immense vignoble rouge de qualité. On a donc assisté en une génération d'hommes à une exceptionnelle montée en puissance de quelques variétés rouges qui ont noms merlot et cabernets (cabernet-sauvignon et cabernet-franc). Le merlot avec 45 000 hectares couvre à lui seul plus de 40 % des surfaces totales. Cépage du Libournais par excellence (Saint-Emilion, Pomerol, Fronsac), il est largement sorti de son berceau originel pour s'étendre à tous les vignobles de côte, en particulier en Blayais-Bourgeais au-dessus de l'estuaire, en Premières Côtes de Bordeaux au-dessus de la Garonne et sur le vaste plateau d'Entre-deux-Mers. Bien plus, il est devenu le second cépage de la presqu'île médocaine.

Ci-contre : *Le conquet en inox de la cave coopérative de Listrac. Pendant les vendanges, les raisins passent des paniers aux hottes, des hottes aux douils et des douils aux conquets, où une vis sans fin les transforme en moût.*

Double page précédente : *La vigne haute est apparue il y a une quarantaine d'années en Entre-deux-Mers et dans les Premières Côtes de Bordeaux. Cette technique, imitée de la viticulture autrichienne, a facilité la mécanisation de certains travaux du vignoble.*

Le cabernet-sauvignon occupe le second rang avec 25 000 hectares. Peu fréquent en Libournais et Blayais, il se partage surtout entre le Médoc et l'Entre-deux-Mers où, dans ce cas précis, il permet avec le merlot de produire les gros volumes de l'appellation Bordeaux. Le troisième cépage rouge, le cabernet-franc, est plutôt l'apanage du secteur oriental de l'Entre-deux-Mers et du Libournais. Autant dire qu'au-delà de dominantes régionales précises, les vins rouges de Bordeaux ne sont pas des vins de cépages mais des vins d'assemblage. Tout l'art du viticulteur consiste à sélectionner les meilleures variétés (et les meilleurs porte-greffes) en fonction des sols, des micro-climats etc, quitte à les tempérer par la présence des autres. C'est d'ailleurs pour cette raison que les autres cépages – très annexes – n'ont pas disparu.

L'essor spectaculaire des vignes rouges s'est évidemment fait au détriment des variétés blanches qui comptent pour moins de 25 000 hectares. A l'exception du sauvignon, toutes sont en retrait, en particulier muscadelle et colombard, l'ugni blanc résistant un peu mieux en Blayais. Le sauvignon est de plus en plus sélectionné pour les vins secs, notamment en Entre-deux-Mers. Le sémillon, longtemps cépage le plus répandu de la Gironde au temps où les blancs étaient à égalité avec les rouges, n'est plus que le quatrième, avec moins de 12 000 hectares: mais c'est surtout lui qui produit les nectars liquoreux, comme à Barsac-Sauternes. Quoi qu'il en soit, les parcelles sont aujourd'hui en cépages homogènes, adaptés au milieu local. Les viticulteurs prennent soin de les vendanger à la date optimale avant de pratiquer dans les cuves de savants dosages.

Ces mutations récentes de l'encépagement impliquent évidemment un net rajeunissement du vignoble, amenant – entre autres causes – une augmentation spectaculaire du volume des récoltes. Signalons pour mémoire la quasi-disparition de variétés n'ayant pas droit à une quelconque appellation, induisant une faible production de vins dits de table. Vers 1990, un tiers du vignoble a moins de dix ans d'âge, un quart seulement plus de trente ans, Médoc et Entre-deux-Mers ayant les structures les plus jeunes. Le rythme annuel global de remplacement se situe autour de 3500 hectares. Ainsi comprend-on mieux la puissance, en quantité comme en qualité, du potentiel productif que présente le Bordelais en cette fin du XXe siècle.

La modernisation des types de culture

Les modes de culture ont eux aussi largement évolué, associant encore tradition et modernité. Depuis la fin du XIXe siècle, on s'est beaucoup préoccupé du drainage. Le vignoble girondin est aujourd'hui un immense champ d'invisibles tuyaux de poterie ou de plastique enterrés qui évacuent l'eau dans des fossés, principalement dans des terroirs où la faible déclivité du sol ne permet pas un drainage naturel facile.

Plus récent est le souci de trouver de nouveaux types de plantation. L'orientation des rangées de vigne ne pose pas a priori beaucoup de problèmes. Certains viticulteurs préfèrent allonger leurs règes suivant la pente, d'autres les aligner selon les courbes de niveau. L'érosion des sols n'étant pas ici très importante, cet aspect de la culture ne revêt pas la même acuité que dans des régions au climat plus violent. En revanche, la densité des ceps à l'hectare fait l'objet d'attentions plus poussées, même si, depuis le XIXe siècle au moins, l'espacement des rangées entre elles et celui des ceps sur la rangée sont assez serrés, de l'ordre de 1 à 1,50 mètre: cela nous donne des densités de l'ordre de 6000 à 10 000 pieds à l'hectare, surtout en Médoc et en Graves. Ces dernières régions ont l'apanage des vignes basses, afin que les grappes profitent au maximum de la chaleur venue de la réflexion des rayons du soleil sur les cailloux des graves réagissant comme de petits miroirs.

Ailleurs et notamment en Libournais, la vigne est cultivée plus haute. Un nouveau type de culture s'affirmera dans la décennie 1955-1965, en particulier en Entre-deux-Mers et dans les Côtes de Bordeaux. Une fois n'est pas coutume, l'expérience est imitée de l'extérieur : à savoir des vignobles autrichiens, notamment ceux du technicien

Lenz Moser, propagateur du système dit des vignes hautes et larges. C'est en fait la recherche d'une meilleure adaptation à la machine, donc d'une diminution des frais de culture, qui a poussé les viticulteurs de la région de Cadillac à adopter ce procédé et à le généraliser en Entre-deux-Mers : vers 1990, il y couvre 30 000 hectares sur 50 000 ! Les traitements en sont facilités, tout comme la cueillette mécanique des grappes.

La plupart des travaux du vignoble restent traditionnels. Les labours, appelés ici « façons », en moyenne de quatre par an, ramènent ou enlèvent la terre sur les pieds de vigne. On enherbe souvent les zones situées entre les rangs pour réenfouir ces engrais verts, car la charge en engrais chimiques est volontairement limitée pour ne point trop pousser les rendements. Et parfois l'on utilise encore les engrais traditionnels, fumier d'ovins par exemple, naguère fournis par des animaux transhumants venus des Pyrénées. Les procédés de taille sont maintenant codifiés et dans l'ensemble assez uniformes. Ils restent parmi les rares dernières opérations manuelles, alors que les traitements anticryptogamiques sont très mécanisés ; ces traitements, sous le climat humide du Bordelais, sont absolument nécessaires pour éviter que les pourritures ne détruisent les récoltes.

Le rôle croissant de la machine à vendanger

Vient enfin le temps des vendanges, après un mois d'août qui, dit-on en Bordelais, « fait le moût ». C'est là une période d'activité intense, surtout lorsque la vendange à la main est encore pratiquée. Dans la tradition, la main-d'œuvre était locale. Les petits propriétaires viticulteurs étaient embauchés comme vendangeurs dans les grandes exploitations, des gens de la ville (surtout Bordeaux) revenaient au pays, étudiants et gitans complétaient les troupes – ces derniers fort appréciés pour la qualité de leur travail, quoique de cohabitation difficile. Dans les Graves et en Sauternais, on eut aussi recours à des Landais venus de la forêt voisine, et ailleurs à des Charentais, des Périgourdins ou des Limousins... voire des cheminots en congé (bénéficiant de la gratuité du transport sur le réseau ferré, ceux-ci venaient de Paris ou du nord de la France). Jusqu'au début du siècle, l'on vit même des Espagnols du Val-d'Aran, de civilisation garonnaise plus qu'ibérique.

Mais le Bordelais manquait encore de bras. Vers 1960, on emploiera des troupes d'Espagnols, comme au même moment en Languedoc. L'appel à cette main-d'œuvre saisonnière a culminé dans la décennie 1970-1980. Près de 10 000 vendangeurs sont alors recrutés officiellement par contrat sous l'égide de l'Office national d'immigration (ONI) ; encore faut-il y adjoindre, difficilement dénombrables, des clandestins venus en touristes. Des familles entières de petits paysans accourent d'Andalousie, pour les deux tiers, et d'Estremadure. Pour nombre d'entre eux, oléiculteurs de la moyenne montagne des pays de Grenade ou de Cordoue, cet épisode des vendanges girondines a été une vraie manne, d'autant qu'il se prolonge ou se précède de travaux annexes : vendanges plus septentrionales dans la région de Cognac ou en pays de Loire, récoltes des pommes ou des fraises en Périgord, cueillettes des fruits et légumes en Agenais... N'oublions pas des Portugais venus pour la plupart des montagnes du Nord (Tràs-Os-Montes), avant que la montée du chômage en France ne conduise à accorder une certaine préférence aux nationaux.

C'est pourtant la machine à vendanger qui recueille aujourd'hui le plus de raisins. Apparue timidement vers 1970, elle ne s'implantera massivement qu'une douzaine d'années plus tard, la Gironde devenant le département français le mieux équipé avec 1700 machines en 1988. La concurrence des firmes de constructeurs a eu pour effet d'abaisser les prix et d'améliorer les performances, d'autant que nombre d'appareils sont achetés par des CUMA (Coopératives d'utilisation du matériel agricole), tandis que se développent des sociétés de service apportant engins et conducteurs. La structure même de la propriété girondine, 9 hectares de vigne en moyenne, rend d'ailleurs rentable l'achat individuel de vendangeuses mécaniques. Le fait de ne plus avoir à loger et nourrir des dizaines de personnes a libéré des locaux, enlevé des soucis matériels aux propriétaires et fait gagner du temps en recherche de main-d'œuvre. A l'heure actuelle, on estime que près des deux tiers des raisins sont récoltés mécaniquement, avec des contrastes régionaux très forts. En Entre-deux-Mers où les structures sont relativement grandes et où les coopératives livrent une part très importante des vins, la machine règne en maître.

En Médoc, au petit matin, le départ des vendangeurs.

Nombre de propriétaires, cependant, préfèrent les vendanges à la main. Les petits viticulteurs n'ont pas toujours l'aisance financière suffisante pour acheter un matériel coûteux. D'autres, et principalement les châteaux les plus connus, pensent que l'expérience des vendangeurs et un tri rigoureux des graines sont préférables à la machine. Et comment ne pas rester attaché à une chaleureuse tradition, aux fêtes qui accompagnent les vendanges, les accabailles, la gerbe baude...? Aux pays des vins blancs, enfin, la machine est peu utilisable, surtout pour les vignes à vin liquoreux, car l'oxydation de la vendange se produit rapidement sur des graines détachées de leur pédoncule.

Des techniques de vinification ultramodernes

Aux transformations de la viticulture répondent, plus spectaculaires encore, celles de la vinification. Celle-ci est devenue l'une des plus scientifiques qui soient, au point que l'œnologie – et singulièrement l'œnologie propagée par les Bordelais – est maintenant une science à part entière. N'en retenons ici que les aspects les plus simples, les plus immédiatement visibles.

Pendant des siècles, on a davantage subi les fermentations qu'on ne les a contrôlées. Par là s'explique l'existence de millésimes ratés, aujourd'hui pratiquement absents (même s'il en est de meilleurs que d'autres en vertu des conditions climatiques). Une des améliorations majeures vient du contrôle parfait des températures de fermentation et de la maîtrise de la fameuse fermentation secondaire, dite malolactique. On y a réussi, en large partie, grâce à l'adoption de cuves en métal inoxydable munies d'un système de refroidissement par film d'eau froide réglé par ordinateur. Pourtant

La vigne « en plein » était rare autrefois, et l'on pratiquait souvent la polyculture (herbe, légumes, céréales) entre les rangées de ceps.

Sous le climat humide du Bordelais, la protection du vignoble contre les maladies est l'un des travaux les plus importants du viticulteur.

la date des vendanges, calculée en fonction de la maturité, de même que la durée des fermentations, restent à l'initiative de chaque propriétaire ou de son maître de chai. Avec les proportions variables des cépages et les savantes manipulations des assemblages, c'est là ce qui fait l'originalité de chaque cru. Vient ensuite l'élevage, voire le vieillissement, qui impliquent de fortes capacités de stockage. Ces capacités sont aujourd'hui évaluées à plus de 10 millions d'hectolitres, soit l'équivalent de deux récoltes moyennes. Les cuveries en béton, maintenant revêtues intérieurement de matériaux neutres, en représentent encore la moitié. Mais le métal connaît un développement spectaculaire, le bois étant plus que jamais réservé au vieillissement des meilleurs vins. On utilise alors la barrique bordelaise, d'une capacité de 225 litres (4 barriques font un tonneau de 9 hectolitres, cette dernière mesure de compte ne correspondant plus à une futaille réellement existante). La qualité de la barrique, donc du bois, donne une grande partie de leurs qualités aux vins. D'où l'intérêt majeur porté aux futailles.

Elles étaient jadis fabriquées par toute une classe d'artisans des campagnes, les tonneliers, dont certains étaient en même temps petits viticulteurs ou commerçants… On a vu que cette catégorie d'artisans avait presque totalement disparu au début du XXe siècle. La concurrence des tonneliers des grandes firmes urbaines de négoce, et plus encore la naissance de tonnelleries industrielles font qu'aujourd'hui la quasi-totalité des producteurs achètent leurs futailles à des spécialistes peu nombreux. Fournies par des entreprises de Bordeaux, de Gironde ou même de Cognac, les barriques sont maintenant toutes en bois de chêne, provenant de forêts spécialisées du Limousin ou du Berry (la forêt de Tronçais est la plus connue), alors qu'autrefois on les faisait venir du nord (les fameux merrains de la Baltique) comme frêt de retour sur les bateaux livrant les vins en Europe septentrionale. Pour les tout meilleurs vins du Bordelais, on ne fait même servir la barrique qu'une fois, de sorte que les nectars ne vieillissent que dans du bois neuf, pendant plusieurs mois, la mise en bouteilles n'intervenant qu'en phase ultime de l'élevage. De plus en plus, cette ultime opération se fait « au château » (avec des installations fixes ou des chaînes mobiles), ce qui garantit l'authenticité du vin – seuls les vins de marque commerciale étant mis en bouteilles dans les chais du négoce.

Les vendanges ont toujours été en Bordelais l'occasion de grandes réjouissances appelées le plus souvent « gerbe baude ». En Sauternais, on les nomme « accabailles ».

L'avènement des spécialistes

Des récoltes records

Le rajeunissement de l'encépagement, son amélioration et une vigilante protection contre les maladies cryptogamiques, joints à une légère augmentation de la surface du vignoble (100 000 hectares vers 1985, 117 000 dix ans après) expliquent l'envol des volumes des vendanges. Ces volumes sont seulement compromis par de rares accidents climatiques, ou ralentis par les limites maximales de rendement qu'ont fixées les décrets d'appellation. C'est ainsi que depuis 1960, une année sur deux a dépassé les 5 millions d'hectolitres, et trois millésimes les 6 millions. Depuis une décennie, seule 1991, avec 2,7 millions dus aux gelées tardives de printemps, fait figure d'année exceptionnellement faible. L'évidence est là : malgré la menace des gelées ou de la coulure, le vignoble n'a jamais autant produit. Ces hauts rendements témoignent d'une recherche des meilleurs terroirs, de l'adoption de cépages résistants et bien défendus, peut-être aussi d'un excellent état de l'encépagement dû à une meilleure sélection clonale.

A cette augmentation frappante des récoltes répond une profonde mutation de leur structure interne. La plus notable vient de la quasi-disparition des vins de table – on disait naguère de consommation courante. Ces vins sans appellation ne représentent maintenant que 2,5 % à 3,5 % du total de la vendange et consistent surtout en vins blancs récoltés sur les marges septentrionales du département, aux confins des Charentes. Voués en grande partie à la distillation, et faute de pouvoir devenir des cognacs, ils fournissent une eau-de-vie pour laquelle a été obtenu le label « fine de Bordeaux ». Le reste est partagé très inégalement en vins rouges et blancs d'appellation, dans la proportion de 85 % pour les rouges. Cette écrasante domination est un fait récent puisque cette proportion, vers 1980, n'était que de 75 %. Ici se révèle un caractère essentiel du vignoble girondin : sa grande plasticité, sa capacité de se reconvertir partiellement dans les produits les plus réclamés. La géographie montre que le Médoc et le Libournais sont depuis longtemps – exclusivement pour le premier et principalement pour le second – producteurs de vins rouges, tandis que le

Sauternais l'est de blancs. Le reste du vignoble peut facilement évoluer, à commencer par le vaste plateau d'Entre-deux-Mers, en blanc ou en rouge, selon la demande en vins de l'appellation Bordeaux. Or celle-ci, aujourd'hui, consiste presque uniquement en rouge, notamment sur le marché intérieur français.

Dans la masse des vins ayant droit à une des appellations du Bordelais, signalons l'émergence récente de deux productions prometteuses, à savoir celle des rosés et celle des mousseux. Pour n'être pas très renommées, elles jouent cependant un rôle non négligeable. Les rosés marquent un retour à la tradition la plus ancienne, celle des temps médiévaux où l'on produisait des clairets : c'est en ce sens que la cave coopérative de Quinsac a retrouvé ce type de vin que beaucoup d'autres producteurs ont imité. A l'heure actuelle, son volume évolue entre 60 000 et 120 000 hectolitres, soit 2 à 4 % de la production bordelaise. Quant aux mousseux, ils bénéficient depuis 1990 de la toute nouvelle appellation « Crémant de Bordeaux », mais leur production ne concerne que 6000 à 8000 hectolitres.

Les volumes les plus forts sont ceux des divers vins rouges d'appellation contrôlée, en tête desquels vient la masse des bordeaux : ce sont en moyenne 2 millions d'hectolitres (soit le tiers du total des vins girondins) que l'on peut théoriquement récolter partout. Ces vins sont massivement produits dans les secteurs du Cubzadais, de l'Entre-deux-Mers, voire des palus, où l'on ne peut bénéficier d'appellations plus cotées. Les secteurs de côtes rouges, dites de Castillon, de Francs, de Bourg, de Blaye, de Vayres et Premières Côtes de Bordeaux, donnent de leur côté des volumes de l'ordre de 720 000 hectolitres.

Restent les deux zones phares de la production rouge, les groupes géographiques du Médoc-Graves et du Libournais. Prolongé par les Graves du nord aux portes de Bordeaux, le Médoc produit environ 900 000 hectolitres de grands vins rouges, selon une hiérarchie d'appellations emboîtées (« Médoc », « Haut-Médoc » et appellations communales) où se distinguent les crus classés de 1855 pour le Médoc, de 1959 pour les Graves. En Libournais, la trilogie des divers Saint-Emilion, Pomerol et Fronsac forme, avec environ 600 000 hectolitres, le deuxième pôle des grands vins rouges, répartis en de savantes pyramides au sommet desquelles trônent les classés de Saint-Emilion et le château Petrus de Pomerol.

Les vins blancs sont, en Gironde, divisés en deux catégories. Les secs, trop peu connus, ont nom « Bordeaux » (500 000 hectolitres environ), « Graves » (avec quelques crus classés à Pessac-Léognan), « Côtes » (de Bourg, de Blaye) et « Entre-deux-Mers ». Les vins liquoreux font l'orgueil du Bordelais malgré un volume relativement faible (120 000 à 130 000 hectolitres). Ils viennent uniquement des pays de la Garonne, près de Langon – plus précisément sur la rive gauche des pays du Ciron, autour de Sauternes ou Barsac, et sur la rive droite, des coteaux de Sainte-Croix-du-Mont et de Loupiac.

Le monde des producteurs

La Gironde, à la fin du XXe siècle, compte environ 14 000 exploitations viticoles. La plupart d'entre elles cultivent uniquement la vigne, ou à tout le moins en tirent l'essentiel de leur revenu. Plus que jamais, en effet, la viticulture est une affaire de spécialistes qui ont peu à peu abandonné l'élevage des bovins ou la céréaliculture. La vigne, logiquement, domine dans les secteurs d'AOC les plus réputés, Médoc, Libournais, Sauternais par exemple. La culture des céréales continue certes d'être pratiquée dans le département – avec une prépondérance du maïs – mais elle se développe dans les zones humides peu propices à la vigne.

Traditionnellement, même si de vastes domaines étaient confiés à des régisseurs, une grande partie du vignoble restait aux mains d'une petite paysannerie familiale qui travaillait elle-même la terre, avec ou sans l'aide de salariés agricoles. Il demeure de nombreuses traces de cet ancien état de fait, comme l'existence d'un habitat rural très éparpillé au milieu des terres et des vignes, ou la forte prépondérance du faire-valoir direct. Pourtant les choses évoluent vite. Outre la diminution accélérée du nombre de producteurs – ce qui n'est pas un fait original au Bordelais viticole, mais reste caractéristique de l'agriculture française – on note une concentration de la propriété et plus encore de l'exploitation. De plus en plus, le monde viticole se divise en deux groupes. Le premier consiste dans la masse importante des « petits » viticulteurs, entendons ceux qui exploitent

Double page précédente : *Au château Cos-d'Estournel, la technologie la plus moderne a fait apparaître une batterie de cuves en métal inoxydable qui permettent de contrôler parfaitement les températures de fermentation.*

moins de 2 hectares chacun. Avec un effectif de plus de 4100 personnes (le tiers du nombre total des producteurs de vin), ceux-ci mettent en valeur quelque 3000 hectares de vigne, soit moins de 3 % du potentiel viticole du département. Autant dire que leur poids économique est négligeable et que personne parmi eux ne peut vivre de ses vignes. Il s'agit d'ailleurs d'un groupe hétérogène de personnes ayant souvent conservé un lopin familial ; l'on y trouve des retraités, des ouvriers, des artisans, des commerçants, des médecins, des avocats..., résidant sur place ou habitant en ville. A l'opposé, 2100 exploitants de plus de 15 hectares (soit un sur six) mettent en valeur 62 000 hectares (c'est-à-dire les deux tiers). Dorénavant, il n'est donc plus possible de parler de petite propriété dominante, quand s'impose l'image de structures de production très contrastées.

Encore faudrait-il, pour avoir une vision plus exacte, évoquer aussi des oppositions régionales. A grands traits, on peut considérer que c'est en Entre-deux-Mers que les vastes propriétés viticoles sont les plus nombreuses, conséquence d'opérations de remembrement réussies. Dans ce pays presque uniquement agricole, livrant de bons vins de prix moyens, les viticulteurs ne peuvent se contenter d'exploitations étroites ; il leur a fallu grossir ou disparaître, faute de choix (à l'exception des zones proches de la rive droite de Bordeaux, où l'on trouvait du travail en complément). En Libournais en revanche, triomphe la petite et moyenne propriété, de 5 à 15 hectares, tandis que les exploitations supérieures à 15 hectares restent rares. La paysannerie, ici, est depuis toujours très dense ; les productions, assez homogènes et de grande qualité, sont confirmées par de hauts prix. La structure la plus complexe s'observe en Médoc, principalement dans la zone des grandes appellations. De nombreux grands domaines, le plus souvent d'un seul tenant, colonisent les meilleurs terroirs. Mais entre les mailles de leurs parcelles s'insinue un lacis de petites propriétés très attachées aussi à une production de qualité.

L'encadrement de la viti-viniculture girondine et le rôle du Conseil interprofessionnel du vin de Bordeaux

Vignoble modèle, le Bordelais doit son rang à la qualité de ses produits, mais aussi à l'organisation technico-professionnelle de la filière. Indépendamment des structures nationales (comme l'Institut national des appellations d'origine), les Girondins se sont dotés d'organismes appropriés. En premier lieu, des syndicats d'appellations – trente-trois au total – réunissent les viticulteurs par appellations communales ou régionales. Ces syndicats sont eux-mêmes regroupés dans la Fédération des syndicats des grands vins de Bordeaux et appellations contrôlées. A côté de la viticulture, le négoce s'organise autour de la Fédération des syndicats de négociants en vins et spiritueux de la Gironde. Le courtage, représenté par le Syndicat régional des courtiers, joue un rôle essentiel de médiation entre les deux familles professionnelles. Des confréries et commanderies, réunies dans le Grand Conseil du vin de Bordeaux, défendent les traditions et participent à la promotion du vin.

La recherche, l'enseignement et la formation sont pris en charge par de multiples organismes, publics ou privés, à la tête desquels il faut mettre la faculté d'œnologie de Bordeaux, qui forme depuis des décennies des promotions entières de Français et de jeunes étrangers. Quant à l'interprofession, elle est représentée par le Conseil interprofessionnel du vin de Bordeaux (CIVB), organisme déjà cinquantenaire au sein duquel négociants, viticulteurs et courtiers œuvrent ensemble pour promouvoir les vins de Bordeaux, tant en France que sur le plan international. Etabli au centre même de la ville dans l'hôtel Gobineau – une somptueuse construction du XVIIIe siècle due au même architecte que le Grand-Théâtre voisin –, le CIVB est l'une des institutions majeures de la cité.

En Médoc comme dans tout le Bordelais, en dehors des châteaux, de modestes viticulteurs livrent eux aussi d'excellents crus. Cette maison de vigneron est sise à Margaux, au cœur d'un petit domaine indépendant.

Un bon encadrement coopératif

Un producteur sur trois livre son vin à l'une des soixante caves coopératives du département. Celles-ci, pour la plupart nées entre les deux guerres en réponse à la grande crise, sont inégalement réparties en Bordelais. L'Entre-deux-Mers central et oriental en est le mieux pourvu (l'une des plus importantes demeurant à Rauzan), puis le Libournais (avec la doyenne à Saint-Emilion), enfin le Médoc. Les coopérateurs ont en général des superficies en vigne inférieures à celles des non-adhérents. On comprend le rôle social et économique des caves, qui permettent à de petits viticulteurs de subsister en leur évitant de lourds investissements œnologiques. Ainsi peut-on considérer qu'un tiers des vignerons girondins ne sont pas des vinificateurs. Dans nombre d'exploitations, il n'y a pas – ou même jamais eu – d'installations de vinification et de stockage de vin, la coopérative se chargeant de ces tâches. Les volumes de vin traités par les caves, presque en totalité d'appellation, sont impressionnants : en moyenne de l'ordre de 2 millions d'hectolitres par an. Les coopératives ont toutes bien réussi, au point de procéder à de vastes regroupements régionaux (par exemple Uni-Médoc) et même de créer des structures techniques et commerciales puissantes.

Page suivante : *Dans ce cuvier moderne en béton, les températures sont contrôlées par une colonne réfrigérante.*

Vins de Bordeaux, vins de châteaux

Aux yeux du monde, les vins de Bordeaux sont avant tout des vins de « châteaux ». L'existence de quelque cinq milliers d'exploitations utilisant aujourd'hui ce terme le confirme d'une façon éclatante. Le fait est là : près d'un viticulteur girondin sur trois vend son vin sous le nom de « château ». Cette particularité bordelaise – il n'est pas ou peu de « châteaux » dans les autres vignobles du monde, sinon par imitation – mérite une analyse d'autant plus serrée que le terme est ambigu.

Dans un vignoble aussi anciennement réputé et dans un ensemble national où la législation viticole est depuis si longtemps abondante, on devrait s'attendre à rencontrer une définition juridique précise, même tatillonne, du terme « château » – ou à tout le moins une réglementation de son usage. Or, contrairement à la notion d'appellation, le régime juridique du « château » s'avère curieusement incertain. Le décret le plus précis reste celui du 17 avril 1942, publié à un moment où existaient déjà près de 1400 « châteaux ». Ce décret affirme que le « château » implique l'existence « d'un cru particulier, d'un vignoble déterminé, connu de très longue date sous la dénomination en cause, conformément à sa signification et aux usages locaux, loyaux et constants tels qu'ils résultent de la loi du 6 mai 1919 et des lois postérieures ». La jurisprudence, de son côté, étend l'application de l'expression « château » « aux vins provenant de tout domaine particulier de quelque importance, muni de bâtiments appropriés ».

La notion de « château » : une spécificité bordelaise

« Château » sans château

Première surprise : parmi les milliers de viticulteurs qui utilisent le terme « château », bien peu oseraient en faire usage pour qualifier leurs bâtiments. Car la plupart des 5000 « châteaux » d'aujourd'hui ne sont que demeures rurales plus ou moins bourgeoises, voire simples maisons paysannes. Parfois même, le cas n'est pas si rare, il n'existe ni château ni construction ! A l'inverse, la plupart des monuments castraux du Bordelais ne figurent pas parmi les meilleurs crus. Beaucoup sont même dépourvus de tout vignoble. On imagine dès lors le désarroi esthétique de nombre de visiteurs peu au fait des choses de la vigne et du vin qui empruntent les circuits des grands crus ; désarroi encore, mais celui-là gastronomique, des amateurs d'art et d'archéologie qui font la tournée des demeures historiques ! Quelques exceptions prestigieuses réconcilient toutefois l'art et les grands vins : citons Margaux, Beychevelle en Médoc, Filhot, d'Yquem, Malle en Sauternais, Saint-Georges en Saint-Emilionnais...

A défaut d'être monument historique, le « château » tire-t-il son titre de l'existence d'une grande propriété ? L'étude, même sommaire, de la grande exploitation viticole et de sa répartition permet d'apporter quelques éclaircissements. La Gironde compte 1300 domaines de plus de 20 hectares en vigne, couvrant au total plus du tiers du vignoble départemental. Mais une simple raison mathématique rend impossible l'assimilation du « château » au grand vignoble : les « châteaux », en effet, sont quatre fois plus nombreux que ces domaines ! Et il est notoire que beaucoup des meilleurs « châteaux » du Bordelais ne sont que de petites propriétés, en particulier à Saint-Emilion et à Pomerol.

« Château » et cru classé

Le « château » s'identifie-t-il alors au cru classé ? Depuis le XVIIe siècle au moins, les Bordelais ont pris l'habitude de dresser des listes de paroisses et de propriétés, désignées le plus souvent par le nom de leur propriétaire (« le cru de M... »), classées par ordre de qualité vinicole décroissante. Fréquemment établis par des amateurs éclairés ou des professionnels du vin (courtiers ou négociants), ces états ont fini par devenir de véritables mercuriales ou tableaux de prix de vente du vin, authentifiant un palmarès de notoriété. Parmi les classifications, celle de 1855, propre au Médoc et au Sauternais, est longtemps restée la seule officielle en Bordelais. Un siècle plus tard, les Graves et le Saint-Emilionnais ont suivi l'exemple en promouvant respectivement près d'une quinzaine et moins de soixante-dix crus classés. Si l'on tient compte des retouches récentes, il y a aujourd'hui moins de 200 crus classés qui représentent le gotha des vins girondins.

5000 « châteaux », 200 crus classés : l'assimilation est à l'évidence impossible. Sans compter que tous les classés ne se targuent pas d'être des « châteaux » ; ainsi, à Saint-Emilion, ils incluent quatre « clos » dans leurs rangs ! Ce n'est point tout. Des zones de haute qualité se refusent à tout classement. A Pomerol, Château-Petrus, l'un des plus fameux vins du Bordelais, n'est pas un cru classé. Deux notions s'opposent donc et cependant se combinent : les crus classés, élite au nombre figé pour laquelle tout changement est littéralement une affaire d'Etat, et les « châteaux » dont le nombre va sans cesse en augmentant.

L'origine du château

Contrairement à la Bourgogne, l'influence ecclésiastique est ici limitée. A quelques exceptions près, d'ailleurs notables, les vignobles d'Eglise ont pour l'essentiel disparu avant même que ne s'impose le terme de « château ». Le rôle des bourgeois de Bordeaux, des négociants et des parlementaires a été autrement important. Bien des bourdieux qu'ils ont édifiés sont les ancêtres des « châteaux » actuels.

A leur source se trouvent également les seigneuries d'Ancien Régime. Celles-ci ont développé, voire créé de toutes pièces de grands vignobles sur leurs réserves. L'observation vaut pour le Médoc où la noblesse de robe a concentré les vignes au cours des XVIIe et XVIIIe siècles. Cette emprise foncière urbaine s'est faite moins âpre en Libournais (Saint-Emilion et Pomerol). Là régnait un extraordinaire morcellement de biens ruraux, voués à toute la gamme des productions agricoles que livrait une classe très fournie d'artisans, de petits commerçants, de paysans. Qu'à cela ne tienne ! Ces petites propriétés sont devenues des « châteaux » au fur et à mesure que la qualité de leur vin s'est élevée et que l'étranger, en particulier la Belgique, en a découvert les vertus...

Des châteaux à foison

Car ce n'est pas l'un des moindres paradoxes du Bordelais que d'avoir découvert et développé le « château » à une époque bien récente, tout au moins pour désigner un cru particulier. De ce phénomène, une approche statistique et chronologique assez commode peut être donnée par le décompte des crus portant le nom de « château » et par leur rapport au nombre total de viticulteurs. On dispose à cet égard des travaux de Franck pour le XIXe siècle, et par la suite des annuaires énumérant les domaines viticoles, indiquant nom, intitulé, propriétaire et production des crus. Parmi ces ouvrages, celui de Charles Cocks, dont la première édition date de 1850, est devenu, grâce à Edouard Féret, son co-auteur et éditeur, le plus fiable de tous. Véritable bible de tous les amateurs de Bordeaux, utilisé par les professionnels et traduit en plusieurs langues, il a connu quinze éditions entre 1850 et 1995. Il suffit donc de relever dans toutes ces éditions le nombre de producteurs, commune par commune, et de faire le total de ceux qui utilisent le terme « château ».

En 1850, pour 668 crus mentionnés, c'est à peine si on dénombre une cinquantaine de « châteaux », la plupart situés en Médoc. Les crus les plus connus, notamment ceux qui seront glorifiés cinq ans après, ne sont pas tous – loin de là – mentionnés comme « château ». Dix-huit ans plus tard, avec le succès rencontré à nouveau par les vins de Bordeaux en Europe du Nord et la fantastique prospérité due à la politique libre-échangiste du Second Empire, le nombre de crus se parant d'un nom particulier a été multiplié par trois, mais celui des « châteaux » par sept. Dès lors, l'inflation du terme ne cesse plus : près de 700 en 1874, de 800 en 1881, plus de 1000 en 1886, 1300 en 1893, 1800 en 1908, presque 2000 en 1922, 2200 en 1929, 2400 en 1949, 5100 en 1995 ! La part des « châteaux » dans le nombre total des producteurs commercialisant sous le nom de leurs crus s'élève sans arrêt, passant de 10 % vers 1850 à 24 % en 1868, et 35 % en 1893.

Il est clair, au vu de ces données, que le démarrage du phénomène linguistique « château » date du Second Empire, ce qui correspond grossièrement, et surtout en Médoc, à une grande vague de construction de demeures prestigieuses. Mais si l'édification des châteaux s'arrête à la fin du XIXe siècle avec les crises successives qui affectent le vignoble, l'usage du terme va au contraire se répandre intensivement dans tout le Bordelais, et non plus seulement en Médoc, sans s'accompagner pour autant d'une quelconque construction castrale. L'objectif est ici d'affirmer la prééminence de certains vignobles par de véritables appellations avant la lettre, mais individuelles. L'usage de la mise en bouteilles à la propriété, on dira assez vite « au château », garantissant l'authenticité du vin, ne va pas peu contribuer à la fortune du mot.

Comment expliquer ce succès ? D'abord par des carences législatives génératrices d'usages incontrôlés. Rien n'illustre mieux cet aspect des choses que les remarques des contemporains. Ecoutons un Bordelais du milieu du XIXe siècle, Charles de Lorbac (anagramme de Cabrol, son vrai nom) : « De nos jours on entend par château, dans le département de la Gironde, une propriété viticole importante, à laquelle doit seulement se rattacher, pour justifier ce titre ambitieux, un souvenir de bonne réputation œnologique. Quel était jadis le vin le plus renommé ? Celui du château, et la raison en est simple : les seigneurs étaient seuls grands propriétaires [...], se réservaient les meilleurs terrains [...]. Aussi le vin du château était-il de beaucoup le plus recherché [...]. La Révolution est venue changer bien des choses [...], les anciennes juridictions seigneuriales ont à jamais disparu. Les châteaux ont également perdu leur signification stratégique ; mais une chose a survécu : c'est la bonne renommée d'un vin auquel était accolée la précieuse dénomination de château. Le mot est resté et constitue aujourd'hui encore une dignité commerciale. »

Le terme de « château » est alors le seul susceptible d'exprimer ces exigences d'ancienneté et de qualité du cru. Le vieux vocable de « terre noble » ne pouvait être repris au milieu du XIXe siècle par des propriétaires médocains issus tout droit de la bourgeoisie, du négoce, de la banque. Bien qu'usité, celui de « domaine » parut un peu plat et inapte à distinguer les crus des autres propriétés agricoles. Le terme « clos », surtout bourguignon, bien que parfois employé en Bordelais, ne semblait pas doté d'un assez fort impact commercial. Restait « château » : « Les produits du vignoble jouxtant le château étant issus d'une terre noble, la noblesse de la terre en a fait des vins nobles. »

Un problème épineux subsistait : beaucoup de ces « châteaux » ne disposaient que de constructions banales et bien peu féodales ! Charles de Lorbac est clair sur ce chapitre : « Le château n'est le plus souvent, il faut bien en convenir, qu'une maison de bourgeoise apparence. » Enrichis par la vente de leurs vins, les propriétaires bâtiront donc, le plus souvent dans un style d'architecture dont on n'osera plus contester le caractère castral. En un mot, l'édification du château justifia a posteriori, dans quelques centaines de crus, l'usage plus ancien du mot.

La notion de château viticole ne s'est fixée qu'au cours du XIXe siècle. Nombre de crus, pourtant, avaient appartenu à des seigneurs d'Ancien Régime : leurs vignes, en tant que terres nobles, s'ornaient d'authentiques châteaux, certains d'origine médiévale, d'autres élégamment construits au XVIIe ou au XVIIIe siècles. Mais lorsqu'en pleine époque romantique Gustave de Galard représente les crus du Bordelais, beaucoup d'entre eux ne portent encore que les noms de « domaine », de « bien », de « propriété »… A partir du Second Empire, le prestigieux titre de château se répand sur un nombre toujours croissant d'exploitations, à tel point que « château » devient synonyme de « cru », désignant à l'occasion de banales demeures dépourvues de créneaux et de tours. En de nombreux cas, des castels flambant neufs seront alors édifiés, afin de se rendre dignes de la noble réputation des vins de Bordeaux…

En pleine page : *Le château de Lamarque en Médoc. Siège d'une importante seigneurie féodale, construit au XIVe siècle sur les fondations d'une ancienne forteresse, Lamarque est l'un des exemples les plus légitimes de château véritable devenu un cru viticole. On remarque au premier plan des dromadaires qu'un propriétaire du domaine, M. de Sauvage, fit venir d'Egypte sous la Restauration.*

En vignette à gauche : *Au moment où la manufacture Vieillard édita son service d'assiettes consacré aux châteaux du Bordelais, Château-Latour, illustre entre tous, avait bien une tour... mais point de château !*
© Archives municipales de Bordeaux.

De haut en bas :
Le château Dubreuil à Cissac, en Médoc. Ce château féodal, appartenant sous la Restauration au baron Dubreuil, faisait la fierté d'un domaine viticole : il ne tardera pas à tomber en ruine, au moment où se construisaient ailleurs des castels néo-gothiques.

Le château de Rauzan à Margaux. Au XVIIe siècle, Pierre de Rauzan, grand négociant de Bordeaux, acheta la maison noble de Gassies et légua son nom à un vignoble aujourd'hui séparé en deux crus classés distincts, Rauzan-Gassies et Rausan-Ségla.

Le château Tronquoy-Lalande à Saint Estèphe. Vers 1830, la « propriété de M. Tronquoy de Lalande » n'ose encore se parer d'un titre castral. Quelques décennies plus tard, elle est devenue un château et la demeure s'est enrichie de tours. A son image, bien des domaines girondins s'ennobliront grâce au vin.
(Lithographies de Gustave de Galard)

Le nom du château

Une fois arrêté le terme, encore fallait-il lui adjoindre un nom propre. Dans la plupart des cas, on a logiquement opté pour la dénomination des lieux-dits, les crus étant avant tout liés au terroir. De là, toute la série des châteaux portant le nom de leur commune. D'autres ont adopté des noms venus de quelque particularité du sol (« graves », « belles graves »...), de la végétation (« orme », « chêne », « pin »...), de l'endroit (la « croix », les « moulins »...), de la maison (« borde », « mayne »...). Tous ne pouvant s'emparer du nom d'un même lieu-dit, aux limites d'ailleurs imprécises, on utilisa aussi le patronyme du propriétaire ou du fondateur du domaine. D'où la fréquence des noms doubles associant toponyme et nom de famille, d'ascendance quelquefois étrangère.

Avec l'inflation des « châteaux » s'épanouit la fantaisie des propriétaires. Les « Bel Air », « Beau Séjour », « Bellevue », « Beau Site », « Beau Rivage », « Beau Soleil »... prolifèrent alors. Les homonymies devenant de plus en plus fréquentes, on entre dans une ère de procès en usurpation. Naturellement, l'habitude de personnaliser les crus en les dotant d'un nom de baptême s'est accompagnée d'un document pour l'authentifier auprès des consommateurs – c'est-à-dire, en un mot, de l'étiquette. Peu à peu, cette dernière se met à représenter le domaine, le château, parfois stylisé, parfois flatté, parfois même remplacé par des constructions comme chai ou cuvier, ou par de simples paysages de vignes, aveu inéluctable d'une lacune castrale...

La protection du château depuis 1993

Un usage immodéré risquait de tuer la poule aux œufs d'or. Aussi l'idée d'une réglementation se fait jour vers 1990 dans le monde des producteurs. Sous leur pression, les pouvoirs publics s'émeuvent du problème. Un décret paru au *Journal officiel* le 13 janvier 1993 réserve dorénavant le nom de « château » à une exploitation existante ou à créer. Fini les « châteaux fantômes », d'autant qu'il est stipulé qu'un domaine ne peut désormais utiliser qu'une seule fois le terme « château », sauf s'il est avéré que l'emploi de deux mentions différentes est vieille de plus de dix ans. De la sorte, l'on espère juguler l'avilissement d'un terme qui, ayant fait la gloire et le succès des bordeaux, pouvait aussi les mener à leur perte...

Le château, entreprise économique

Classé ou non, grand ou petit, le château viticole est avant tout un domaine rural, c'est-à-dire une entreprise économique. Cette réalité se manifeste au premier chef dans la structure juridique de l'exploitation, de plus en plus sous forme sociétaire vu l'importance du capital représenté par les terres, les bâtiments, le matériel et le chiffre d'affaires.

La mise en société

Pratiquement inexistantes avant la Deuxième Guerre mondiale, rares encore avant 1955, les sociétés se sont multipliées à partir de 1960 dans toutes les régions géographiques du vignoble, et principalement dans les zones productrices de vins de qualité où la valeur même des domaines rend délicats les partages successoraux. Il était impensable pour des héritiers de démembrer des domaines que l'on avait mis des décennies à promouvoir et à équiper. D'autre part, désintéresser les partants devenait chose financièrement difficile. La solution des sociétés s'est presque imposée d'elle-même. Il existait un précédent, celui de Château-Latour : pour des raisons fortuites, mauvaise gestion et malversations du régisseur Lamothe, les héritiers du président de Ségur avaient provoqué en juillet 1841 une vente par licitation qui aboutit à une nouvelle copropriété en cinq parts. Mais les lourdes charges consécutives à ce rachat conduisirent les propriétaires, « après mûre réflexion », à adopter des statuts de société civile. Ainsi doté d'une infrastructure administrative solide, le domaine fut dès lors géré comme une entreprise commerciale ou industrielle capitaliste, ce qui assura son intégrité et facilita les successions. Remarquable est la précocité de ce statut appliqué à un domaine rural : ce n'est guère qu'au bout d'un siècle que l'on se mettra à l'école de Latour. Aujourd'hui, des centaines de domaines viticoles sont en société de statuts fort variables, à commencer par les crus classés.

Il est possible d'esquisser quelques catégories. Certaines sociétés recouvrent des châteaux qu'une famille a voulu conserver tout en partageant les profits et les dépenses au prorata des parts de chacun. D'autres sociétés sont formées pour coiffer la gestion de plusieurs domaines différents, mais qui appartiennent à un même propriétaire, personne physique ou morale. C'est alors une seule administration, voire un seul régisseur qui s'occupe de plusieurs châteaux. Les cas les plus fréquents sont ceux des domaines de négociants appartenant aux maisons de vins elles-mêmes, lesquelles regroupent leurs châteaux sous une autorité commune (à l'exclusion évidemment des vignobles appartenant personnellement à tel ou tel négociant).

Signalons encore les sociétés où les actions sont partagées entre des personnes venues d'horizons variés, parfois lointains, faisant de ces domaines de véritables entreprises capitalistes. Mentionnons enfin les nouvelles formes d'agriculture de groupe qui ont tardivement mais fortement investi le vignoble: Groupements fonciers agricoles (GFA), Groupements agricoles d'exploitation en commun (GAEC)...

L'Etat français lui-même est – faiblement – propriétaire de terres et de vignes. Par une donation faite au début du XXe siècle, il est devenu possesseur du château Latour-Blanche, cru classé du Sauternais, à charge d'en faire une école de viticulture – ce que le domaine est toujours. En 1956, une opération analogue a fait du château Dillon, à Blanquefort, une école d'agriculture devenue lycée agricole. A Villenave-d'Ornon, le château Couhins est propriété de l'Institut national de la recherche agronomique et dépend du ministère de l'Agriculture, même si la gestion en est confiée à un viticulteur avisé.

Les propriétaires extérieurs à la région sont peu fréquents. L'on connaît certes des industriels parisiens (Marcel Dassault, Daniel Sanders, Margnat), parfois des écrivains (Maurice Druon) que peu de choses prédisposaient à s'implanter dans le vignoble. Mais ils sont bien moins nombreux que les Girondins de souche (Jacques Chastenet, François Mauriac, Olivier Guichard, Georges Portmann, Aymar Achille-Fould...) qui ont réussi des carrières nationales en restant fortement attachés à leurs domaines: rares ont cependant été les cas de maintien dans la descendance familiale.

La faiblesse relative des capitaux étrangers

« France ton vin fout le camp ! » entendait-on dire parfois, surtout lors des crises monétaires qui ont vu affluer des capitaux étrangers dans le pays, ou lorsqu'un domaine mis en vente était convoité par des groupes financiers extérieurs à la nation. Les premiers à s'être installés en Gironde viticole ont été des Anglais, à Loudenne à la fin du XIXe siècle, et des Irlandais à Léoville (Barton) et Langoa, tous en Médoc; ils y sont encore. Si on tient compte de deux autres domaines passés en des mains anglo-saxonnes entre les deux guerres, on admettra que la pénétration étrangère se réduit à peu de chose jusque dans les années 1960. Elle s'accentue, il est vrai, à partir de 1980, si bien qu'on peut estimer aujourd'hui à une quarantaine le nombre de « châteaux » passés sous pavillon étranger, totalisant un millier d'hectares de vignes. Rendons-nous à l'évidence: si l'intrusion du capital étranger a paru brutale, au point de défrayer la chronique, elle n'en reste pas moins fort modeste, puisque ne représentant sans doute qu'un centième des surfaces.

Dans leur grande majorité, les nouveaux venus sont européens et principalement anglo-saxons. Les Britanniques ont longtemps été parmi eux largement dominants, surtout en Médoc et en Graves, et ceci par l'intermédiaire de puissants groupes du négoce. Mais récemment ces derniers se sont dessaisis de leurs plus beaux fleurons (Château-Latour à Pauillac et Smith-Haut-Lafitte en Graves). Les Allemands, longtemps absents, ont maintenant des représentants en Premières Côtes et à Saint-Emilion. Belges, Hollandais, voire Suédois, Espagnols et Italiens, sont aussi présents, parfois par grands groupes commerciaux interposés, parfois par familles de viticulteurs, tout comme les Nord-Américains des Etats-Unis ou du Canada. Certains de ces domaines sont des propriétés instables, passant de main en main, et s'il y a eu achat par des étrangers à des Français, le phénomène inverse s'est aussi produit. L'Etat français s'est un moment préoccupé de réserver à ses ressortissants une partie de ce patrimoine national qu'est la vigne de qualité. Il est pourtant devenu moins regardant, parce qu'Europe oblige, mais aussi parce que l'agressivité financière des capitalistes français a permis de spectaculaires renversements de situation. Aussi est-il fortement probable que l'estimation d'un millier d'hectares de vignes en des mains étrangères reste toujours valable, l'arrivée des uns compensant le départ des autres.

Double page précédente : *Les châteaux du Bordelais ont quelquefois été rachetés par des grands groupes financiers, capables de leur consacrer des investissements considérables. A Pauillac, le château Pichon-Longueville a été acquis et modernisé par le groupe d'assurances AXA.*

Deux nations se sont récemment distinguées. Longtemps annoncés (une quinzaine d'années avant leur arrivée réelle en 1988), les Japonais se sont rendus maîtres de quatre domaines en cinq ans, pour près de 200 hectares de vignes, majoritairement situés en Médoc; mais l'un d'eux a été revendu à la fin de 1996. Moins médiatisée, l'arrivée des Danois a été aussi efficace avec l'achat, entre 1983 et 1987, de quatre vignobles, dont deux en Entre-deux-Mers, phénomène assez nouveau dans ce secteur de traditionnelle propriété locale et familiale.

Rien, à vrai dire, ne distingue aujourd'hui le château des étrangers de celui des nationaux. Nombre de propriétaires non français résident sur place avec leur famille et gèrent eux-mêmes leur cru. Beaucoup, Japonais en tête, font preuve d'une présence discrète, gardant un personnel d'origine locale et faisant travailler artisans et commerçants du pays.

Châteaux des assurances

Voici qu'à leur tour les investisseurs institutionnels, dits les « Zinzin », s'intéressent au vignoble. Mutuelles et sociétés d'assurance dominent aux côtés des banques dans ces groupes financiers d'origines très diverses. En moins de dix ans, plus d'une vingtaine de crus – et non les moindres – sont passés dans leur patrimoine, leur zone de prédilection restant le Médoc, éventuellement le Libournais. Au rang des acquéreurs, citons les mutuelles de Niort, la MAIF, celle des instituteurs, la GMF (Garantie mutuelle des fonctionnaires), suivies par AGF (Assurances générales de France), la banque Paribas, le groupe Novalliance, le GAN (Groupe des assurances nationales) et la Mondiale. Le groupe AXA, que dirige le Bordelais Claude Bébéar, mérite entre tous une mention spéciale : en quelques années, une politique délibérée d'investissement dans les vignes, matérialisée par la fondation de la filiale AXA Millésimes, a fait entrer six domaines en son sein ; trois en Médoc avec Pichon-Longueville, Pibran et Cantenac-Brown, deux en Libournais avec Franc-Mayne à Saint-Emilion et Petit-Village à Pomerol, le dernier enfin, Suduiraut en Sauternais, sans parler d'autres vignobles en Bourgogne. L'arrivée d'Alcatel-Alsthom, qui s'est offert en 1995 un cru classé du Médoc, Gruaud-Larose, montre que des industriels ont également investi, imitant en cela le constructeur libournais Clément Fayat, la société des confitures Andros installée dans les Graves, le pétrolier Perrodo, propriétaire à Margaux, ou la sucrerie beauceronne de Toury à Saint-Julien. Il se trouve même un sportif, Jean Tigana, qui s'est attaché à rénover un cru médocain portant maintenant son nom, après avoir fait les beaux jours de l'équipe de football des Girondins de Bordeaux et de l'équipe de France.

De tels traits ne sont pas propres au Bordelais viticole. Ils se retrouvent en Champagne, à Cognac ou en Bourgogne. Ils n'y ont pas davantage revêtu une intensité particulière. En dépit de ces investissements récents, la région demeure, quoi qu'on en dise, un pays de propriétaires exploitant leurs vignes en famille.

Le château, les bâtiments et le matériel

Si l'on a côtoyé de grandes parcelles de vigne appartenant au domaine sans toujours y prendre garde, on ne pénètre pas au cœur de l'entreprise qu'est le « château » sans en ressentir la proximité. D'abord s'impose le portail d'entrée, ici fermant la cour, là ouvrant sur une longue allée privée. Deux majestueux piliers de pierres de taille soigneusement appareillées, parfois sculptées, une solide grille ornée souvent d'un fronton de fer forgé, mais rarement fermée, annoncent dès le bord de la route l'univers particulier d'un cru, clos quelquefois de murettes en pierre. Un panonceau discret signale le nom du domaine comme une plaque à l'entrée d'un hôtel bourgeois.

Au bout de l'allée, voici la cour, géométriquement délimitée par les bâtiments, avec en son centre de beaux parterres gazonnés, ou des arbres, ou seulement un vaste terre-plein dénudé qui fait mieux apparaître la façade du château. De l'autre côté du logis se trouve en général un parc ou une garenne, parfois une pièce d'eau. La masse bâtie du château et de ses dépendances occupe le cœur du domaine. Dans les grandes exploitations du Médoc, cet ensemble peut être le centre d'un vrai hameau (comme à Margaux ou à Beychevelle) dont les maisonnettes soigneusement rangées abritent les ouvriers agricoles. Toujours l'habitat du propriétaire domine les autres bâtiments, par son importance, son emplacement central, son architecture – et cela quelle que soit l'époque de sa construction.

Centre du domaine, le château l'est d'abord parce qu'il sert de résidence, même lorsque les propriétaires ne viennent que rarement. Habité ou non, il est de toute façon habitable. Les vastes pièces sont aménagées avec goût. Plus que des demeures, certains châteaux du Médoc ou des Graves sont de véritables musées abritant des collections particulières de meubles et d'œuvres d'art, accumulées par des dynasties de viticulteurs raffinés. A Mouton-Rothschild, le baron Philippe et son épouse Pauline, aujourd'hui décédés, ont ainsi constitué une fabuleuse collection d'objets consacrés à la vigne et au vin.

Lieu de prestige, le château l'est aussi par ses réceptions, simples ou fastueuses. Là se déroulent les cérémonies de propagande, telles les intronisations dans les confréries viticoles. De plus en plus, les châteaux accueillent aussi des manifestations culturelles, comme celles du Mai musical de Bordeaux, certains concerts ayant été donnés dans les cours des châteaux d'Issan à Margaux, d'Yquem à Sauternes, ou dans les chais de Château-Margaux... Nombreuses sont les expositions de photographies, de peintures, de sculptures.

Mais il s'en faut de beaucoup que chaque château soit un musée ou un palais. Certaines demeures parmi les plus célèbres évoquent seulement des intérieurs bourgeois cossus. A Latour, à Lafite, aucune œuvre d'art rarissime n'attire le regard. Des centaines d'autres crus offrent simplement une résidence habitable. Souvent les divisions successorales, tout en maintenant l'intégralité territoriale du domaine, n'ont pu éviter les partages de mobilier et il a fallu remeubler la demeure ou la laisser vide.

Les bâtiments d'exploitation sont répartis de façon différente suivant les domaines. Leur architecture, souvent banale mais fonctionnelle, tranche d'avec celle du château. Ils sont en général plus étalés, bas, au toit de tuiles, aux murs nus. Leur agencement tient compte d'une variété de destinations. Ce sont d'abord les hangars où l'on range le matériel de culture, couramment d'anciennes écuries ou étables désertées par les animaux et réaménagées pour abriter tracteurs, remorques, véhicules. Ce sont aussi les bâtiments réservés au vin, les plus importants, tant par leur superficie que par leur rôle, car il faut traiter les récoltes, faire vieillir les bons millésimes et mettre le vin en bouteilles au château. Le cuvier est le premier à rentrer en action dans l'élaboration du vin. La vendange fraîche y est apportée dans des « douils », sur des remorques tirées par le tracteur. Reçus dans des conquets métalliques, égrappés mécaniquement, hissés par une vis d'Archimède, les raisins aboutissent dans de vastes cuves de fermentation qui occupent l'essentiel de la place disponible. Autrefois, ces cuves gigantesques étaient en bois. On en voit encore quelques-unes (par exemple à Mouton-Rothschild où une vinification très traditionnelle les a fait maintenir). Mais dans la plupart des domaines, les cuves sont en ciment vitrifié, ou mieux encore en acier inoxydable ; l'informatique a fait une entrée spectaculaire dans leur conception maintenant très moderne.

Viennent enfin les chais, à l'architecture caractéristique. Longs, bas, aux murs aveugles percés de portes étroites et de rares ouvertures en forme de meurtrières, ils abritent, en interminables files, les centaines de barriques de chêne où vieillit le vin. Ces chais sont sans doute l'élément le plus impressionnant et le plus typique du château. Leur atmosphère, maintenue à température égale, leur confère une sorte d'immuabilité, de vie au ralenti dans une pénombre silencieuse qui contraste avec l'animation du cuvier au moment des vendanges ou avec le vrombissement des machines dans les hangars. Monde clos, le chai est seulement desservi par les ouvriers chargés de veiller au vieillissement du vin. Il s'ouvre quelquefois pour les visiteurs, les hôtes de passage, ou lorsque les experts, courtiers et négociants, viennent « taster » les millésimes et discuter les prix. C'est bien souvent dans la majesté simple et feutrée de ce sanctuaire, propre aux rites initiatiques du vin, que sont jetés les premiers jalons de grosses affaires financières.

La prospérité récente qui s'est répandue sur le vignoble – on a même parlé d'une manne apportée par « l'or rouge » – s'est traduite par la construction de nouveaux chais plus adaptés à la technologie moderne et à l'augmentation des

récoltes. Pour eux, on a fait appel à des architectes spécialisés (tel le cabinet Mazières à Bordeaux), parfois universellement connus (Ricardo Bofill au château Lafite), qui ont mis à la mode d'immenses entrepôts souterrains, vraies cathédrales viticoles du XXe siècle. Sobres, répondant tous au même besoin, les chais ne sont cependant pas uniformes car chaque château essaie de leur donner une tonalité particulière qui tient à la nature du plafond, au crépi ou à la pierre du mur, à la consistance du sol, ciment, terre battue, graviers ou sable... L'éclairage, généralement mural, est soigneusement étudié. La décoration, discrète, est personnalisée : à la Mission-Haut-Brion, la croix pâtée, emblème du domaine, rappelle l'origine religieuse du cru ; à Smith-Haut-Lafitte, les initiales du domaine, agencées en monogramme, servent d'appliques à la lumière électrique.

Les chais les plus originaux se trouvent peut-être à Saint-Emilion, dans de nombreux crus où d'anciennes carrières souterraines creusées dans la pierre calcaire abritent aujourd'hui les futailles. Quoi qu'il en soit, les constructions sont fréquemment spécialisées : chais de première année conservant la dernière en date des récoltes, chais de deuxième année... Des caves les complètent pour les vins délivrés du bois, mis en bouteilles au château et qui poursuivent sur place leur vieillissement. Soigneusement rangés par ordre d'ancienneté, enrobés d'une chape de poussière garante de leur âge vénérable, les précieux flacons pourront encore attendre des années dans la paix des celliers. Les plus grands châteaux ont du reste pris l'habitude d'échanger entre eux quelques dizaines de bouteilles, parfois depuis fort longtemps, ce qui fait de leurs caves des musées de millésimes.

Double page précédente : *Au château Carbonnieux, dans les Graves, un bel exemple de modernisation des chais.*

Le château, microcosme social

Entreprise économique autonome, le château est aussi un microcosme social. Là travaillent en symbiose dirigeants d'entreprise, spécialistes de gestion, techniciens de la viticulture et de l'œnologie, secrétaires et employés de bureau, artisans, ouvriers agricoles. Mis à part le propriétaire, tous sont des salariés, obéissant à un même patron, personne physique ou morale qui dirige, de près ou de loin, un domaine auquel tous cherchent à s'identifier. Très différents par leurs origines, leur formation, leur style de vie, ces employés, assez souvent syndiqués dans des organismes professionnels appropriés à leurs fonctions, vivent en harmonie. Le « château » échappe aux conflits sociaux qui agitent parfois le monde des grosses entreprises.

Les propriétaires du château

Quelques grands domaines, notamment en Médoc, sont aux mains de sociétés puissantes, ce qui rend la notion de « patron » un peu lointaine. Beaucoup d'autres appartiennent à des personnalités parfaitement connues de leurs salariés. Le cas le plus fréquent est celui du propriétaire exploitant résidant sur place, dirigeant lui-même le domaine, commandant aux employés, participant à tous les travaux du vignoble, ayant l'œil à tout, tenant la comptabilité et assurant les relations du château avec l'extérieur, en particulier avec les courtiers et les négociants. Ces propriétaires sont la plupart du temps à la tête de domaines familiaux. Ils habitent au château qui leur sert à la fois de résidence principale et de lieu de vacances pour une famille élargie souvent aux frères, sœurs, neveux.

Attachées à la terre, et surtout à la vigne, ces familles tissent des réseaux complexes de propriétés foncières. Des liens matrimoniaux les unissent entre elles ou avec le monde du négoce. Telle dynastie d'émérites viticulteurs ne possède pas moins de quinze domaines en Graves, en Médoc, en Entre-deux-Mers, à Saint-Emilion. Telle autre, de vieille souche aristocratique, ajoute à ses possessions en Sauternais de vastes superficies forestières dans le massif landais. Telle autre encore a concentré ses efforts financiers en Libournais afin de doter chaque héritier d'un vignoble particulier...

Certains de leurs membres prennent en main des responsabilités locales. Ils deviennent conseillers municipaux et généraux, maires, présidents ou secrétaires de syndicats agricoles et viticoles, membres de caisses de Crédit agricole, de sociétés vineuses, voire de clubs sportifs… Notables aux multiples compétences, ils cumulent ainsi des activités fort diverses autour de leur fonction principale.

Signalons enfin des propriétaires non résidents qui exercent en ville, et surtout à Bordeaux, une profession extérieure à l'agriculture, étant artisans, industriels, médecins, avocats ou enseignants…

Le régisseur

Certains propriétaires choisissent de faire appel aux services d'un régisseur. Parfois nommé « administrateur » ou « gérant », surtout lorsque le château est en société, l'homme exerce des attributions définies par la convention collective qui régit le personnel des exploitations agricoles de la Gironde depuis le 1er novembre 1971. C'est un « cadre dont la fonction est d'administrer l'exploitation selon des directives générales préalablement établies, laissant une large part à son initiative personnelle. Son rôle essentiel consiste à suppléer l'employeur pour l'ensemble des activités de l'exploitation ou dans les secteurs qui lui sont confiés ». Ses compétences vont donc bien au-delà de la seule viticulture. Il doit savoir commander à l'ensemble des travailleurs, tant ceux du chai que de la vigne, et avoir pour cela le sens de l'humain. Il lui faut être bon gestionnaire et se tenir au fait des techniques commerciales. Car c'est lui qui a généralement la charge de vendre le vin. Il doit entretenir de bons rapports avec le monde du commerce par l'intermédiaire des courtiers. Lorsqu'est pratiquée la vente directe, sans recours au négoce, il lui incombe de chercher, conserver et augmenter la clientèle.

La lourdeur de sa charge, sa disponibilité permanente, la variété de ses activités quotidiennes font du régisseur un cadre hautement qualifié, apprécié des propriétaires. Bien rémunéré, il lui arrive d'être financièrement intéressé aux ventes du vin. Ce salarié de l'agriculture est aussi, en un sens, un homme d'affaires qui manie des sommes importantes. Rural, rivé à sa campagne, il l'est tout autant que le petit vigneron indépendant. Mais ses regards le portent sans arrêt sur les marchés de Bordeaux, de Paris, de Londres ou de New York, sur les fluctuations monétaires et la concurrence des autres vins et boissons dans le goût des consommateurs.

Ces compétences protéiformes supposent des formations adaptées. Bien des régisseurs ont suivi des cours commerciaux ou des études de droit. D'autres ont des titres d'agronomie et plus précisément de viticulture. Encore sont-ils moins recrutés sur des critères de diplômes que sur les garanties qu'ils donnent de leur efficacité. Le père souvent a fait le fils ; de là des dynasties qui savent s'attacher la confiance des propriétaires. Certains ont déjà fait leurs preuves dans leurs propres exploitations viticoles. Quelques-uns sont devenus propriétaires de cru après un long temps passé au service des autres.

Tout un personnel aux fonctions variées travaille sous l'autorité du régisseur, depuis les secrétaires, les financiers, les commerciaux, jusqu'au service d'entretien formé dans les grands châteaux d'un mécanicien, d'un maçon, d'un menuisier, d'un peintre, d'un électricien... sans oublier le personnel féminin chargé du nettoyage, voire du service quotidien, ou le jardinier qui veille à la netteté des allées, des massifs, à la bonne venue des fleurs et à la taille des arbres…

Les ouvriers du chai et du vignoble

C'est au maître de chai que revient la responsabilité de prendre le raisin et d'en faire le meilleur millésime possible. Généralement indépendante de celle des vignerons dans les plus grands domaines, cette occupation a pour cadre les chais où l'on reçoit la vendange et d'où sortiront, des années plus tard, futailles ou bouteilles. Le métier est l'un des plus prenants qui soient, l'un de ceux qui demandent le plus d'expérience, de savoir-faire. Peu nombreux dans l'ensemble des châteaux girondins (quelques centaines sans doute), ces maîtres de chai sont les magiciens sans lesquels n'existeraient pas de grands vins de Bordeaux. Ce sont souvent des autochtones qui ont fait leurs armes en écoutant parler leurs proches. Les plus anciens n'ont pas toujours fréquenté d'école technique et leur savoir vient d'une longue fréquentation, d'une patiente imprégnation de leur milieu professionnel. Les plus jeunes, en revanche, ont fait leurs classes dans les écoles de viticulture et d'œnologie.

A la fin du XXᵉ siècle, l'investissement massif de capitaux se sera en partie dirigé vers la modernisation des bâtiments de vinification et de vieillissement du vin. Au château Lafite-Rothschild, à Pauillac (ci-dessus), l'architecte catalan Ricardo Bofill a réalisé des chais souterrains de forme circulaire. Egalement circulaire, mais agencé autour d'un audacieux cône de lumière, le cuvier ultramoderne du château Pichon-Longueville (ci-contre) est dû à Jean de Gastines et Patrick Dillon.

Plus que tout autre permanent au château, les maîtres de chai sont stables dans leur emploi, s'identifiant à la propriété où ils habitent couramment depuis plusieurs générations. Personnages parfois hauts en couleur, les plus âgés sont d'authentiques encyclopédies locales. Ils sont en tout cas les vrais détenteurs de la qualité et du prestige du cru, en un mot de la tradition.

Les ouvriers agricoles proprement dits, c'est-à-dire ceux qui travaillent principalement ou exclusivement au vignoble, sont traditionnellement désignés ici du nom de « prix-faiteurs » (ou de « bordiers » en Libournais). Leur effectif total est de 13 000 environ, contre 22 000 en 1955. Ils sont d'autant plus nombreux à travailler dans un château que celui-ci contient de vastes superficies en vigne. Aussi ne trouvera-t-on de salariés agricoles permanents (à la différence des saisonniers) que dans un domaine sur quatre. Et il n'y a guère, dans la plupart de ces exploitations, qu'un ou deux salariés, le plus souvent en ménage.

Le statut du « prix-faiteur », progressivement codifié au cours du XIXe siècle, est resté immuable pendant des décennies, sinon des siècles. C'était un contrat, traditionnellement oral, tacitement reconduit, unissant le propriétaire à son salarié. Il s'appliquait d'abord dans de moyens ou grands domaines essentiellement voués à la culture des vignes rouges, les blanches étant souvent données en métayage (ainsi dans les cantons de Castillon, de Fronsac, et en Entre-deux-Mers). Le prix-fait était calculé à l'unité de surface, c'est-à-dire au journal (à peu près un tiers d'hectare), corrigé cependant par le type de culture de la vigne. En Médoc – où les ceps étaient bas et le labour assuré par des bouviers avec des attelages appartenant au propriétaire – le prix-faiteur effectuait tous les autres travaux sur une superficie de dix à douze journaux, soit près de quatre hectares, au prix de 26 à 30 francs le journal vers 1870. A cette somme s'ajoutaient les traditionnels avantages en nature, bois de chauffage, sarments, piquette et surtout logement et jouissance d'un jardinet pour les petites cultures. Contre une rémunération supplémentaire, le prix-faiteur participait aux vendanges.

Les choses évoluant vite, la modernisation s'est imposée. Non seulement l'effectif des salariés s'est fortement réduit, mais leur statut et leur travail se sont adaptés. Dans les grands domaines, le prix-faiteur d'ancienne manière a disparu au profit d'un salarié agricole plus ou moins spécialisé et devenu avant tout un conducteur de machines, dont les conditions de salaire et de travail sont désormais définies par des conventions collectives. Attachés à la qualité de leur tâche, souvent syndiqués, les ouvriers vignerons ont le sentiment d'être un rouage nécessaire à l'élaboration des grands bordeaux, ce qui fait leur fierté.

Le négoce du vin, un monde original

Le vignoble de Bordeaux ne serait pas sans les viticulteurs. Il n'existerait pas non plus sans la puissante classe du négoce chargée de vendre les crus. Cela d'autant plus que, dès l'époque médiévale, les vins prenaient le chemin de l'étranger et qu'il fallait alors un intermédiaire entre producteurs et consommateurs. Cet intermédiaire est tout autant nécessaire de nos jours.

Le négoce du vin à Bordeaux : une création continue venue de l'extérieur

Avant les négociants modernes, des marchands ont contribué à la fortune du vin de Bordeaux. Faute de vraiment se spécialiser, le commerce du vin, d'abord, resta longtemps dispersé entre de nombreuses mains. Les marchands exportaient tout ce qu'ils trouvaient à acheter en Bordelais, vins et eaux-de-vie du pays, mais aussi prunes venues de l'Agenais ou denrées diverses. A l'exception de la maison Beyerman, dont le fondateur est venu de Rotterdam en 1620, aucune lignée remontant à ces temps anciens n'a réussi à subsister jusqu'à nos jours.

Il faut attendre la fin du XVIIe siècle, et surtout le XVIIIe, pour assister à l'arrivée de nouvelles vagues de maisons de négoce dont certaines perdureront jusqu'à nos jours. Fait remarquable, ce sont les étrangers qui se sont implantés le plus durablement. Sans doute étaient-ils plus intéressés par le commerce du vin, dont ils contrôlaient les débouchés, que des Aquitains davantage soucieux de trafic colonial et d'investissements fonciers. Les négociants locaux, sitôt enrichis, aspiraient

Beaucoup de négociants en vins de Bordeaux étaient d'origine étrangère, souvent anglo-saxonne, comme ce représentant de l'illustre lignée des Johnston.

d'ailleurs à des charges anoblissantes, ce dont se plaignait amèrement l'intendant Lamoignon de Courson. Aussi affluaient des Hollandais, des Anglais, des Hanséates qui souvent se sont établis et ont fait souche dans la ville.

C'est à partir du XVIIIe siècle – le mieux connu par l'abondance des documents conservés – que va se renforcer le cosmopolitisme du monde marchand bordelais. L'arrêt momentané de l'octroi de passeports aux ressortissants des Provinces-Unies, les guerres franco-anglaises, l'élargissement des relations commerciales du port expliquent l'implantation locale d'une nouvelle génération d'immigrants où Irlandais et Allemands ont sans doute été plus nombreux que les Anglais et les Hollandais. Ainsi Thomas Barton (1694-1780), plus tard surnommé « French Tom », quitte son Irlande natale pour Marseille, puis Montpellier, avant de se fixer à Bordeaux. En 1725, il fonde une maison qui portera désormais son nom, puis il s'enracine en achetant le domaine du Boscq à Saint-Estèphe. En 1743, William Johnston, lui aussi irlandais mais d'origine écossaise, s'associe avec le négociant Germé, dont il se séparera pour fonder son propre commerce. Jean-Henri Schyler, quant à lui, vient de Hambourg. Etabli à Bordeaux en 1739, il s'y associe rapidement à l'un de ses compatriotes Jacques Schröder. Dès son arrivée, il se spécialise dans l'achat de vins blancs en primeur venus des rives de la vallée de la Garonne.

D'autres implantations ont été plus éphémères, comme celles du Hollandais Hye de Crom ou du Danois Hansen de Liliendhal, sans parler de très nombreux Français. C'est encore au milieu du XVIIIe siècle que les premières grandes entreprises libournaises ont été fondées par Beylot, Chaperon ou Danglade.

Après cette période faste en fondations multiples, la Révolution a jeté son imprévu sur l'activité du négoce, acculant nombre d'entreprises à la faillite. Il est logique, dès lors, que la période 1810-1845 se soit montrée favorable à l'implantation de nouvelles maisons, malgré une langueur générale des affaires. Il y avait des places à prendre dans le commerce du vin, qu'occupèrent de nouveau des étrangers à la région. Parmi eux arrivent le Suisse Guillaume Mestrezat en 1814, ou Léon Hanappier, venu d'Orléans en 1816. Herman Cruse, qui commence à vendre du vin en 1819, était originaire du Schleswig-Holstein, possession danoise au moment de sa naissance en 1790. Les de Luze, eux, sont français ; protestants, ils avaient émigré en Allemagne, puis en Suisse d'où est venu Alfred de Luze, fondateur de la maison bordelaise en 1820. Jean-Marie Calvet naquit dans un pays viticole, à Tain-l'Hermitage sur le Rhône. Il se fixe définitivement à Bordeaux en 1823, deux ans avant que l'Alsacien Frédéric Eschenauer ne prenne en main les destinées d'une maison. Les firmes de Dourthe et Chantecaille voient le jour en 1840, suivies par Lalande et Quancard en 1844.

Les traités de commerce avec la Grande-Bretagne et l'ouverture des frontières sous le Second Empire inaugurent une période faste pour le négoce du vin. C'est alors que s'installe une nouvelle génération de négociants en vins. En 1855 apparaissent les firmes de Marcellin Marceau, Th. Darriet et Evariste Dupont ; en 1861 celle de Jean Descas, en 1865 celle d'Alphonse Delor, et d'Edouard Kressmann en 1871. Originaire d'une famille de Stettin en Prusse orientale, ce dernier était arrivé à Bordeaux dès 1858, mais ne travaillait pas encore à son compte.

Le tournant du siècle aura été moins favorable aux créations nouvelles : le phylloxéra et le repliement du vignoble sur le marché national en sont évidemment les causes principales. On voit cependant se créer les firmes Sichel et Malher-Besse, l'une d'origine anglo-allemande et l'autre hollandaise, tandis que le Français Fernand Ginestet s'établit quai des Chartrons. La Première Guerre mondiale salue l'arrivée de Désiré Cordier, négociant en vins à Toul depuis 1877. Ses affaires avaient prospéré pendant le conflit puisqu'il était fournisseur de l'armée française. Mais il avait choisi de se replier dans une zone moins exposée, en achetant des domaines en Bordelais, puis en y installant le centre de son négoce.

Depuis la fin de la Seconde Guerre mondiale, des propriétaires de vignobles ont fait à leur tour irruption dans le monde des négociants. Ainsi Philippe de Rothschild, le nouveau maître de Mouton, avec sa Société vinicole de Pauillac, baptisée « La Bergerie » en 1954. Ainsi le Corrézien Jean-Pierre Moueix. Ayant progressivement acquis des parts de société dans des châteaux de Saint-Emilion et de Pomerol, ce dernier est devenu le premier négociant de la place de Libourne. Dans le même temps, Edmond Coste s'implantait à Langon. Venu en Médoc avec les troupes du général Eisenhower, l'Américain d'origine russe Alexis Lichine y achète Lascombes et le château Le Prieuré, qu'il baptise de son nom, puis devient le premier exportateur de vin de Bordeaux aux Etats-Unis.

Plus récemment, la firme Castel apparaît comme l'une des puissances montantes du négoce bordelais, alors que s'affirme plus discrètement la firme Bernard Taillan qui rachète Ginestet en 1978. Tandis que s'imposent de nouveaux venus, d'anciennes maisons disparaissent ou sont contrôlées par de plus puissantes : l'entreprise Paris-et-Damas, née en 1812, est reprise par Beyerman dans l'entre-deux-guerres, Latrille par Ginestet. Le vénérable établissement Journu-frères et Kappelhof est racheté par la firme parisienne Margnat.

Création continue, renouvelée sans cesse par les aléas de l'économie, de la finance et de la politique, entretenue par la continuelle apparition de nouveaux venus presque toujours étrangers à la cité et même à la nation, le monde du négoce, connu à Bordeaux sous le nom de « Chartrons », a profondément marqué le paysage urbain et l'économie de la région auxquels on l'identifie parfois abusivement.

Les Chartrons

Les Chartrons, quartier du vin

Voici « le faubourg le plus beau et le plus commerçant de l'Europe », écrit Bernadeau en 1827. « Une des plus belles chaussées que l'on voit en France », dit le *Guide de l'étranger à Bordeaux* en 1844. « Une cité distincte de l'autre » affirme Camille Jullian. Tels sont les Chartrons, secteur traditionnel des activités vinicoles. Outre l'illustre « Pavé des Chartrons » (aujourd'hui rebaptisé cours Xavier-Arnozan), ils englobent une portion des quais ainsi qu'un vaste quartier aux limites peu précises.

Le nom du faubourg provient d'un couvent de l'ordre des chartreux fondé en 1383. Jusqu'au XVIe siècle, l'endroit reste éloigné du centre de la ville, mais déjà s'affirme sa vocation d'entrepôt portuaire sur le bord de la Garonne, en aval de la cité. Au XVIIe siècle, le départ des Chartreux dans un nouveau couvent situé derrière l'archevêché libère le quartier qui se couvre progressivement de petites maisons et de chais le long de la rivière. A un emplacement favorable s'ajoute une chance historique. Le vieux privilège de Bordeaux interdit l'entrée en ville aux vins du haut pays avant que ceux du Bordelais ne soient expédiés. Dans l'intervalle, ces vins étrangers sont stockés aux Chartrons. Là est l'origine de la fortune du quartier.

Cette vocation se renforcera encore au XVIIIe siècle, lorsque le port de Bordeaux devient le superbe havre colonial que l'on sait. Alors s'accuse l'opposition des quartiers commerçants. Le long du fleuve, devant la vieille cité, s'amarrent les grands voiliers de retour des Isles d'Amérique qui déchargent les denrées coloniales pour les armateurs aquitains. Mais au niveau des Chartrons, les berges de Garonne résonnent du trafic des futailles à destination de la mer du Nord, au profit d'une classe cosmopolite de négociants. De vieilles familles de marchands de vin implantées en pleine ville iront même s'installer dans ce faubourg devenu plus propice à leurs opérations. Borné au sud par le château Trompette (aujourd'hui place des Quinconces) et le Pavé, le quartier du vin se développe sans arrêt vers le nord, le long de l'axe naturel formé par la rivière. C'est sur ses berges pavées que s'ouvrent les façades des nouveaux bâtiments qui s'étirent sur une grande profondeur, perpendiculairement à la voie fluviale et à la route qui la borde.

Ainsi se forme une trame urbaine unique en son genre à Bordeaux, mais qui rappelle des quartiers analogues dans d'autres villes (Cognac, voire Libourne). Derrière des façades larges d'une dizaine de mètres, les chais s'allongent jusqu'à mesurer deux cents mètres. Contigus, ils donnent aux surfaces bâties l'allure de lames de parquets bien régulières où seules, de temps à autre, de petites trouées laissent un peu de jour. Immenses, ces chais sont aussi fort bas et pratiquement aveugles, car l'atmosphère doit y être autant que possible isotherme pour la bonne conservation du vin. En façade s'affiche la demeure du maître de céans : aussi l'immeuble a-t-il là un ou deux étages, un beau balcon orné de ferronneries et de hautes ouvertures. Mais la vaste porte cochère, où s'accrochent de monumentaux heurtoirs, ne mène pas seulement à un escalier de pierre à rampe de fer forgé. Elle dessert également, au rez-de-chaussée, tous les arrières de la bâtisse : d'abord bureaux ou pièces de réception, puis, plus profonds dans la masse et mieux cachés, les chais de traitement des vins, les entrepôts à barriques et à bouteilles.

De l'art d'être chartronnais

D'origine étrangère, anciennement implanté dans un quartier bien particulier, le négociant des Chartrons est vite devenu un type social caractéristique, admiré ou jalousé, respecté ou dédaigné, mais ne passant certainement pas inaperçu dans la cité. Une abondante littérature l'a décrit, allant jusqu'aux caricatures de François Mauriac dans *Préséances.* Mais le négociant en vins est-il réellement ce personnage aux manières si particulières, vivant dans un monde fermé aux autres citadins et tant redouté du monde paysan ?

Certes l'homme est riche, menant parfois un train de vie fastueux. Sa maison du Pavé est l'une des plus belles demeures urbaines que l'on puisse imaginer ; ornées de boiseries peintes, de cheminées sculptées, de plafonds moulurés, des pièces claires et vastes donnent sur le port. Pourtant les hôtels du négoce souffrent de l'absence de cours ou de jardins. Aussi le Chartronnais a-t-il vite complété sa maison par une « folie campagnarde », souvent au centre d'un domaine viticole. La presqu'île d'Ambès, les rives de la Garonne, les Graves du nord, l'extrême sud du Médoc fourmillent de ces demeures charmantes, de ces chartreuses dont le style rappelle quelquefois l'Italie palladienne.

L'aménagement des demeures est à la hauteur de leur architecture. Meubles de port en acajou, argenterie, faïences y célébreront longtemps dans le luxe la nostalgie du XVIIIe siècle : il n'est qu'à visiter le beau musée des Arts décoratifs de Bordeaux pour se convaincre du raffinement de l'élite locale. Mais l'univers des Chartrons a compté, et compte encore, nombre de bibliophiles et de mélomanes. Le rôle musical qu'a joué Bordeaux tient également au souci du négoce de disposer de prestigieuses manifestations, soit au Grand-Théâtre, soit dans des salons privés, d'où une prédilection pour la musique de chambre. Ces préoccupations culturelles, qui vont jusqu'au mécénat, ne sont qu'un aspect des distractions chartronnaises. Au XIXe siècle se succédaient réceptions, soirées dansantes, parties de cartes. On chassait beaucoup à courre, quand on n'allait pas le dimanche admirer aux courses les performances de sa propre écurie. Quant à la station d'Arcachon, elle a été colonisée dès sa fondation par les négociants des Chartrons qui établissaient leur villégiature au bord du Bassin – une tradition fidèlement poursuivie jusqu'à nos jours.

Marqués par l'influence anglaise, les Chartrons se sont largement adonnés aux sports de plein air, faisant de Bordeaux l'une des plus précoces capitales du sport en province. On pratique le tennis à la villa Primrose. L'athlétisme et la voile ont leurs adeptes, et même le hockey sur gazon, le polo ou le très ancien jeu de paume. L'anglophilie chartronnaise, pour ne pas dire l'anglomanie, s'est aussi traduite dans l'éducation des enfants. L'affaire commençait lors du choix des prénoms des nouveaux-nés, John, James, William, Nathaniel, Anthony, Ronald, Daniel. François Mauriac s'est moqué des Percy, Harry et autres Willy dont on affublait à Bordeaux des patronymes d'une sonorité bien gasconne. Il ne s'agissait là que d'imitateurs, car chez les Chartrons authentiques, l'on reprenait en fait les prénoms traditionnels aux familles. Ainsi les Eschenauer s'appellaient-ils Frédéric, Jean ou Louis, les Cruse, Hermann, les Johnston, William ou Nathaniel, les Guestier, Pierre-François ou Daniel.

L'éducation de l'enfant, hier, était assurée à la maison par des gouvernantes venues parfois de l'étranger; mais peu à peu, on prit l'habitude de l'envoyer à l'école. Proche du faubourg, le lycée annexe de Longchamp (devenu plus tard le lycée Montesquieu) reçut ainsi des générations de futurs négociants en vins – du moins ceux qui ne pouvaient fréquenter, à cause de leur religion, les écoles catholiques privées de Sainte-Marie de Grand-Lebrun ou de Saint-Joseph de Tivoli. La scolarité s'accompagnait fréquemment de l'usage à domicile de la langue anglaise, prolongé par des séjours outre-Manche. Par la suite, la formation professionnelle du jeune homme passait par des stages dans la maison familiale, ainsi que par de longs et nombreux séjours à l'étranger. Aujourd'hui, la « formation sur le tas » est cependant retardée au profit d'études supérieures, commencées davantage dans les écoles de commerce ou les instituts de gestion que dans les universités.

L'éducation s'accompagnait le plus souvent d'une solide instruction religieuse, particulièrement chez les protestants. D'origine anglo-saxonne ou scandinave, la société des Chartrons était dans sa grande majorité de confession réformée, calviniste ou luthérienne. Toutefois, l'arrivée de familles irlandaises ou même flamandes a entretenu une classe de fidèles catholiques pour laquelle a été construite l'église Saint-Louis des Chartrons : la plupart des négociants français et tout le petit peuple du quartier, artisans ou marchands, restaient d'ailleurs de tradition catholique. Ces préoccupations religieuses se doublaient de la participation à des œuvres sociales ou charitables, mais dans le cadre de chaque confession. De même, l'influence anglaise se marquait par l'appartenance de nombre de négociants à des loges maçonniques et par des liaisons étroites avec l'étranger.

A cet égard, les rapports avec la nation d'origine restent privilégiés. Rien de ce qui est anglais, allemand, scandinave ou irlandais ne laisse indifférentes les familles des Chartrons, qui se sentent moralement concernées par les événements du pays ancestral. Les négociants en vins ont du reste souvent détenu, et occupent encore les postes de consuls de leur première patrie. Cette activité diplomatique est significative de leur rôle dans la cité. Longtemps, le poids politique des Chartrons a été considérable, à raison de leur importance financière et de leur adhésion à des régimes d'ordre. D'où l'attachement aux dynasties en place, puis un républicanisme fort modéré. Beaucoup de négociants ont été conseillers municipaux de Bordeaux sous la Troisième République, et l'on peut dire que, de 1871 à 1919, ils ont formé la classe dominante – sinon dirigeante – de la cité.

Les Chartrons : une notion dépassée ?

Aujourd'hui, les Chartrons ne sauraient être complètement assimilés au négoce du vin à Bordeaux. Un certain desserrement géographique hors du quartier, de lentes mais réelles mutations sociales et l'arrivée de nouveaux venus amènent la profession à changer rapidement.

Les Chartrons demeurent le quartier du vin, ce qui ne veut pas dire que toutes les affaires de vin soient aux Chartrons. Il s'est toujours trouvé des négociants extérieurs au quartier, en particulier ceux qui s'étaient implantés à proximité des gares. Le cas le plus éclatant est celui de l'ancienne entreprise Descas, sise quai de Paludate, en amont du pont de pierre. A sa source, Jean Descas, originaire de la région de Saint-Macaire, de Loubens exactement, non loin du pays des grands vins blancs de la Garonne. Simple ouvrier tonnelier, puis maître de chai à Bordeaux, Descas décide en 1861 de s'installer à son compte. Il achète un premier chai de petite taille dans la quartier de la gare, puis d'autres (il en posséda jusqu'à 23 différents). A partir de 1881, il fait construire un énorme hôtel en façade sur le quai, à la place de l'ancien « hôpital de la Manufacture des enfants exposés ». Ainsi fut bâti ce que l'on put un moment considérer comme le plus imposant bâtiment du vin à Bordeaux, avec ses 138 mètres de façade, ses multiples étages somptueusement ornés et son belvédère de 33 mètres de hauteur dominant toujours la partie amont des quais de Bordeaux.

Au même moment, à l'intérieur même du quai des Chartrons, d'autres négociants s'affranchissent délibérément du fleuve qui ne jouait plus aucun rôle dans l'expédition des vins. La firme Eschenauer, par exemple, décide en 1899 de quitter le quai pour s'établir dans de vastes locaux

Les maisons de négoce de Bordeaux se fondaient près des axes de communication, là où arrivaient et d'où partaient les futailles de vin. Le « château Descas », sur les quais de la Garonne et près de la gare ferroviaire, doit son nom à la famille qui édifia cet extravagant bâtiment à l'aube de la Belle Epoque.

Ci-contre : *Le quartier des Chartrons à Bordeaux, lieu traditionnel du négoce des vins, offre un plan parcellaire en lames de parquet : chaque lame correspond à un chai de négociant, perpendiculaire à la façade sur le fleuve.*

neufs, rue Emile-Counord. Quant à la gare Saint-Louis, point d'arrivée de la ligne du Médoc et construite en 1875, elle attire aussi des chais ou maisons de moindre importance, contribuant à étendre le quartier du vin vers les terrains marécageux de Bordeaux-nord. La recherche d'emplacements le long du fleuve par diverses entreprises prolonge l'activité commerciale du quai des Chartrons vers le quai de Bacalan. Des Chartrons au sens étroit du terme (compris entre le Pavé et le quai des Chartrons, la rue Notre-Dame et le cours du Médoc), on est ainsi arrivé, à la fin du XIXe siècle, à un quartier du vin plus largement étalé, entre les cours du Médoc, Balguerie-Stuttenberg, Portal, l'avenue Emile-Counord, le boulevard Alfred-Daney et les quais des bassins à flot à partir de 1880.

L'utilisation des bâtiments dans le vieux quartier évoluera bientôt. L'extension de certains commerces de détail, la conversion de vieux chais en entrepôts ou hangars à marchandises diverses, la prolifération des bars à marins puis à routiers, plus récemment l'apparition d'antiquaires et de brocanteurs, ont donné des caractères nouveaux à l'un des plus beaux faubourgs commerçants d'Europe.

Et voici qu'à leur tour des entreprises désertent. La firme Barton-et-Guestier, l'une des plus importantes de la ville, quitte le Pavé en 1973 pour s'établir dans des installations toutes neuves, à Blanquefort en Médoc. L'entreprise Lichine met en vente ses chais du quai des Chartrons en 1979, après s'être installée rue Achard. La maison Sichel, bientôt centenaire à Bordeaux, s'est elle aussi décentralisée, mais en partie seulement, à Ludon en Médoc. Quant à l'entreprise Joanne, elle a délaissé la rue Lasseppe pour s'implanter à Fargues-Saint-Hilaire, dans le proche Entre-deux-Mers. Ces quatre exemples illustrent certaines difficultés à rester dans un quartier d'accès difficile pour des camions-citernes ou chargés de bouteilles. Il n'en demeure pas moins que la majorité des entreprises traditionnelles de vin à Bordeaux continuent de vivre aux Chartrons. Quoiqu'elle ait tendance à se diluer dans un tissu urbain plus complexe, le quartier est toujours marqué par cette activité séculaire que tenta de renforcer, sans le succès espéré, l'inauguration en janvier 1992 d'une Cité mondiale du vin.

L'évolution s'est d'autant plus accélérée que la vieille couche protestante anglo-saxonne a dû partager l'activité proprement vinicole avec de nouveaux venus dont l'origine et les caractères étaient tout différents. Dès le XIXe siècle, la famille Calvet, qui implanta l'une des plus importantes firmes du négoce vinicole, s'était singularisée par son appartenance à la confession catholique et par une absence totale de liens avec les dynasties en place des Chartrons. L'histoire de Désiré Cordier est tout aussi symptomatique : c'est seulement par l'achat de domaines prestigieux (comme Château-Gruaud-Larose ou Talbot en Médoc) que sa maison est devenue véritablement bordelaise. Tel est encore le cas, plus récemment, de la firme Castel, inventrice du « castelvin », boisson quotidienne de nombreux Français, ou de la puissante Société des vins de France, née en 1973 du regroupement de Margnat et de Sapvin. L'implantation girondine, la commercialisation de vins fins et même l'achat de châteaux ne suffisaient pas à faire de ces deux dernières sociétés d'authentiques chartronnaises. De même, l'essor de firmes de grands vins fins hors de Bordeaux a fait régresser en partie le rôle des Chartrons. Significatifs à cet égard sont les succès des maisons Moueix à Libourne ou de La Bergerie à Pauillac, devenue La Baronnie puis Baron-Rothschild et de Rothschild SA.

La structure du négoce girondin

Hétérogénéité et concentration

Chartronnais de toujours ou d'implantation plus récente, les négociants en vins de la Gironde représentent un secteur économique important dans le département. Leur monde, au demeurant, est délicat à cerner : à condition d'obtenir une licence, toute personne qui vend en gros des vins qu'elle ne produit pas peut en effet être considérée comme négociant. D'où des listes imposantes : près de 800 maisons en 1865, plus de 1150 à la fin du siècle. On en compte encore quelque 400 aujourd'hui, pour la plupart petits négociants qui vendent le vin de leurs voisins ou de leurs amis pour compléter des livraisons constituées avant tout du produit de leurs propres crus. Aussi ne faut-il point s'étonner que, dès 1975, 71 entreprises de négoce de la Gironde aient déjà traité près des neuf dixièmes du chiffre d'affaires de la profession et que, vingt ans plus tard, une trentaine seulement en ait assuré 84 % avec 10 milliards de francs. Le rôle prééminent de la filière négoce est confirmé par d'autres chiffres clés : citons 5000 salariés environ, incluant la force de vente, une capacité de stockage de 3,5 millions d'hectolitres et plus de 5 millions d'hectolitres de capacité de mise en bouteilles, soit l'équivalent d'une récolte moyenne. Le rôle du négoce est essentiel à l'exportation : sur les vingt-sept premières firmes exportatrices du département, tous produits confondus, seize appartiennent au secteur des vins et spiritueux. Les quatre cinquièmes des vins exportés le sont aujourd'hui par les négociants. Leur chiffre d'affaires, pourtant, reste plus important sur le marché intérieur français.

Ce monde du négoce vinicole est depuis toujours agité de mouvements de création et de disparition, aussi nombreux que rapides. Pour s'en tenir au seul XXe siècle, la Première Guerre mondiale, et plus encore la crise économique à partir de 1930, ont fait mourir des centaines de firmes : c'étaient, pour la plupart, de petites maisons familiales trop fragiles pour résister à ces temps troublés. Il en reste néanmoins quelques traces car certains négociants, englobés depuis longtemps par des établissements plus importants, ont toujours pignon sur rue (en l'occurrence un secrétariat, une adresse postale, un siège social et un nom). Ces « fictifs » ont gardé raison commerciale et travaillent réellement, mais ne sont plus indépendants. Leur maintien s'explique par le fait qu'en matière de vins fins, de nombreux acheteurs restent fidèles à leur fournisseur habituel, garant de qualité et d'authenticité des produits. Aussi s'était-il formé des petites clientèles que l'on allait souvent visiter et que la disparition du nom aurait porté vers des concurrents.

Indépendamment des « fictifs » qui grossissent artificiellement le nombre des firmes du négoce, de véritables regroupements ont fait disparaître de vieilles maisons. Les causes en sont évidemment variables. Les partages familiaux, des accidents divers, une reconversion ont joué leur rôle de même que les mauvaises gestions ou les crises conjoncturelles.

Traditionnellement aux mains de dynasties familiales, le négoce bordelais n'a pu former des groupes analogues à ceux qui s'érigeaient en Champagne ou à Cognac. Sa volonté d'indépendance – liée peut-être à un trop grand repli sur soi-même – n'a pas empêché une arrivée massive des capitaux étrangers dans la seconde moitié du XXe siècle.

L'arrivée des capitaux étrangers

Mis à part l'exemple du château Loudenne à Saint-Yzans-de-Médoc, acheté en 1875 à la famille de Marcellus par le groupe londonien Gilbey's, il faut attendre la seconde moitié du XXe siècle pour voir se répandre le contrôle de firmes de vins de Bordeaux par des capitaux étrangers. La chose a parfois commencé par un simple achat de châteaux. Alexis Lichine s'installe au Prieuré et à Lascombes dans la commune de Margaux en Médoc en 1952, avant de développer sa maison avec le bonheur que l'on sait. Le groupe anglais John Holt enlève Rauzan-Ségla à Louis Eschenauer en 1956, puis acquiert toute la maison bordelaise en 1960, deux ans après la mort de « l'oncle Louis », le dernier propriétaire français. Le processus s'accélère dans une conjoncture commerciale difficile. En 1962, c'est au tour de la maison Delor de passer sous contrôle britannique. La firme avait difficilement passé le cap de la crise des années 30 en vendant ses huit domaines, et plus difficilement encore la période de l'Occupation : elle sera rachetée par Harveys de Bristol, elle-même dépendante du groupe Allied Breweries. Deux ans plus tard, des circonstances particulières provoquent le passage de Barton-et-Guestier sous le contrôle canadien de Seagram's Distillers. La pression s'accentue en 1964, lorsque le trust anglais Bass Charington Limited s'empare de Lichine avant de s'implanter en 1971 au château Lascombes.

En 1973, la vieille maison de Luze tombe aussi sous domination britannique, la société financière Iena étant une filiale française du groupe Bowater-Ralli (à vrai dire fabricant de papiers !). En 1975 encore, la société Grenouilleau de Sainte-Foy-la-Grande ne doit son salut qu'à son intégration dans le groupe américano-japonais Los-Angeles-Mikufu, spécialisé dans la diffusion aux Etats-Unis de produits de luxe (Dior, Cartier, Omega). Plus récemment, en 1988, le géant néerlandais Bols a racheté plus des quatre cinquièmes de la société bordelaise CVBG (Consortium vinicole de Bordeaux et de la Gironde), née des regroupements successifs des vieilles maisons Dourthe, Kressmann et Delor.

Mais les groupes étrangers du négoce n'échappent pas non plus aux crises et à la concurrence des grands groupes français. Eschenauer, longtemps anglais, est sauvé par un groupe d'investisseurs français. La maison Coste, longtemps solide à Langon, est rachetée par Peter Sichel, certes de nationalité anglaise, mais résidant depuis toujours en Médoc. Bass Charington se défait de Lichine qui, jumelé à la très ancienne firme Cruse, devient la SVF, transformée plus tard en Crus et Domaines de France que domine le tout-puissant groupe Pernod-Ricard. La vieille maison Cordier est reprise par la banque La Hénin. GVG (Grands Vins de la Gironde), qui a repris la SDVF en 1994, dépend de Rémy-Cointreau. Dans le même temps, des négociants français prospèrent sur place, comme Yvon Mau à Gironde-sur-Dropt, William Pitters à Lormont, sans compter le géant Castel, acheteur autrefois du Parisien Julien Damoy...

Dans cette valse accélérée des capitaux, des prises de participation majoritaire, des associations entrecroisées, il est aujourd'hui difficile d'isoler le local de l'étranger. Au moins peut-on dire que la vieille classe des Chartrons n'est plus maîtresse des firmes qu'elle n'avait cessé de fonder. Mais leurs représentants restent souvent présents dans les entreprises du vin de Bordeaux où ils remplissent d'importantes fonctions de direction et possèdent des parts à titre personnel.

Des relations qui s'amplifient avec les autres affaires vinicoles

En dépit ou à cause de cette mondialisation des mouvements de capitaux et des échanges, les maisons bordelaises, tout comme certains propriétaires de crus, ont également investi à l'extérieur du pays. Le mouvement ne date pas d'aujourd'hui puisque, dès le XIXe siècle, de véritables pionniers ont essayé, souvent avec succès, de s'implanter en Amérique latine (la firme Calvet y réussira d'importantes affaires). A la fin du siècle, techniciens et capitaux bordelais s'orientent plutôt vers la Rioja espagnole.

C'est cependant avec les autres vignobles français que les rapports restent les plus étroits. Des Champenois de souche ont été à l'origine des rares firmes de champagnisation des vins blancs de Gironde, telles Bassereau ou Brouette en Bourgeais, le Clos des Cordeliers à Saint-Emilion ou, mieux encore, le puissant groupe CDC (Café de Paris) à Saint-André-de-Cubzac. En outre, des maisons champenoises ont acquis des châteaux girondins. Les liens avec la Bourgogne sont surtout illustrés par la firme Calvet, qui fait encore un chiffre d'affaires considérable avec sa maison de Beaune.

Les liens avec Cognac sont d'une autre nature. Beaucoup de producteurs girondins du nord-Blayais vendaient leurs eaux-de-vie en Charente

La bordelaise

Rien de plus évident, pour l'amateur de bordeaux, que d'acheter, de mettre sur la table et de vider une bordelaise. Avec ses formes rectilignes, son col élevé, cette bouteille de 75 centilitres diffère de la bourguignonne à base évasée ou de la longiligne alsacienne. Mais depuis quand existe-t-elle ? Et pourquoi l'appelle-t-on depuis deux siècles un frontignan, du nom d'un charmant village – et cru viticole – du Languedoc ?

Jusqu'au XVIIe siècle au moins, le vin était transporté dans des tonneaux de bois. Les taverniers le débitaient dans des pichets d'étain, « à pot et à pinte » disait-on souvent. Le verre existait certes. Mais il était produit de luxe, réservé à des récipients domestiques. C'est surtout au XVIIIe siècle que l'on vit apparaître des verreries à verre noir consommant le charbon de houille anglais au lieu du charbon de bois. Beaucoup de ces fondations (à Bordeaux et à Bourg 1723-1725, Sainte-Foy-la-Grande vers 1735, Libourne en 1750...) fabriquèrent des volumes de plus en plus impressionnants de bouteilles. On a estimé à plus de trois millions de flacons la production du Bordelais à la veille de la Révolution.

Format et contenance, pour autant, sont-ils déjà codifiés ? La rareté des exemplaires anciens, peu conservés en raison de leur fragilité même, interdit de trancher de façon définitive, d'autant que diverses formes de bouteilles soufflées coexistent encore à la fin du XIXe siècle. Il semble bien que l'adoption de la silhouette actuelle soit due à la généralisation des envois par bateau de vins vieux en gros volumes. Cette standardisation avant la lettre permit non seulement de mieux contrôler les capacités, mais aussi de caler plus efficacement les bouteilles dans les flancs des navires. Reste l'épineux problème de la dénomination frontignan, qui demeure un mystère.

maritime. De même, nombre de négociants en vins de Bordeaux commercialisaient aussi des cognacs. Mais il faudra attendre la décennie 1970-1980 pour voir s'investir des capitaux charentais : le négociant Tesseron achète alors le domaine médocain de Pontet-Canet, tandis que le groupe Rémy-Cointreau prend le contrôle de la firme GVG.

Des pratiques jadis répandues s'étiolent de nos jours. La vente et la fabrication d'apéritifs, de gin, de rhum... ont été abandonnées par la plupart des maisons bordelaises qui ne se consacrent plus qu'au bordeaux. Cependant, William Pitters, installé à Lormont, garde une profonde originalité en livrant tout type de produit, en important et en distribuant aussi des vins africains, du whisky, du porto.

Saluons enfin un événement de taille : depuis peu, les Bordelais se lancent à la conquête de l'Ouest en créant de nouveaux vignobles en Californie et au Chili.

Le négoce du vin en Gironde, une activité traditionnelle

L'achat du vin par le négoce et le rôle du courtier

Pour acheter son vin, le négociant passe encore souvent par l'intermédiaire du courtier. Ce dernier est le troisième personnage de la trilogie girondine production-courtage-négoce, le moins connu et pourtant le plus utile à tous.

L'origine du métier se perd dans la nuit des temps, puisqu'il en est question en Bordelais avec le grand commerce d'expédition des vins de Gascogne vers l'Angleterre. Des « couretiers » (du latin *curatorius*, celui qui prend soin) sont alors chargés de prospecter les campagnes, d'approvisionner les marchands et de faciliter les transactions. Devenu un intermédiaire obligatoire, le courtier apparaît tellement utile au grand commerce que sa profession sera vite réglementée. Nommé par le maire et les jurats de la ville, il est, dès le XVIe siècle, protégé par un statut particulier, d'où son nom officiel de « courtier royal », ou plus tard de « courtier gourmet piqueur de vins ». La Révolution supprime en 1791 ce statut corporatif, ouvrant à n'importe qui l'activité de courtage. La profession est aujourd'hui régie par la loi du 31 décembre 1949.

Métier ancien et réglementé, le courtage a des fonctions bien précises dont la principale est de rapprocher l'offre et la demande. Saisi de propositions de vente, le courtier prélève des échantillons, les analyse et les déguste. Jadis, il ne se déplaçait jamais sans sa tasse à vin. C'était là un petit récipient en métal sans anse, à fond convexe et marli rectiligne, de forme typiquement bordelaise. Quoique abandonné de nos jours, il est resté l'emblème de la profession. Le courtier dispose maintenant pour ses analyses d'un véritable laboratoire qui n'a pas fait disparaître son extraordinaire compétence de dégustateur. Connaissant de la sorte la marchandise proposée, en quantité et en qualité, il contacte les négociants susceptibles de s'y intéresser, leur communique ses impressions ainsi que les données techniques du vin qui sera aussi dégusté par l'acquéreur potentiel. S'il reçoit un ordre d'achat, le courtier en avertit le vendeur et arrange les conditions financières, toujours fixées au tonneau de 900 litres. L'affaire, traitée dès lors avec célérité (deux jours francs au maximum), est rémunérée à 2 % du prix de la vente.

Malgré l'importance globale de ses activités, puisque l'essentiel des achats du négoce passe par lui (y compris les achats faits aux coopératives), le courtage se transforme rapidement. Sous l'effet des concentrations, les bureaux sont devenus de grosses affaires polyvalentes. Même s'il subsiste des courtiers spécialisés, la plupart ont diversifié leurs compétences, ne serait-ce que pour répondre aux demandes du négoce qui cherche à offrir à sa clientèle tous les types de vin possibles et pour assurer une bonne répartition des grands crus classés entre les divers négociants.

Le négociant-éleveur et la commercialisation des grands vins

L'une des fonctions du négociant est d'acheter les vins du Bordelais en primeur, d'en assurer le vieillissement et de les revendre. Au-delà d'un simple stockage, ces opérations recouvrent une surveillance constante et un certain nombre de traitements qui en font un véritable « élevage » – d'où le nom de « négociant-éleveur » donné à ces commerçants.

Dissocions cependant deux types de produits, d'une part les très grands vins de « châteaux », singulièrement les « crus classés », et d'autre part les vins d'appellations plus communes. Pour les premiers, les transactions par l'intermédiaire du courtier se font en général dans le courant de l'hiver qui suit les vendanges. Le vin reste au château pendant tout le vieillissement en barriques de bois, jusqu'à sa mise en bouteilles faite aussi au château, garantie essentielle d'authenticité du cru pour le consommateur. Mais tous les frais du vieillissement dans le bois, l'ouillage, le collage sont supportés par le négoce qui ne prend livraison des crus qu'une fois les bouteilles pleines. Aussi ses chais contiennent-ils, surtout pour les grands vins, des milliers de « cols ».

Il en va différemment des vins d'appellations simples. Le négoce les achète aussi dans le courant de l'hiver ou du printemps suivant les vendanges, mais il les emmagasine dans ses chais. La plupart des producteurs, en effet, n'ont pas une capacité de stockage suffisante pour garder chez eux plusieurs récoltes. Afin de faire de la place, ils sont obligés de vendre au négociant. C'est donc celui-ci qui a charge d'élever le vin, de le faire vieillir dans le bois et le verre, et qui peut alors utiliser l'étiquette du producteur. Une fois payé, le vin est la propriété exclusive du négoce, lequel en fait ce qu'il veut. On conçoit que pendant des siècles, lorsqu'il n'y avait que peu de commercialisation en bouteilles, même pour l'exportation des grands crus, le marché était intégralement soumis au bon vouloir du négoce qui achetait (ou n'achetait pas) en fonction de ses besoins. Par là s'expliquent la puissance du négoce urbain, des Chartrons en particulier, et les sentiments mitigés d'admiration et de crainte qu'ils suscitaient chez les viticulteurs.

Car les maisons de négoce réglaient leur approvisionnement en proportion de la demande. Ainsi était, ainsi est toujours réglée la politique des entreprises. En règle générale, un négociant type des Chartrons se doit de posséder le plus grand nombre possible de crus, de façon à ne jamais être pris au dépourvu par une demande de ses clients. Mais comme il existe des milliers de châteaux, dont des centaines de crus classés, ce négociant se voit obligé de choisir ceux qui lui conviennent le mieux. En fait, il cherche un échantillonnage aussi parfait que possible, fait de quelques très grands crus, d'excellents millésimes et d'autres vins de châteaux – échantillonnage où la hiérarchie des classés et des appellations est très complète. Ainsi les grandes maisons de commerce ont-elles à cœur de représenter l'ensemble du vignoble girondin.

Il s'en faut de beaucoup, cependant, que les grands crus – dont la taille n'est parfois que moyenne, à l'instar des crus libournais – suffisent à alimenter les principales maisons de négoce. Un système de monopole, consistant en l'exclusivité des ventes de vin d'un domaine à un seul négociant, s'est instauré de ce fait au début du siècle et reste toujours en vigueur.

Le négociant-distributeur et l'élaboration des vins de marque

L'activité essentielle de beaucoup de négociants reste d'acheter des vins divers et de les assembler pour en faire leurs vins propres, alors vendus sous des noms de marque. Il s'agit là d'une très vieille tradition, à vrai dire la plus ancienne. Car des siècles durant, c'est le négoce des Chartrons qui faisait les vins dans ses chais. Le viticulteur vendait ses vins en primeur et le négociant les « travaillait » pour les rendre marchands et leur donner le goût requis par le consommateur. La première œnologie est donc née en ville, dans les chais de Bordeaux. C'est ici que des négociants étrangers ont mis au point les techniques de conservation, de vieillissement, d'amélioration du vin, ainsi que l'art de mélanger des vins différents par l'assemblage. Peu à peu, avec la personnalisation des crus et leur vieillissement au château, c'est ce travail de l'assemblage, lié à l'élaboration d'un vin de marque typique de chaque maison, qui est devenu la première activité technique des grands chais commerciaux. Ces vins de marque sont des vins d'appellation et peuvent porter des millésimes si les conditions légales sont respectées. Ils ont pour principal avantage d'être des produits de qualité régulière, suivie d'une année à l'autre : le client y retrouve un goût constant, d'où une certaine fidélité.

Une importante partie des vins de Bordeaux, celle qui ne revendique pas une dénomination de « château », prend ainsi le nom d'une marque que le négoce choisit avec soin car elle incarne la maison. Et c'est là que se font jour l'imagination et le sens publicitaire de chaque firme.

Le négoce propriétaire de vignobles

Contrôlant la majeure partie des circuits de distribution du vin, le négoce a naturellement été tenté de contrôler aussi la production. Des maisons de commerce sont devenues propriétaires de crus, dont certains renommés, ce qui a été dénoncé par les producteurs. Bien qu'il soit difficile en Gironde d'évaluer avec précision le portefeuille foncier du négoce, il ne semble pas que la part des vignes qu'il détient soit aussi importante que d'aucuns l'ont annoncé : un chiffre voisin de 5000 hectares (soit 4,5 % du vignoble) paraît proche d'une réalité qui varie cependant selon les régions. La moitié de ce total serait concentrée en Médoc, le reste principalement en Libournais. Dans le cas du Médoc, les châteaux ont volé de main en main depuis plus d'un siècle. Dans la mesure où ils étaient réputés, ils ont attiré le négoce bordelais pour qui ils représentaient un véritable porte-drapeau. A Saint-Emilion, le phénomène est légèrement différent dans la mesure où des petits négociants autrefois ambulants venus de Corrèze – d'où leur surnom de Corréziens – se sont acharnés à acheter, pièce à pièce, des domaines qu'ils n'ont que rarement lâchés.

Encore faut-il souligner la différence des stratégies foncières. Quelques marchands n'ont eu de cesse de posséder de véritables chaînes de crus, tels Castel, Borie-Manoux, Cordier ou Moueix. D'autres, au contraire, ont toujours refusé d'investir dans la terre. Les plus nombreux, semble-t-il, se contentent d'un ou deux crus qui forment l'élite des vins qu'ils commercialisent dans le monde.

Le marché des vins de Bordeaux à la fin du XXe siècle

En définitive, le commerce de Bordeaux et des autres places du département, principalement Libourne, est responsable de la vente de la majorité des vins de Bordeaux en France et dans le monde. Le marché intérieur français représente aujourd'hui les deux tiers des vins vendus, soit environ 3,5 millions d'hectolitres par an, volume en augmentation quasi régulière. Toutes les régions de la nation connaissent désormais les vins de Bordeaux. Mais le poids de l'histoire pèse lourdement sur la répartition inégale des ventes dans l'Hexagone. Avec le Bordelais, ce sont la région parisienne, le nord de la France, voire le nord-ouest, qui achètent le plus de bordeaux, le reste du pays étant plus traditionnellement amateur de bourgognes et de beaujolais, de vins de Loire, de côtes-du-rhône ou d'alsaces.

Grâce aux données des douanes, les marchés étrangers sont connus avec plus de précision. Cent soixante pays sont aujourd'hui acheteurs, d'ailleurs fort inégalement, selon le volume ou la valeur. Mais depuis plusieurs décennies, une douzaine d'entre eux seulement, tous à haut niveau de vie, consomment les neuf dixièmes des bordeaux. Aux premiers rangs, la Belgique, la Grande-Bretagne, l'Allemagne et les Etats-Unis, pas toujours dans le même ordre selon les années, devancent la Scandinavie (principalement le Danemark), la Suisse, le Japon et le Canada. Alors que chaque pays avait naguère ses préférences (la RFA prenait surtout des vins blancs), tous importent aujourd'hui tous les types de vins venus de Bordeaux, à commencer par les grands crus classés qu'ils payent des prix considérables.

Un nouvel âge d'or ?

Après plusieurs décennies de crises, le vignoble bordelais est rentré, depuis les années 1970, dans un cycle de grande prospérité due au rattrapage de cours longtemps restés trop bas et à l'amélioration constante des produits. A la hausse des prix du vin a répondu l'accroissement de la valeur des propriétés – spectaculaire, malgré de récentes fluctuations –, justifiant des investissements dans l'outil de production.

Mais la bonne fortune retrouvée a surtout profité aux zones de grandes appellations de vins rouges, Médoc et Libournais – les blancs liquoreux, par exemple, n'arrivant pas à recouvrer entièrement leur splendeur passée. On ne saurait oublier aussi que le vignoble reste moins important en superficie qu'il ne l'était lors de son apogée du siècle dernier. Cependant il s'adapte plus finement aux terroirs, tout en produisant mieux et davantage. Le Bordelais demeure le pays des grands vins, et ceux-ci sont plus que jamais des vins de châteaux.

Aussi les campagnes de Gironde se situent-elles aux antipodes de toutes ces régions rurales en France qui ne vivent – et souvent mal – que grâce aux subventions et aux cours artificiellement soutenus de Bruxelles. Viticulteurs et négociants font preuve, non seulement d'une belle santé, mais encore d'une dynamique qui les fait partir à nouveau à la conquête du monde.

Dans le même temps, le négoce local, longtemps maître du jeu, a dû – à quelques notables exceptions près – laisser la place à de grands groupes financiers, porteurs de méthodes nouvelles. Non contents de distribuer toute la gamme des vins de Bordeaux, ces groupes s'attachent à tisser des liens étroits avec les autres vignobles. De ce fait, et même si les Chartrons s'effacent quelque peu, le rôle de Bordeaux comme capitale du vin ne s'affirme pas moins avec force. La meilleure preuve en est l'éclatante réussite de Vinexpo, prestigieux salon international qui tous les deux ans réunit le Gotha des vins du monde.

Conclusion

Bordeaux a toujours fait du vin. Plus qu'à un sol propice ou à un climat favorable, c'est à l'obstination de ses habitants que tient sa réussite millénaire. Car bien des régions aussi bien dotées par la nature n'ont su ou pu égaler son renom. Les tentations, pourtant, n'ont pas manqué, qui auraient pu engendrer le découragement et l'abandon, voire susciter d'autres vocations agricoles. Des ravages de la guerre de Cent Ans aux conflits modernes qui paralysèrent le commerce, des grandes froidures de l'époque médiévale aux terribles gelées de 1956 – sans omettre les vagues de parasites, la dépression des cours, la concurrence d'autres boissons – des épreuves multiples ont sonné comme autant de rappels de la fragilité des entreprises humaines. L'histoire du vignoble bordelais n'est qu'une permanente reconstruction, fruit d'une obsession à dominer les agressions de la nature et la malice des hommes. Dans cette lutte incessante, la vertu n'alla point sans la lucidité, car il a fallu déployer une faculté d'invention protéiforme, un acharnement à toujours mieux faire, une inflexible volonté.

Le vignoble est donc une création continue. Il a d'ailleurs fait école. Cépages abondamment diffusés, techniques viti-vinicoles amplement reprises, compétences sollicitées universellement : peut-être le modèle bordelais a-t-il trop bien fonctionné... Partout dans le monde ont fleuri des imitations, allant parfois jusqu'à la falsification pure et simple. Autant dire que le maître aurait pu être dépassé par ses élèves, si le savoir-faire des Bordelais ne s'était parallèlement affirmé quant à la protection et à la défense de la qualité. Quelle que soit l'époque, on ne lésina guère sur les moyens, depuis les privilèges conquis par le Moyen Age et maintenus par l'Ancien Régime, jusqu'à la délimitation des appellations d'origine contrôlée, en passant par le classement des crus. La réussite est également à ce prix.

Ci-dessus : *Le vignoble des côtes de Bourg, non loin du bec d'Ambès où la Gironde naît de la confluence de la Dordogne et de la Garonne.*

Ci-contre : *L'une des originalités du Bordelais est l'importance accordée aux portails. Construits avec élégance, ils soulignent la dignité castrale des domaines. L'on en trouve partout et parfois même au milieu des vignes, comme au château d'Issan.*

Bordeaux : un nom de ville, un nom de vins. C'est dire le rôle d'un port et d'une classe de négociants dans la révélation de breuvages inimitables. C'est dire encore la diversité des produits qu'englobe le patronyme. Car la lente montée vers la qualité a sans cesse élargi la gamme de vins issue d'une mosaïque de terroirs différents et adaptés à des goûts variés. Ainsi s'explique la profonde hétérogénéité des structures et des productions du vignoble. Bordeaux recouvre un éventail de noms célèbres où se côtoient communes et villages, châteaux et coopératives, négociants et propriétaires... La cité demeure néanmoins la capitale de ce puzzle où seuls se retrouvent les initiés et les amateurs de grands crus. Médoc, Saint-Emilion, Sauternes, Graves et Pomerol, Entre-deux-Mers... que de chemin parcouru depuis le claret générique que les marchands gascons faisaient livrer aux buveurs d'outre-Manche !

Tradition et modernité s'imbriquent indissociablement dans cette histoire multiséculaire. La tradition se lit dans l'effort continu des générations, dans l'imagination déployée pour le choix des terroirs, dans la sélection assidue des cépages, dans l'édification d'un patrimoine où l'intérêt des familles rejoint celui d'un pays entier. La modernité, à son tour, a imposé ses exigences : fuite en avant technologique, lourdeur des investissements, nécessité de séduire une clientèle difficile et changeante... Le viticulteur, désormais, doit compter de manière croissante avec le scientifique, le financier, le commercial, afin d'assurer la pérennité d'une diffusion sans laquelle le vignoble girondin ne saurait plus vivre. Le véritable génie bordelais réside dans cette capacité d'adaptation permanente, cette aptitude à maîtriser la vulnérabilité d'une économie qui a tout à redouter d'un marché versatile comme des grands fléaux naturels. Le vignoble est un défi, tant il est vrai que la terre et son produit constituent des valeurs irremplaçables qu'il faut protéger et faire connaître.

Un carreau estampé du XIVe ou du XVe siècle, provenant des fouilles de l'église Notre-Dame-de la Place à Bordeaux.
© musée d'Aquitaine, Bordeaux.

Classement des crus

Classement des vins du Médoc - 1855

Premiers crus
Ch. Lafite-Rothschild (Pauillac), Ch. Latour (Pauillac), Ch. Margaux (Margaux), Ch. Mouton-Rothschild (Pauillac), Ch. Haut-Brion (Pessac-Graves) (d'après le nouvement classement de 1973).

Seconds crus
Ch. Brane-Cantenac (Cantenac), Ch. Cos d'Estournel (Saint-Estèphe), Ch. Ducru-Beaucaillou (Saint-Julien), Ch. Durfort-Vivens (Margaux), Ch. Gruaud-Larose (Saint-Julien), Ch. Lascombes (Margaux), Ch. Léoville-Las-Cases (Saint-Julien), Ch. Léoville-Poyferré (Saint-Julien), Ch. Léoville-Barton (Saint-Julien), Ch. Montrose (Saint-Estèphe), Ch. Pichon-Longueville Baron (Pauillac), Ch. Pichon-Longueville Comtesse de Lalande (Pauillac), Ch. Rausan-Ségla (Margaux), Ch. Rauzan-Gassies (Margaux).

Troisièmes crus
Ch. Boyd-Cantenac (Cantenac), Ch. Cantenac-Brown (Cantenac), Ch. Calon-Ségur (Saint-Estèphe), Ch. Desmirail (Margaux), Ch. Ferrière (Margaux), Ch. Giscours (Labarde), Ch. d'Issan (Cantenac), Ch. Kirwan (Cantenac), Ch. Lagrange (Saint-Julien), Ch. La Lagune (Ludon), Ch. Langoa-Barton (Saint-Julien), Ch. Malescot-Saint-Exupéry (Margaux), Ch. Marquis d'Alesme-Becker (Margaux), Ch. Palmer (Cantenac).

Quatrièmes crus
Ch. Beychevelle (Saint-Julien), Ch. Branaire-Ducru (Saint-Julien), Ch. Duhart-Milon-Rothschild (Pauillac), Ch. Lafon-Rochet (Saint-Estèphe), Ch. Marquis-de-Terme (Margaux), Ch. Pouget (Cantenac), Ch. Prieuré-Lichine (Cantenac), Ch. Saint-Pierre-Sevaistre (Saint-Julien), Ch. Talbot (Saint-Julien), Ch. La Tour- Carnet (Saint-Laurent).

Cinquièmes crus
Ch. Batailley (Pauillac), Ch. Haut-Batailley (Pauillac), Ch. Belgrave (Saint-Laurent), Ch. Camensac (Saint-Laurent), Ch. Cantemerle (Macau), Ch. Clerc-Milon (Pauillac), Ch. Cos-Labory (Saint-Estèphe), Ch. Croizet-Bages (Pauillac), Ch. Dauzac (Labarde), Ch. Grand-Puy-Ducasse (Pauillac), Ch. Grand-Puy-Lacoste (Pauillac), Ch. Haut-Bages-Libéral (Pauillac), Ch. Lynch-Bages (Pauillac), Ch. Lynch-Moussas (Pauillac), Ch. Mouton-Baronne-Philippe (Pauillac), Ch. Pédescleaux (Pauillac), Ch. Pontet-Canet (Pauillac), Ch. du Tertre (Arsac).

Classement des vins de Sauternais - 1855

Premier cru supérieur
Ch. d'Yquem (Sauternes)

Premiers crus
Ch. Climens (Barsac), Ch. Coutet (Barsac), Ch. Guiraud (Sauternes), Ch. Lafaurie-Peyraguey (Bommes), Clos Haut-Peyraguey (Bommes), Ch. Rayne-Vigneau (Bommes), Ch. Rabaud-Promis (Bommes), Ch. Sigalas-Rabaud (Bommes), Ch. Rieussec (Fargues), Ch. Suduiraut (Preignac), Ch. La Tour-Blanche (Bommes).

Deuxièmes crus
Ch. d'Arche (Sauternes), Ch. Broustet (Barsac) , Ch. Nairac (Barsac), Ch. Caillou (Barsac), Ch. Doisy-Daëne (Barsac), Ch. Doisy-Dubroca (Barsac), Ch. Doisy-Védrines (Barsac), Ch. Filhot (Sauternes), Ch. Lamothe (Sauternes), Ch. de Malle (Preignac), Ch. Myrat (Barsac), Ch. Romer (Fargues), Ch. Romer-du-Hayot (Preignac), Ch. Suau (Barsac).

Classement des Graves - 1959

Crus classés des graves
Ch. Bouscaut (Cadaujac) (R, B), Ch. Carbonnieux (Léognan) (R, B), Domaine de Chevalier (Léognan) (R, B), Ch. Couhins (Villenave-d'Ornon) (B), Ch. Couhins-Lurton (Villenave-d'Ornon) (B), Ch. Fieuzal (Léognan) (R), Ch. Haut-Bailly (Léognan) (R), Ch. Haut-Brion (Pessac) (R), Ch. Laville Haut-Brion (Talence) (B), Ch. Malartic-Lagravière (Léognan) (R, B), Ch. La Mission-Haut-Brion (Talence) (R), Ch. Olivier (Léognan) (R, B), Ch. Pape-Clément (Pessac) (R), Ch. Smith-Haut-Lafitte (Martillac) (R), Ch. La Tour-Haut-Brion (Talence) (R), Ch. La Tour-Martillac (Martillac) (R, B).

Classement des vins de Saint-Émilion - 1996

Premiers grands crus (a)
Ch. Ausone, Ch. Cheval-Blanc

Premiers grands crus (b)
Ch. Angélus, Ch. Beau-Séjour (Bécot), Ch. Beauséjour (Duffau-Lagarrosse), Ch. Belair, Ch. Canon, Clos Fourtet, Ch. Figeac, Ch. la Gaffelière, Ch. Magdelaine, Ch. Pavie, Ch. Trottevielle

Grands crus
Ch. L'Arrosée, Ch. Balestard-la-Tonnelle, Ch. Bellevue, Ch. Bergat, Ch. Berliquet, Ch. Cadet-Bon, Ch. Cadet-Piola, Ch. Canon-la-Gaffelière, Ch. Cap-de-Mourlin, Ch. Chauvin, Ch. Clos-des-Jacobins, Clos de-l'Oratoire, Clos Saint-Martin, Ch. La Clotte, Ch. La Clusière, Ch. Corbin-Michotte, Ch. Corbin, Ch. La Couspaude, Ch. Couvent-des-Jacobins, Ch. Curé-Bon-la-Madeleine, Ch. Dassault, Ch. La Dominique, Ch. Faurie-de-Souchard, Ch. Fonplegade, Ch. Fonroque, Ch. Franc-Mayne, Ch. Grandes-Murailles, Ch. Grand-Mayne, Ch. Grand-Pontet, Ch. Guadet-Saint-Julien, Ch. Haut-Corbin, Ch. Haut-Sarpe, Ch. Lamarzelle, Ch. Laniote, Ch. Larcis-Ducasse, Ch. Larmande, Ch. Laroque, Ch. la Serre, Ch. Matras, Ch. Moulin-du-Cadet, Ch. Pavie-Decesse, Ch. Pavie-Macquin, Ch. Petit-Faurie-de-Soutard, Ch. Le Prieuré, Ch. Ripeau, Ch. Saint-Georges-Côte-Pavie, Ch. Soutard, Ch. Tertre-Daugay, Ch. La Tour-du-Pin-Figeac (Giraud-Belivier), Ch. La Tour-du-Pin-Figeac (Moueix), Ch. la Tour-Figeac, Ch. Troplong-Mondot, Ch. Villemaurine, Ch. Yon-Figeac.

Bibliographie

Aubin G., *Lettres de bourgeoisie et bourgeois de Bordeaux sous l'Ancien Régime*, (mémoire D.E.S. d'histoire du droit), Bordeaux, 1969.

Aubin G., *La Seigneurie en Bordelais au XVIIIe siècle d'après la pratique notariale (1715-1789)*, Presses universitaires de Rouen, Rouen, 1989.

Beauroy J., « L'Angleterre et le commerce des vins de Gascogne à la fin du Moyen Age : l'œuvre de Margery James », *Revue historique de Bordeaux et de la Gironde*, t. 21, 1972.

Bège D., *Une Compagnie à la recherche de sa raison d'être : la Cour des Aides de Guyenne et ses magistrats (1553-1790)*, thèse de droit, Paris, 1974.

Benzacar J., «Fondements de la politique des vins dans la sénéchaussée de Bordeaux (XVIIIe siècle) », *Revue philomathique de Bordeaux et du Sud-Ouest*, 1907.

Barennes J., *Viticulture et vinification en Bordelais au Moyen Age*, éd. Mounastre-Picamilh, Bordeaux, 1912.

Birolleau P., « Les Verreries du Bazadais du XVIe au XVIIIe siècle », *Cahiers du Bazadais*, n° 58, 1982.

Bord G., *Essai sur les variations de l'encépagement dans les vignobles bordelais*, Imprimerie de la feuille vinicole, Bordeaux, 1932.

Boutruche R., *La Crise d'une société. Seigneurs et paysans du Bordelais pendant la guerre de Cent Ans*, éd. des Belles lettres, Paris, 1947.

Boutruche R. (dir.), *Bordeaux de 1453 à 1715* (t. IV de l'*Histoire de Bordeaux*, dir. de Ch. Higounet), Fédération historique du Sud-Ouest, Bordeaux, 1966.

Brives-Cazes E., « Le Parlement de Bordeaux - Bureau de la grande police - (1763-1767) », *Actes de l'Académie nationale des sciences, belles-lettres et arts de Bordeaux*, 1874.

Butel P., *Les Dynasties bordelaises, de Colbert à Chaban*, éd. Perrin, Paris, 1991.

Butel P. (dir.), *Histoire de la Chambre de commerce et d'industrie de Bordeaux*, Bordeaux, 1988.

Butel P., « Grands propriétaires et production des vins du Médoc au XVIIIe siècle », *Revue historique de Bordeaux et de la Gironde*, 1963.

Butel P., « Défrichements en Guyenne au XVIIIe siècle », *Annales du Midi*, 1965.

Butel P., *Les Négociants bordelais, l'Europe et les Iles au XVIIIe siècle*, Coll. Histoire-Aubier, Paris, 1974.

Butel P. et Poussou J.-P., *La Vie quotidienne à Bordeaux au XVIIIe siècle*, Hachette, Paris, 1980.

Cassard J., « Les flottes du vin de Bordeaux au début du XIVe siècle », *Annales du Midi*, t. 95, n° 162, 1983.

Cassard J., « Vins et marchands gascons au début du XIVe siècle », *Annales du Midi*, t. 90, n° 136, 1978.

Cavignac J., « La vigne en Haut-Médoc au XVIe siècle », *Vignobles et Vins d'Aquitaine*, (Actes du XXe congrès d'études régionales, Fédération historique du Sud-Ouest), Bordeaux, 1970.

Cavoleau M., *Œnologie française ou statistique de tous les vignobles de France*, Imprimerie Huzard, Paris, 1827.

Charles A., « De quelques artisans de la prospérité bordelaise sous le Second Empire », *Revue historique de Bordeaux et de la Gironde*, 1968.

Charles A., « La modernisation du port de Bordeaux sous le Second Empire », *Revue historique de Bordeaux et de la Gironde*, 1962.

Charles A., « Le mouvement démographique en Gironde sous le Second Empire », *Annales du Midi*, 1957.

Charles A., « Le rôle du grand commerce bordelais dans l'évolution du système douanier français de 1852 à 1860 », *Revue historique de Bordeaux et de la Gironde*, 1960.

Charles A., « L'isolement de Bordeaux et l'insuffisance des voies de communication en Gironde au début du Second Empire », *Annales du Midi*, 1960.

Charles A., « L'agriculture en Gironde sous le Second Empire », *Revue historique de Bordeaux et de la Gironde*, 1963.

Charles A., « La viticulture en Gironde et le commerce des vins de Bordeaux sous le Second Empire », *Revue historique de Bordeaux et de la Gironde*, 1962.

Chauvreau P., « La formation topographique du quartier des Chartrons », *Revue philomatique de Bordeaux*, 1929.

Coustet R., *Bordeaux, l'art et le vin*, éd. L'Horizon chimérique, Bordeaux, 1995.

D'Armailhac A., *La Culture de la vigne, la vinification et les vins dans le Médoc*, 3 éd. de 1865 à 1867, Chaumas, Bordeaux.

Danflou A., *Les Grands Crus bordelais. Monographies et photographies des châteaux et vignobles*, 2 vol., Librairie Goudin, Bordeaux, 1867.

Desgraves L., *Montesquieu*, Mazarine, Paris, 1986.

Dion R., *Histoire de la vigne et du vin en France des origines au XIXe siècle*, Flamarion, Paris, 1959.

Dion R., *La Création du vignoble bordelais*, éd. de l'Ouest, Angers, 1952.

Ducasse B., «Anciennes bouteilles soufflées et marquées», *Vignobles et vins d'Aquitaine*, (Actes du XXe congrès d'études régionales, Fédération historique du Sud-Ouest), Bordeaux, 1970.

Dutaut D., «Les grands chais du Bordelais», *L'Œnophile*, 1906.

Doyle W., *The Parlement of Bordeaux and the End of the Old Regime, 1771-1790*, London-Tonbridge, 1974.

Enjalbert H., «Le Gotha et la formation des crus», *Le Vin de Bordeaux et du Haut-Pays*, Montalaba, Paris, 1977.

Enjalbert H., *Les Grands Vins de Saint-Emilion, Pomerol et Fronsac*, Bardi, Paris, 1983.

Enjalbert H., «Comment naissent les grands crus : Bordeaux, Porto, Cognac ?», *Annales (Economies, Sociétés, Civilisations)*, 1953.

Enjalbert H., *Histoire de la vigne et du vin, l'avènement de la qualité*, Bordas, Paris, 1975.

Enjalbert H., «La naissance des grands vins et la formation du vignoble moderne de Bordeaux (1647-1767) », *Géographie historique des vignobles*, (Actes du colloque à Bordeaux en octobre 1977), t. I, éd. CNRS, Paris, 1978.

Etienne R., *Bordeaux antique*, (t. I de l'*Histoire de Bordeaux*, dir. Ch. Higounet), Fédération historique du Sud-Ouest, Bordeaux, 1962.

Faure E., *La Disgrâce de Turgot*, Gallimard, Paris, 1961.

Franck W., *Traité sur les vins du Médoc et les autres vins rouges du département de la Gironde*, 7 éd. de 1824 à 1871, Chaumas, Bordeaux.

Forster R., «The Noble Wine Producers of the Bordelais in the Eighteenth Century», *Economic History Review*, t. 14, 1961.

Garrier G., *Le Phylloxéra, une guerre de trente ans (1870-1908)*, Albin Michel, Paris.

Garrier G., *Histoire sociale et culturelle du vin*, Bordas, Paris, 1995.

Granat O., *Le Livre d'or de la vigne en Agenais*, Imprimerie moderne, Agen, 1908.

Guyon J.-R., *Au Service du vin de Bordeaux : un demi-siècle de défense et d'organisation de la viti-viniculture girondine*, Delmas, Bordeaux, 1956.

Guyot J., *Sur la viticulture du Sud-Ouest de la France*, Masson, Paris, 1858.

Higounet Ch., «Bordeaux pendant le haut Moyen Age», *Histoire de Bordeaux*, t. II, Bordeaux, 1963.

Huetz-de-Lemps Ch., « L'Entrée de Latour dans le grand commerce, la seigneurie et le vignoble de château Latour», sous la dir. de Charles Higounet, t. I, Feret, Bordeaux, 1974.

Huetz-de-Lemps Ch., *Géographie du commerce de Bordeaux à la fin du règne de Louis XIV*, Mouton, Paris, 1975.

INAO, *L'Appellation d'origine contrôlée (vins et eaux-de-vie): une réussite française*, Paris, 1985.

Isambert, Jourdan, Decuzy, *Recueil général des anciennes lois françaises depuis l'an 420 jusqu'à la Révolution de 1789*, 29 vol., t. XXIII, Paris, 1822-1833.

James M., «Les activités commerciales des négociants en vins gascons en Angleterre durant la fin du Moyen Age», *Annales du Midi*, t. 65, n° 21, 1953.

Johnson H., *Une histoire mondiale du vin, de l'Antiquité à nos jours*, Hachette, Paris, 1990.

Jouanel P.-A., *Les Vins de Bergerac et la délimitation des vins de Bordeaux*, 1909.

Jouannet F., *Statistique du département de la Gironde*, 3 vol., Dupont, Paris, 1837-1843.

Jullien A., *Topographie de tous les vignobles connus*, Imprimerie Huzard, Paris, 1816.

Kehrig H., *Le Privilège des vins de Bordeaux jusqu'en 1789*, Féret, Bordeaux, 1886.

Lafforgue G., *Cent cinquante ans de production viticole en Gironde*, BTI, n° 90, 1954.

Lafforgue G., *Le Vignoble girondin*, Larmat, Paris, 1947.

Lafforgue G. et Thiery P., *La Culture de la vigne dans le Bordelais*, J.-B. Baillière, Paris, 1929.

Lavaud S., *Saint-Seurin, une grande seigneurie du Bordelais*, doctorat d'université, Bordeaux, 1993.

Lhéritier M., *Histoire des rapports de la Chambre de commerce de Guienne avec les intendants, le parlement et les jurats de 1705 à 1791*, Bordeaux, 1913.

Maurin L., Bost J.-P. et Roddaz J.-M. (dir.), *Les Racines de l'Aquitaine*, Bordeaux, 1992.

Higounet Ch. (dir.), *La Seigneurie et le vignoble de château Latour. Histoire d'un grand cru du Médoc (XIVe - XXe siècle)*, 2 vol., Fédération historique du Sud-Ouest, Bordeaux, 1974.

Livre des privilèges, éd. des Archives municipales de Bordeaux, Bordeaux, 1878.

Jacquemont G. et Hernandez A. (dir.), *Le Bordeaux*, éd. du Chêne, Paris, 1990.

Bordeaux et ses vins classés par ordre de mérite, éd. Feret, Bordeaux, 15 éd. de 1855 à 1995.

Malvezin F., *Les Grands Vins de Bordeaux*, L'Œnophile.

Malvezin Th., *Histoire du commerce de Bordeaux depuis les origines jusqu'à nos jours*, vol. 3 (XVIIIe siècle), Imprimerie nouvelle A. Bellier, Bordeaux, 1892.

Marquette J.-B., «La vinification dans les domaines de l'archevêque de Bordeaux à la fin du Moyen Age», *Géographie historique des vignobles*, t. I, Actes du colloque à Bordeaux en octobre 1977, éd. CNRS, Paris, 1978.

Martin G., «Les intendants de Guyenne au XVIIIe siècle et les privilèges des vins bordelais», *Revue historique de Bordeaux et de la Gironde*, 1908.

Mouthon F., «Fortaney Dupuy, un marchand bordelais au début du XVIe siècle», *Annales du Midi*, t. 106, n° 207, 1994.

Papy L., *Note sur le vignoble de Bordeaux au XVIIIe siècle, d'après les cartes de l'époque*, Féd. Hist. du Sud-Ouest, Xe congrès d'études régionales, avril 1957, Paris, 1959.

Pariset F.-G. (dir.), «Bordeaux au XVIIIe siècle», *Histoire de Bordeaux*, Fédération historique du Sud-Ouest, Bordeaux, 1968.

Petit-Lafitte A., *La Vigne dans le Bordelais*, J. Rothschild éditeur, Paris, 1868.

Pijassou R., *Le Vignoble bordelais. La naissance des grands crus*, F.-G. Pariset (dir.), Bordeaux au XVIIIe siècle, *op. cit.*.

Pijassou R., « La Viticulture bordelaise dans la deuxième moitié du XVIIIe siècle », *Vignobles et vins d'Aquitaine*, (Actes du XXe congrès d'études régionales, Fédération historique du Sud-Ouest), Bordeaux, 1970.

Pijassou R., *Le Vin de Bordeaux à Londres, le vin de Bordeaux et du Haut-Pays*, Montalba, Paris, 1977.

Pijassou R., *Un grand vignoble de qualité. Le Médoc*, éd. Taillandier, Paris, 1980.

Plantey A., «Un exemple de la continuité des principes du droit public français : l'affaire des alluvions (Bordeaux, 1781-1786) », *Revue du droit public et de la science politique*, 1955.

Pouget R., *Le Phylloxéra*, éd. INRA, Paris, 1990.

Poussou J.-P., «Les Structures foncières et sociales des vignobles de Caudéran et du Bouscat en 1771», *Vignobles et vins d'Aquitaine*, *op. cit.*

Renouard Y., *Bordeaux sous les rois d'Angleterre*, (t. III de *Histoire de Bordeaux*, sous la dir. de Ch. Higounet), Bordeaux, 1965.

Renouard Y., *Etudes d'histoire médiévale*, éd. SEVPEN, Paris, 1968.

Renouard Y., «Le grand commerce des vins de Gascogne au Moyen Age», *Revue historique de Bordeaux et de la Gironde*, t. 221, 1959.

Riol J., *Le Vignoble de Gaillac depuis les origines jusqu'à nos jours et l'emploi de ses vins à Bordeaux*, éd. Ch. Amat-H. Champion, Paris, 1910.

Roudié Ph., *Vignobles et vignerons du Bordelais (1850-1950)*, Presses universitaires de Bordeaux, Bordeaux, 1994.

Salavert, *Le Commerce des vins de Bordeaux*, Imprimerie de l'université, Bordeaux, 1912.

De la Vergne F., *Guide du soufreur de vigne*, 8 éditions de 1853 à 1858.

Vivez J., *Les Appellations d'origine*, Delmas, Bordeaux, 1932.

Table des matières

INTRODUCTION
Le pays bordelais 7
Le vignoble antique 9

LE VIGNOBLE MÉDIÉVAL
par Sandrine Lavaud
Le premier âge d'or 17

Du bordeaux pour l'Angleterre 21
L'appel du marché anglais 21
L'union personnelle de l'Aquitaine et de l'Angleterre 21
Eliminer la concurrence de La Rochelle 22
Bordeaux, capitale du duché 22
Les coutumes 23
Le monopole du marché 23
Eliminer la concurrence du haut pays 24
Empêcher l'essor du Médoc 25
Assurer le monopole des bourgeois 26

Le Bordelais médiéval, une « mer de vigne » ? 27
Le vignoble des bourgeois 28
Le vignoble de Bordeaux 28
A qui appartient ce vignoble de Bordeaux ? 30
Les vignobles des petites villes 35
Le vignoble paysan 36
Une géographie du vignoble paysan 36
L'exemple de la Tour-Saint-Maubert 37
Le vin paysan dans le grand commerce 37

Le vin claret, de la production à la distribution 43
Les façons de la vigne 43
Le calendrier viticole 43
L'époque des vendanges 45
La vinification 46
Fouler et écouler 46
Les futailles 46
Conserver le vin 46
Les types de vin 47
Le plus grand commerce médiéval 48
Les flottes du vin 48
La cargaison 48
Marchés et prix 50
Les marchands gascons 51
La Grande Charte 51
Des marchands médiévaux sans singularité 52

Les prémices du nouveau vignoble 53
L'âge des bourdieux 53
Le bourdieu : définitions 54
Un domaine de notables 54
L'essor de l'exploitation indirecte 58
Géographie des bourdieux 58
Les palus : un « front pionnier » 59
La palu de Bordeaux 59
La conquête des palus de l'arrière-pays 62
L'île de Macau 63

LE NOUVEAU BORDEAUX EST ARRIVÉ !
par Gérard Aubin

Transformations du marché et naissance des grands vins 67
L'essor d'une production de masse 68
Bordeaux à l'heure flamande 68
De nouveaux clients 68
De nouveaux produits 68
La manière hollandaise 70
Transformations de la viticulture 70
La taxation de 1647 71
Le redéploiement des marchés au XVIIIe siècle 71
Hollande et Europe du Nord 72
Les « Isles d'Amérique » 72
L'avènement de la qualité 73
La fermeture du marché anglais 73
La « révolution des boissons » 73
Les années noires du règne de Louis XIV 73
L'expérience des Pontac à Haut-Brion 74
La naissance des grands vins 75
Les New French Clarets 75
L'affirmation d'une hiérarchie des crus 76
Les grands vins sont nés 79
Le vignoble de Bordeaux à la fin de l'Ancien Régime 80
La nouvelle géographie viticole 80
Essor et stagnation 81

Une résistible mutation foncière 85
Colonisation viticole et châteaux 83
Le développement des domaines 87
Les rassemblements parcellaires 87
Recul de la petite propriété 87
Endettement des campagnes 87
L'arme des droits féodaux 88
Remembrements 89
La conquête des friches 89
Défrichements en Bordelais 89
Conflits entre seigneurs et paysans 89
Les investissements massifs 91
La noblesse de robe 91
Ascension de la bourgeoisie 91
Les résultats : grande et petite propriété 92
Diffusion et limites de la grande propriété 92
Propriétés ecclésiastiques 92
Propriétés des laïques 92
Disparités régionales 94
Persistance de la petite propriété 98
Extension de l'exploitation directe 101
Les modes de faire-valoir 101
Une administration rigoureuse 102
Viticulture et vinification 103

Vin et pouvoir 107
Protectionnisme et libre-échange 107
La défense du vignoble 108
La « fureur de planter » 108
« Laissez faire, laissez pousser » 108

Chronique d'un échec annoncé 109
Revirement 112
Propriété privée contre domaine public 112
Les étapes du conflit 112
Une victoire à la Pyrrhus 112
Les privilèges des vins 116
Le protectionnisme bordelais 116
Propriété et négoce 117
La route du Médoc 117
La police des vins 117
La liberté du commerce des vins 120
Montée des périls 120
Le coup de force de Turgot 120
Défense et rétablissement du privilège 121
La fin d'un monde 121

OMBRES ET LUMIÈRES D'UNE RÉUSSITE
par Philippe Roudié

Du désastre révolutionnaire à la fête impériale (1789-1880) 129
Le temps des épreuves (1790-1855) 129
Un transfert foncier sans précédent 129
Les malheurs du négoce 130
Les ravages de l'oïdium 130
Le vignoble girondin vers 1860 132
Un vignoble aux multiples visages 132
Des conditions générales favorables à un renouveau 132
Les manifestations de la prospérité (1855-1880) 134
Une nouvelle viticulture 134
Une vinification affinée 135
Les conséquences de la prospérité 137
La vigne conquérante 137
Le décollage de la production 138
L'envol des exportations 138
Le modèle bordelais 138
Le classement impérial 142
L'heure des liquoreux 142

Le vignoble dans les crises (1880-1956) 143
L'épisode phylloxérique (1870-1900) 143
Un mal inexorable et dévastateur 143
Une lutte farouche d'efficacité inégale 144
La reconstitution 145
Les conséquences de la crise 145
Les crises de la « Belle Epoque » 146
A nouveau des maladies : mildiou, black rot... 146
Les premières manifestations de la surproduction et les fraudes 146
L'agitation sociale 147
Le Bordelais dans la crise mondiale 149
Les difficultés de l'entre-deux-guerres ou le vignoble dans la tourmente 149
La difficile naissance de l'aire « Bordeaux » et des appellations d'origine girondines 149
L'apparition des caves coopératives (1932-1950) 152
A nouveau des temps difficiles 152
Le vignoble dans la Deuxième Guerre mondiale 152
La catastrophe climatique de 1956 153

LE VIGNOBLE AU PRÉSENT
par Philippe Roudié

Un nouveau vignoble
Tradition et modernité 163
Un encépagement simplifié 163
La modernisation des types de culture 166
Le rôle croissant de la machine à vendanger 167
Des techniques de vinification ultramodernes 168
L'avènement des spécialistes 170
Des récoltes records 170
Le monde des producteurs 174
Un bon encadrement coopératif 176

Vins de Bordeaux, vins de châteaux
La notion de « château » : une spécificité bordelaise 177
Château sans château 177
Château et cru classé 178
L'origine du château 178
Des châteaux à foison 178
Le nom du château 182
La protection du château depuis 1993 182
Le château, entreprise économique 182
La mise en société 182
La faiblesse relative des capitaux étrangers 183
Châteaux des assurances 186
Le château, les bâtiments et le matériel 186
Le château, microcosme social 190
Les propriétaires du château 190
Le régisseur 191
Les ouvriers du chai et du vignoble 191

Le négoce du vin, un monde original
Le négoce du vin à Bordeaux : une création continue venue de l'extérieur 195
Les Chartrons 197
Les Chartrons, quartier du vin 197
De l'art d'être chartronnais 198
Les Chartrons : une notion dépassée ? 199
La structure du négoce girondin 202
Hétérogénéité et concentration 202
L'arrivée des capitaux étrangers 202
Des relations qui s'amplifient avec les autres affaires vinicoles 203
Le négoce du vin en Gironde, une activité traditionnelle 204
Le négociant-éleveur et la commercialisation des grands vins 205
Le négociant-distributeur et l'élaboration des vins de marque 206
Le négoce propriétaire de vignobles 206
Le marché des vins de Bordeaux à la fin du XXe siècle 207
Un nouvel âge d'or ? 207

Conclusion 209

Classement des crus 211

Bibliographie 212

Table des matières 214

Il a été tiré de cet ouvrage deux mille sept cent cinquante exemplaires,
numérotés de 1 à 2750, qui constituent l'édition originale.

Exemplaire n° :

Achevé d'imprimer
sur les presses de l'imprimerie
Fournié à Toulouse
le 6 décembre 1996

n° d'édition : 59

Dépôt légal : décembre 1996